全国教育科学规划国家一般项目"社会性别视角下的高校女教师发展研究"(BIA100070)成果

困境与超越

高校女教师发展的社会性别审思

禹旭才 著

中国社会科学出版社

图书在版编目(CIP)数据

困境与超越：高校女教师发展的社会性别审思／禹旭才著 .—北京：中国社会科学出版社，2015.12
ISBN 978-7-5161-7105-9

Ⅰ.①困… Ⅱ.①禹… Ⅲ.①高等学校—女性教师—社会—性别差异—研究—中国 Ⅳ.①G645.1

中国版本图书馆 CIP 数据核字(2015)第 283170 号

出 版 人	赵剑英
选题策划	罗　莉
责任编辑	刘　艳
责任校对	陈　晨
责任印制	戴　宽

出　　版	中国社会科学出版社
社　　址	北京鼓楼西大街甲158号
邮　　编	100720
网　　址	http://www.csspw.cn
发 行 部	010-84083685
门 市 部	010-84029450
经　　销	新华书店及其他书店

印刷装订	三河市君旺印务有限公司
版　　次	2015年12月第1版
印　　次	2015年12月第1次印刷

开　　本	710×1000　1/16
印　　张	18.75
插　　页	2
字　　数	261千字
定　　价	68.00元

凡购买中国社会科学出版社图书，如有质量问题请与本社营销中心联系调换
电话：010-84083683
版权所有　侵权必究

目 录

第一章 高等教育转型期高校女教师发展的困惑 …………（1）
  第一节 新时期高等教育转型发展的特点 ……………（2）
    一 大众化 ……………………………………………（2）
    二 国际化 ……………………………………………（2）
    三 信息化 ……………………………………………（4）
    四 综合化 ……………………………………………（4）
    五 多元化 ……………………………………………（5）
  第二节 高等教育转型对高校教师的发展要求 ………（6）
    一 拥有完整的能力体系 ……………………………（6）
    二 形成广泛的社会关系 ……………………………（8）
    三 树立全新的思想观念 ……………………………（11）
    四 发展全面丰富的个性 ……………………………（14）
  第三节 新形势新要求下高校女教师发展的困惑 ……（16）
    一 能力本位之惑 ……………………………………（17）
    二 身份认同之惑 ……………………………………（20）
    三 学术姿态选择之惑 ………………………………（24）
    四 完整人格追求之惑 ………………………………（26）

第二章 高校女教师发展的社会性别辨析 ……………（30）
  第一节 社会性别理论兴起的社会与学术背景 ………（30）

  一　社会性别的内涵 …………………………………………（30）
  二　社会性别理论兴起的社会背景 ……………………（35）
  三　社会性别理论兴起的学术背景 ……………………（36）
 第二节　社会性别理论的核心思想及其审视 ……………（47）
  一　社会性别理论的核心思想 …………………………（47）
  二　社会性别理论的现实审视 …………………………（51）
 第三节　高校女教师发展困惑的社会性别分析 …………（61）
  一　发展什么 ………………………………………………（61）
  二　如何发展 ………………………………………………（63）

第三章　高校女教师发展的价值追求 ……………………（70）
 第一节　从人的发展高度思考女教师的全面发展 ………（71）
  一　肯定女教师的发展权 ………………………………（71）
  二　承认女教师男女平等发展的追求 ………………（75）
  三　认同女教师的社会本质发展要求 ………………（80）
 第二节　从性别的视角审视女教师的全面发展 …………（85）
  一　正确认识女教师独特的生理特征 ………………（85）
  二　敢于肯定女教师自身的性别优势 ………………（87）
  三　勇于剔除女教师自身的性别缺憾 ………………（89）
 第三节　从现实的维度激励女教师自主发展 ……………（91）
  一　承认女教师发展的现实困境 ………………………（92）
  二　鼓励女教师独立自主发展 …………………………（95）
  三　追求男女两性的和谐发展 …………………………（97）

第四章　高校女教师发展的主要内容 ……………………（99）
 第一节　精神的发展 …………………………………………（100）
  一　独立精神的发展 ……………………………………（101）
  二　批判精神的发展 ……………………………………（104）

三　创新精神的发展 …………………………………………（107）
　第二节　能力的发展 ……………………………………………（109）
　　一　学术能力的发展 …………………………………………（110）
　　二　交往能力的发展 …………………………………………（113）
　　三　管理能力的发展 …………………………………………（116）
　第三节　个性的发展 ……………………………………………（119）
　　一　主体意识的发展 …………………………………………（120）
　　二　女性意识的发展 …………………………………………（123）
　　三　理性意识的发展 …………………………………………（127）

第五章　高校女教师发展的基本原则 …………………………（132）
　第一节　平等发展 ………………………………………………（133）
　　一　平等发展的基本含义 ……………………………………（134）
　　二　平等发展的基本要求 ……………………………………（137）
　第二节　全纳发展 ………………………………………………（139）
　　一　全纳发展的基本含义 ……………………………………（141）
　　二　全纳发展的基本要求 ……………………………………（144）
　第三节　自主发展 ………………………………………………（151）
　　一　自主发展的基本含义 ……………………………………（152）
　　二　自主发展的基本要求 ……………………………………（152）

第六章　高校女教师发展的路径选择 …………………………（160）
　第一节　满足"实用性社会性别利益" …………………………（160）
　　一　"实用性社会性别利益"的内涵 …………………………（160）
　　二　满足"实用性社会性别利益"的必要性 …………………（161）
　　三　满足"实用性社会性别利益"的主要途径 ………………（164）
　第二节　实现"战略性社会性别利益" …………………………（191）
　　一　"战略性社会性别利益"的内涵 …………………………（191）

二　实现"战略性社会性别利益"的必要性 …………（192）
　　三　实现"战略性社会性别利益"的主要途径 …………（196）
第三节　实现"自我赋权" ……………………………………（224）
　　一　"自我赋权"的内涵 ……………………………………（224）
　　二　"自我赋权"的必要性 ……………………………………（226）
　　三　"自我赋权"的主要策略 ……………………………………（229）

第七章　高校女教师发展的前景展望 ……………………………（235）
第一节　走向全面发展 ……………………………………（235）
　　一　全面发展的内涵 ……………………………………（236）
　　二　走向全面发展的现实性 ……………………………（242）
第二节　走向和谐发展 ……………………………………（245）
　　一　和谐发展的内涵 ……………………………………（245）
　　二　走向和谐发展的现实性 ……………………………（249）
第三节　高校女教师发展任重道远 ……………………………（254）
　　一　社会发展的渐进性决定了高校女教师发展的
　　　　渐进性 ……………………………………………………（254）
　　二　高校教师职业的学术性决定了高校女教师
　　　　发展的复杂性 ……………………………………（257）
　　三　女性意识发展的曲折性决定了高校女教师
　　　　发展的艰巨性 ……………………………………（259）

参考文献 ……………………………………………………（262）

附录　访谈提纲 ……………………………………………（288）

后记 ………………………………………………………（291）

第一章

高等教育转型期高校
女教师发展的困惑

自20世纪80年代，我国开始从传统社会向中国特色社会主义现代化社会全面转型，这使得制约我国高等教育发展的社会环境亦发生了重大变化。随着新世纪的到来，我国社会的转型性变革进入了一个重要的新阶段，高等教育的改革和发展也随之迎来了一个关键期。简言之，中国高等教育步入了一个崭新的整体性转型时代。这种转型的意义从表面上看是招生规模的急剧扩大，从深层次和发展历程看，却是高等教育外部关系的一种调整，更是高等教育内部的一种改革和创新，[1] 是高等教育各种权力和资源的重新配置。这一特定的历史背景在给高校教师发展带来前所未有的机遇的同时，也必然对高校教师的发展提出更高的要求。对高校女教师而言，发展要求的挑战可能大于机遇。因此，面对高等教育转型中的新要求与新问题，高校女教师只有深入了解高等教育的发展特点，不断超越其在自身发展和重塑过程中遇到的种种困惑，重新思考与设计自己的人生之路和发展空间，才能到达一个更加美好的境界。

---

[1] 谢维和：《当前中国高等教育的转型及其主要取向》，载《第五届中国科学家教育家企业家论坛论文集》2006年版，第92—98页。

第一节　新时期高等教育转型发展的特点

一　大众化

改革开放后，我国经济迅速发展，人才需求持续增长。为满足经济社会发展的人才需要，高校扩招的重大决策应运而生，高校数量急剧增加，高等教育规模迅速扩大，实现了跨越式发展。根据全国教育事业发展统计公报提供的数据，1998年，我国各类高等教育总规模达854万人，高等教育毛入学率为9.8%；2004年，我国各类高等教育总规模超过2000万人，高等教育毛入学率达到19%。6年时间，高等教育毛入学率增加了一倍。2011年，我国各类高等教育总规模达到3167万人，高等教育毛入学率为26.9%。而到2014年，我国高等教育毛入学率就达到了37.5%[1]，增长速度依然非常快。美国教育社会学家马丁·特罗把高等教育的发展过程划分为三个阶段：高等教育毛入学率在15%以下为精英教育阶段；高等教育毛入学率在15%—50%之间为大众教育阶段；高等教育毛入学率达到50%以上则进入普及高等教育阶段。根据马丁·特罗的理论，我国现在已经进入了高等教育大众化的中期阶段，正向着普及化阶段迈进。高等教育大众化的深度推进，给高等教育带来了新的发展态势，不仅客观上要求高校教师的数量不断增长，而且对高校教师的发展也提出了新的要求。

二　国际化

美国著名学者克拉克·克尔曾说："我们需要一种超越赠地学

---

[1] 中华人民共和国教育部：《2014年全国教育事业发展统计公报》（http：//www.moe.gov.cn/s78/A03/moe_560/s8492/s8493/201412/t20141216_181690.html）。

院传统的新的高等教育观念,这种观念实际上是高等教育面向世界,或者说高等教育国际化。"① 经济全球化推动了现代科学技术的迅速发展,现代化信息网络打破了时空的界线、地域的界线、国度的界限,使世界变得越来越小,人与人之间的距离越来越近,国与国之间的交流与日俱增且日益频繁。人类活动的国际化和世界面临问题的共同性使高等教育走向国际化成为必然和可能。国际化是许多国家高等教育发展的必然趋势和主要特征,中国也不例外。事实上,邓小平同志早在1983年就提出教育要面向世界,其实质就是要求教育发展走国际化道路。在经济全球化的浪潮中,中国实施对外开放政策,全面走向世界。尤其是加入WTO后,我国对外开放的范围进一步扩大,各个领域,包括高等教育在内的教育市场,都面临着深层次、多角度的对外开放。进入新世纪,我国高等教育国际化已越来越明显,而且越来越受到重视。2010年颁布的《国家中长期教育改革和发展纲要(2010—2020年)》明确提出,要扩大教育开放,加强国际交流与合作,引进优质教育资源,提高交流合作水平。很多高校主动借鉴国外著名大学的办学经验,积极开展国际交流与合作,引进更多的具有国外学术背景的优秀人才,创造条件让教师、学生走出去,以此来提高学校的国际化程度。教师的国际交流是大学国际化的一个核心部分,具有国际知识和经验的教师可以直接推动教学、科研向国际化的方向发展。②同时,国际化客观上要求高校能够培养出高素质的国际型人才,而人才培养的重任则落在了教师的肩上。因此,高校国际化水平的提高离不开教师的广泛参与和积极努力。面对我国高等教育国际化的新形势,高校教师不仅需要突破观念和文化差异的障碍,增强国际意识,了解国际规则,而且必须具备国际化的知识结构

---

① 陈学飞:《高等教育国际化:跨世纪的大趋势》,福建教育出版社2002年版,第5页。
② 栾凤池:《国际化:高等教育发展的必然趋势》,《石油教育》2004年第6期。

与能力结构。

三 信息化

现代信息技术将人类社会从工业时代带入了信息时代，不仅深刻地改变了人类的生产、生活方式，而且对传统的教育思想、教育模式产生了重大影响，高等教育信息化成为信息时代的必然产物。以网络信息技术为核心的现代教育技术的应用已经成为教育改革的重要手段，改变和影响着知识的传播方式以及高等教育各个领域的发展，高校在教学观念、教学内容、教学结构、教学形式等方面必须适应信息社会的要求。同时，信息技术的优势在于打破时空限制，促进高等教育国际化，使得国际间的交流与合作变得更加简单和便捷。信息能力已成为信息时代人们的基本能力，从事各行各业的人都需要具备这种能力，教师也不例外。尤其是现代信息技术将学校课堂从印刷文本教学带到了多媒体教学，每一位高校教师都必须面对，因此只有在观念上、能力上做好准备，主动适应高等教育信息化的要求，掌握信息技术知识，不断提升信息能力，才能更好地为从事教学科研工作奠定基础。

四 综合化

当今社会，国际竞争日趋激烈，各国之间的竞争主要集中在综合国力和综合性人才的竞争上。为此，高等教育的综合化特点日渐凸显。随着高校的合并、升级与调整，单一性质的高校越来越少，多学科、多专业的综合性高校越来越多，高校的综合化发展越来越突出。社会实践和经济社会发展对人才的需求不再遵循高校中学科的分类，而是对人才的综合能力提出了要求。与之相适应，高校的人才培养目标、教育内容、教学方法日益综合化。同时，"科学的发展不仅继续向微观深入，而且向着宏观交叉，向着复杂的综合集成或整体化趋势发展","传统文化所包含的自然科学、社会科学、人文学科及艺术之间的界限不再分明,其内涵趋向于相互渗透以致交融"。① 科学发展的交叉性和综合性趋势,突破了传统的学科界限和知识分类,带来了各类教育的日益沟通与融合,进一步推进了高等教育的综合化发展,尤其对学科建设、专业设置、人才培养等有着直接的影响。高等教育的综合化特点必然对高校教师的教育理念、知识体系、能力素质等提出更高的要求。

五 多元化

不同时期,社会对高等教育赋予不同的需求,高等教育的职能属性也随之不同,历经了单一化向多元化的发展。大学建立之初的主要任务是培养人才,与社会保持着相当的距离,处于一个非常清晰的地位,因而被誉为"知识的象牙塔"。随着工业社会的推动,尤其是知识经济时代的到来,高等教育从远离社会逐渐走进社会的中心,开始成为社会的轴心机构。一方面,经济社会对高等教育的需求越来越旺盛;另一方面,高等教育对经济社会发展的推动作用越来越大,承担的社会责任越来越多,与经济社会的结合越来越紧密。"高等教育现状是新的思想和更高技术的创造、文化的传播、个人抱负的激发与满足、异见的表达以及领导培训的最伟大的、无可比拟的源泉。与此相应,它更加融入社会,更少地与社会分离。在未来,情形可能会更甚于现在。"② 高等教育从培养人才的单一职能向培养人才、发展科技、服务并推动经济社会发展三大职能并存发展转变。现代社会要求高等学校必须追求规模、结构、质量和效益的有机统一,即在培养急需人才、加速科技转化、发展区域经

---

① 王启东等:《发挥综合优势创建一流大学》,《光明日报》1998年9月16日第5版。

② 陈学飞:《美国、德国、法国、日本:当代高等教育思想研究》,上海教育出版社1998年版,第42页。

济、优化资源配置、形成优势产业等方面做出应有的贡献。[①] 高等教育职能的多元化为高校教师的发展提供了更宽的领域、更大的舞台、更多的机会,同时也要求教师的能力素质向多元化、综合化发展,尤其需要走出"象牙塔",加强与外界的联系,全面形成其社会关系,进一步提高社会交往能力、综合协调能力。

第二节 高等教育转型对高校教师的发展要求

毋庸置疑,中国高等教育已经迈入了一个崭新的转型发展时代。高等教育转型发展的大众化、国际化、信息化、综合化、多元化等特点,逻辑上要求高校教师必须实现自身的全面、充分发展。这种全面、充分发展的新要求,完全可以置于马克思、恩格斯关于人的"全面发展"理论框架之下来思考,即人的能力的发展、社会关系的发展、精神的提升与个性的丰富等方面。因此,结合高校教师职业这一特点,当下高等教育对高校教师的发展要求主要可以归纳为以下四个方面。

一 拥有完整的能力体系

知识经济时代,科学技术迅猛发展,知识领域的变化日新月异,知识更新周期大大缩短,这既给高等教育的改革与发展带来了机遇,也带来了挑战。高等教育在面对多种挑战的过程中,在推动高校教师能力发展的同时,也进一步要求高校教师拥有基于且高于教育教学等活动的完整的能力体系,这种能力体系主要包括学术能力、政治参与和管理能力、创新能力等。

[①] 周绍森、储节旺:《高等教育发展趋势与高校科学定位》,《南昌大学学报》(人社版)2004年第6期。

首先，要求教师学术能力的发展。高校教师这个职业一产生，就与学术密切联系。也就是说，高校教师的职业是学术职业，学术性是高校教师学术职业的本质属性。因此，高校教师发展的核心内容是学术能力的发展，这是由高校的本质属性决定的。高校是一个特殊的组织，它肩负着人才培养、科学研究和社会服务三项使命，其中每一项使命的实现都离不开教师的学术能力。学术能力是高校教师能力体系的核心要素，只有不断提升学术能力，才有可能在学术地位和学术成就等方面占有一席之地。学术职业的学术性的表现形式是知识的发展、传播、综合和应用。[①] 高校教师必须以知识为核心不断提高自身的学术能力，不断学习新知识、新技能，以求在竞争中获胜。尽管在入职前，高校教师已经接受多年的专业知识学习，具备了从事学术职业的条件。但进入高校后，教师既要承担人才培养的重任，又要承担科学研究的任务，在这个过程中，高校教师需要不断追踪专业知识的前沿，以更新、完善自身的专业知识，增加自身的知识储备，从而获取他们在学术领域的话语权。同时，跨学科研究、复合型人才的培养等都要求高校教师不局限于单一的、原有的专业知识，而应扩大知识领域，积极开展交叉学科研究，优化和完善自己的知识结构，提高自己的文化修养，培养融会贯通、综合运用各学科知识的能力。

其次，要求教师政治参与和管理能力的发展。随着时代的进步，社会主义民主政治得到进一步的发展，民主政治理念日益凸显。民主政治的发展要求高校教师作为一个独立自主的现代公民，一方面要积极参与现代生活，另一方面要全面而深入地参与高等教育活动。从国家层面来说，中国共产党领导的多党合作和政治协商制度以其独特的结构功能和运行机制，赋予高校教师充分的表达政

[①] 荆建华：《从学术职业的学术性看高校女教师发展的现实困境》，《河南教育学院学报》（哲学社会科学版）2009年第4期。

治诉求和参与政治管理的机会。高校教师无论是身为中共党员,还是身为民主党派成员或无党派人士,都需要不断提高政治参与和管理能力。从高校层面来说,伴随着高等教育的转型发展,民主管理是一种必然的趋势,教师是高校民主管理的主人,没有教师的积极参与,何以实现高校民主管理?因此,具有较强的政治参与和管理能力不仅是高等教育转型发展对教师发展的核心要求,更是我国民主政治发展对知识分子的殷切期待。

最后,要求教师创新能力的发展。江泽民同志曾经明确指出:"创新是一个民族进步的灵魂,是国家兴旺发达的不竭动力。"当今时代,国际竞争日趋激烈,各国之间的竞争,核心是综合国力的竞争,是创新能力的竞争。谁拥有高素质的创新人才,谁就占据主导地位。高校担负着知识创新、技术创新和培养创新人才的重要任务。要完成这些任务,高校教师责无旁贷。然而一直以来,"创新能力培养是我国高等学校长期以来的薄弱环节"[1]。其中的原因虽然是多方面的,但教师自身的创新意识淡薄、创新能力不强却难咎其责。近年来我国持续推出的高等教育教学改革,在很大程度上就是针对大学生创新能力不强这一弊端而展开的。因此,教师自身创新能力的发展水平,是决定这些改革成功与否的重要因素。打铁还需自身硬,高校教师作为创新人才的培养者,要全面认识自身肩负的使命,努力发展创新能力。

二 形成广泛的社会关系

人在其现实性上是一切社会关系的总和。高校教师作为社会的一员,不是固有的抽象物,而是社会关系的产物。"因为只懂得'教什么'和'如何教'还不足以保证一个新教师成长为一个优秀

---

[1] 周远清:《加大力度,加快步伐在教学改革的主要方面取得突破》,《高等工程教育研究》1998年第2期。

教师。教师的成败往往还有赖于他们能否在教育工作中与学校领导、教育同行、社会各界,特别是与学生和学生集体建立良好的交往关系。"[1] 良好的社会关系不仅有利于教师享受积极的情感体验,而且有利于教师保持健康的心理,缓解职业压力,避免职业倦怠,为教师的发展提供精神关怀和力量支持。随着高等教育对外开放的扩大,以及与经济社会发展一体化程度的增强,学校、家庭、社会连成一体,学校教育社会化、社会教育多元化已成为一种趋势。这不仅在客观上给高校教师走出象牙塔搭建了便捷的桥梁,而且要求高校教师着眼世界发展趋势,立足工作实际需要,形成全面的社会关系,并不断拓展社会交往的深度。

从社会关系的主体看,高校教师应与学生、同事、领导、家长等建立充分的、和谐的交往关系。其中,与学生、同事建立和谐的交往关系又十分重要。

首先,要建立和谐的师生关系。教书育人是高校教师最基本的责任,因此在高校教师的种种社会关系中,师生关系是最基本、最经常、最重要的交往关系。师生关系不仅包括为完成教学任务的教与学的关系,也包括情感交流、行为互动的心理关系,不仅对学生的成长产生重要影响,对教师的成长也会产生深刻的影响。建立和谐的师生关系是高等教育改革发展的必然趋势,也是对高校教师提出的最基本的要求。和谐的师生关系能够营造轻松愉悦的教育氛围,不仅有利于保证教学目标的实现和教学效果的取得,而且有利于学生健全人格的形成,同时对教师提高教学水平具有巨大的推动作用。如果教师与学生之间关系紧张,甚至发生冲突,必然会影响教学效果,削弱教师的教育信心,不利于教师成就感的获得,给教师的心理与行为带来消极影响。高校教师在和谐师生关系的构建中

---

[1] 赵昌木、徐继存:《教师成长的个人因素探析》,《临汾师范学院学报》2004年第8期。

应发挥主导作用，尊重、爱护学生，建立真正意义上的主体间的交往关系，相互交流思想，分享经验，实现教学相长，促进共同发展。

其次，要建立和谐的同事关系。从表面上看，高校的每位教师都有自己特定的工作任务，可以独立地从事教学科研，但实际上，教师是生活在集体之中的，与同事关系是否和谐，直接影响到教师能否找到归属感，能否专心致志地工作。知识经济时代已不再是单枪匹马闯天下的时代，而是携手并肩共同合作的时代。尤其是高等教育综合化的发展，更加凸显了教师之间彼此尊重、相互学习、团结合作的意义，建立和谐的同事关系也就显得更为重要。现实生活中不难发现，当高校合作氛围浓厚，同事关系融洽时，教师的工作效率与教学科研水平就会提高。反之，如果同事关系紧张，缺乏交流与合作，甚至出现文人相轻、互相攻击的局面，就会引起教师不愉快的情绪体验，给教师带来一定的心理负担，进而影响其工作和生活。

从社会关系的范围看，高校教师应形成广泛的、世界性的交往关系，以适应经济社会发展和高等教育国际化、信息化的特点。随着信息技术的飞速发展，知识已不再是个人独立的探索，而是全球学者的共同推动。这为高校教师走出校门，融入社会，走向世界提供了难得的契机，同时也要求高校教师具有世界眼光和较强的交往合作能力，从而形成世界性的社会关系。

其一，要求高校教师加强与社会各界的交往。世界教育发展经验表明，校企合作是创建一流大学的必由之路。美国的麻省理工学院、英国的剑桥大学等世界著名大学都把校企合作作为学校发展的生长点。1998年召开的世界高等教育大会号召各国高等学校加强与企业界的合作，加强对社会预期需求的分析和预测，加强和改进学校与社会各部门之间的联系，不仅要让学生而且要让教师有更多的当学徒或边工作边学习的机会，促进高等学校与企业界的人员交流,以此改进课程和教学,使学校教育与工作实践紧密结合。这就要求高校教师主动走出校门,积极开展调查研究,了解社会需求,加强与社会各界的联系,拓展自己的交往关系,提升自己的交往能力。

其二,要求高校教师加强国际交往。当今社会,高等教育国际化特征越来越凸显,世界各国高等教育相互影响、相互依存的程度不断提高。为了在激烈的竞争中取得优势,我国诸多高校都在积极采取措施提高其国际化水平,培养具有国际意识、国际竞争能力的国际性人才。美国学者在分析现阶段教授构成时指出,美国有三类教授,一是"国际教授",经常乘坐飞机出席国际会议;二是"地方教授",自己开车参加地区和地方会议;三是"守校教授",留在校区参加各种委员会的会议。随着高等教育国际化进程的加速发展,对"国际教授"的需求势必会越来越大。这就要求高校教师力争走出国门,走向世界,朝"国际教授"的目标奋进。

三 树立全新的思想观念

观念是人的价值取向,也是人的行为导向。高校教师要胜任工作,必然要掌握必备的知识与技能,但是知识与技能相对于教师对教育的理解是次要的,因为"与其说教师职业是一个技术型职业,还不如说教师职业是一个理念型职业"[①]。因为"教育思想,包括建筑在这一基础上的教育信念、教育理想,是从事教育工作的前提,既把握着方向,又提供着动力。没有科学的教育思想,就不会有教育热情,就只能做一个教育工匠"[②]。时代的发展和高等教育的本质属性决定了高校教师必须树立全新的思想观念。

首先,变依赖为自主。这是对高校教师生存观念的一个重大挑

---

① 朱新卓:《"教师专业发展"观批判》,《教育理论与实践》2002年第8期。
② 万福、于建福:《教育观念的转变与更新》,中国和平出版社2000年版,第6页。

战。众所周知,随着计划经济向市场经济的转型,高等教育的办学体制、人事制度、薪酬制度等也发生了一系列重大的改革。首先,高等学校从对政府、行业的依赖中独立出来。市场经济时代,高校不能再依赖政府、行业划拨办学经费,不能再依赖政府、行业来解决学校办学中遇到的各种问题。相应的,也要求高校教师从对政府和学校的依赖中独立出来。计划经济时代,政府、高校包办了教师工资、奖金、住房、医疗卫生等所有的生存资源,高校教师也习惯了这种平均主义的大锅饭的优哉游哉的生活节奏。随着高校内部人事制度和薪酬制度的全面改革,教师工资的高低、奖金的多少、职称的评聘、生存环境的改善、学术资源的获取等,都与教师的工作业绩息息相关,与教师的独立自主意识和自主能力紧密相联。事实已经证明,高校教师不再只是上级教育部门和高校被决策和执行的对象,他们必须独立思考、判断、选择、设计自己的人生之路,成为自己的主人。相反,如果以计划经济的依赖心态来遵循市场经济的游戏规则,势必会面临被竞争淘汰的危险。

其次,变听从为平等。这是对高校教师参与观念的一种重大挑战。在中国传统政治文化中,尊卑观念、等级观念根深蒂固。虽然我国的根本政治制度确立了人民当家做主的地位,但是传统政治文化的消极影响却很难在短时间内退出历史舞台,导致人们等级观、听从观念凸显,主体观念和平等意识缺乏,这势必阻碍社会的进步。研究发展中国家现代化问题的专家英格尔斯曾一针见血地指出:"许多发展中国家致力于现代化的阵痛和难产之后,才逐渐认识到,国民心态和精神还被牢固地锁在传统意识之中,构成了对经济与社会发展的严重障碍。"[1] 加拿大国际发展署(CIDA)资助的"妇女与少数民族教育"课题研究者指出,高校男、女教师对传统

---

[1] 李翔:《我国公民政治价值观形成的影响因素与途径探析》,《邢台学院学报》2012年第3期。

性别观念的接受程度,"令人惊讶与忧虑,大多数教师都认为男女的分工是合理的,是基于男女的生理差异,而且,由于中国近现代特殊的历史进程,年轻男、女教师在性别刻板观念上表现得更趋保守"①。可见,高校教师的平等意识不容乐观。随着计划经济向市场经济的转型,民主政治环境成了市场经济运行的必然要求。市场经济运行规则呼唤民主平等意识,呼唤人的主体性。高等教育作为社会有机体的一个重要组成部分,身为一个学术性组织,肩负着培养赋有平等、民主意识的社会主义事业接班人的重任,如果高校教师不具备足够的民主平等意识,那么不仅难以实现高等教育的人才培养目标,还将阻碍我国民主政治实施的进程。

最后,变守旧为创新。这是对高校教师工作观念的一个重大挑战。如果说市场经济条件下,创新是人们的生存方式,那么我们完全可以说,创新是当今高校教师的一种工作方式。因为从计划经济走向市场经济,无论是高等教育领域还是其他领域,事实上都是一种全新的试验与实践,并且在一定意义上可以说,高等教育领域比一般领域对创新的要求更加迫切。这意味着高校教师要面临许多全新的问题:既有观念上的,如教育观、学生观、价值观、发展观等,又有行为上的,如教学、科研与管理等;既有高校政策方面的,如教师的招聘、晋升、考核等,又有高校文化方面的,如竞争、平等、合作等。这就迫切需要用开拓创新的精神和开拓性的实践智慧去面对和解决。爱因斯坦曾经说过:"提出一个问题往往比解决一个问题重要,因为解决一个问题也许仅是一个数字上的或实验上的技能而已,而提出新的问题,新的可能性,从新的角度去看旧的问题,却需要创造性的想象力,而且标志着科学的真正进步。"② 科

---

① 强海燕、张旭:《从社会性别角度探讨女大学生和女教师的发展——中加"妇女与少数民族教育"项目部分内容介绍》,《妇女研究论丛》2001年第5期。
② [美]艾·爱因斯坦、利·英菲尔德:《物理学的进化》,周肇威译,上海科技出版社1979年版,第59页。

学的进步离不开高等教育,更离不开高校教师,因为他们既肩负着创新型人才培养的任务,又从事着科学研究工作,对他们来说,创新显得更为重要。

四　发展全面丰富的个性

人类社会发展的历史是人不断追求个性完善和实现全面自由发展的历史。人的个性的发展既是社会发展的要求,也是社会发展的目的。社会越向前发展,越要求社会成员追求个性的自由发展和全面丰富,这既是社会充满生机与活力的源泉,也是人的发展和社会进步的最高目标。因此,我们有理由说,个性的发展既是高校发展的要求,也是高校发展的目的,个性的丰富是高校师生发展的终极关怀。高校的基本职能以及高校发展与个性发展的密切关系要求教师的个性走向全面丰富。现代社会呼唤高校培养个性丰富的人才,然而学生个性的养成既需要宽松的环境,更需要个性丰富的教师,因为"一个无任何个性特色的教师,他培养的学生也不会有任何特色"[1]。如果高校教师没有了个性,那么大学也就失去了活力,要培养具有个性的大学生更无从谈起。苏联教育家乌申斯基曾经说过:"教师的个性对年轻心灵的影响所形成的那种教育力量,是无论靠教科书、靠道德说教、靠奖惩制度都无法取代的。""只有个性方能影响个性的发展和定型,只有性格才能养成性格。"[2] 教师个性对教育活动的重要性、对学生的深刻影响是不言而喻的,因此无论是对于高校教师的发展还是学生的发展,高校教师都要不断丰富自己的个性。当下高等教育的改革与发展对高校教师的发展提出的种种要求,归根结底是要求教师的自由个性得到发展。有必要说明的是,个性不只是指个体的独特性,因为每个人都是独特的,都

---

[1] 潘国红:《个性:现代教师必备的素质》,《中小学管理》1999年第3期。
[2] 程原:《校本教研与教师个性发展》,《内江科技》2005年第S1期。

仅为自己所有，这里要强调的是，教师个性的发展要突出其自主意识、独立人格、独特个性。

一是自主意识的发展。马克思主义认为，人的个性是指作为社会实践主体的人的主体性，它是在人的本质力量的基础上形成和发展的。因此，没有自主意识的教师必然没有个性，更没有工作的主动性和创造性。在我国较长时期的高度集权的政治体制和计划经济体制下，包括高校教师在内的民众的自主意识一直受到限制。但随着市场经济体制对大学的深入作用和高等教育的国际化发展，激烈的竞争不仅在国家层面要求大学的办学者具有强烈的自主意识，而且在个人层面要求大学的师生具有强烈的自主意识，还要求大学有意识地培养学生的自主意识。因此，自主意识的发展成了当今高校教师发展的一项非常重要而紧迫的内容。

二是独立人格的发展。独立人格是相对于依附型人格而言的，真正具有独立人格的人必须依靠自己而存在。市场经济需要具有独立人格的个体，拥有独立性、排斥依附性是现代社会对个体的现实要求。我国高等教育改革的目的也在于培养具有独立人格、会思考、会发展、会创新的人。要培养有独立人格的学生，教师首先要拥有独立人格。具体地说，就是要求教师自己创造生活，自己设计人生之路，自己实现人生价值，自己决定发展方向，自己选择发展模式，总之，是自己驾驭外部世界而不是相反。

三是独特个性的发展。个性发展是体现在每个人身上的全面发展，独特性的发展是体现个性全面发展的重要方面。高等教育的重要使命之一就是开发人的独特性，彰显人的独特价值，尊重人的独特个性，这是教育内在价值的体现，同时也是以高校教师的独特性得以充分展现为前提的。但是随着市场经济的发展和教育外在价值受到的格外关注，教育的内在价值受到忽视，人的片面发展随之出现，高等教育领域同样如此。近年来，"高等学校中教学与科研之分化有增无减，使得女教师发展的障碍越来越隐蔽，越来越难以克服与超越"①。高校女教师大量地工作在教学岗位,科学研究中心鲜有女教师的身影。同时,高校的高层管理中也存在着明显的"女性缺席"现象。可见,这一问题必须引起高度重视,否则,将难以避免其个性的畸形发展。

第三节 新形势新要求下高校女教师发展的困惑

近年来,女性已经成为高校师资队伍的重要组成部分。根据2013年教育部统计数据,我国普通高等学校专任教师总数为1496865人,其中女教师为714450人,占专任教师总数的47.75%。② 可以说,女教师已撑起高等教育的半边天。因此,高校女教师的发展状况和水平事关高等教育质量的高低。从这个意义上说,高校女教师的发展应该引起人们的高度关注。伴随着高等教育转型给高校教师发展提出的新要求,高校女教师既欣喜地看到自身发展的机遇,同时也深深地感受到了前所未有的挑战。主要表现在:一方面,社会各界对教师的诸多要求是中性的,高校女教师在充分实现其家庭角色的同时,还必须承受与男教师同样的职业压力与社会责任;另一方面,面对高等教育转型提出的发展要求,高校女教师也必须实现自身的全面转型:从知识到能力,从观念到行为,从事业到家庭,从人生目标到自我价值等都要重新思考与调整,才能适应新形势和新要求,才能逐渐接近全面发展的目标。然而,高校女教师在自身发展和转型的过程中,却遇到了男教师难以遇到的种种困惑。

---

① Jackson, S., *Differently academic: developing lifelong learning for women in higher education*, Dordrecht: Kluwer Academic, 2004, pp. 26-30.
② 中华人民共和国教育部(http://www.moe.gov.cn/s78/A03/moe)。

一　能力本位之惑

随着市场经济的深入发展，人们逐渐告别了血统本位、权力本位和金钱本位，正在迈进一个能力本位时代。追求能力的发展是社会主义市场经济对人的本质要求。市场竞争在根本上是人的能力的竞争。[①] 同时，人们通常认为，高校是教书育人、开展学术活动的地方，是追求真理的殿堂。因此，能力本位、公平公正在这里理应被奉为最高原则。然而，现实却表明：当能力遭遇性别时，在高等教育领域同样大打折扣。有研究者指出："市场竞争中女性面临的问题不仅是能力竞争，影响女性竞争成败的另一重要因素是性别身份。"[②] 在课题组的调研访谈中，大部分教师认为：教师之间的竞争，如课程安排、竞争上岗、项目申报、出国留学、职称评聘、职务晋升等，没有哪一项不需要能力，但竞争的胜负往往不一定完全根据能力而定。在大家都有能力的情况下，通常都是男性优先、关系好的优先，且绝大多数男性在人际关系方面往往优于女性。客观地说，影响高校女教师发展的因素是多方面的，如能力、观念、人际关系等，但不可否认的是，性别身份依然是一个不可忽视的因素，这一方面是因为市场竞争机制使许多女性因前置性的原因或在资源分配、政策分享中的"劣势"而被淘汰或自行退出。另一方面是因为在一些管理者或决策人的脑海里，依然存在着性别歧视的观念，他们用人的方式不是以能力和水平为标准，而是以性别为条件，给妇女参与社会带来极大的冲击和影响。[③] 可见，市场经济所注重的"能力本位"原则即便在追求真理的高地，一旦遭遇性别

---

　　① 韩庆祥：《能力本位论》，《中国人才》1996年第1期。
　　② 杨凤：《当代中国女性发展研究》，博士学位论文，中山大学，2006年，第20页。
　　③ 张明芸：《社会主义市场经济实践过程对中国妇女解放的影响探析》，《中华女子学院学报》2004年第1期。

也难以体现其真正的效力。于是，残酷的现实让高校女教师自然陷入了"能力本位"的困惑。

（一）进门是看能力还是看性别

江泽民同志在第四次世界妇女大会开幕式上的致辞中代表中国政府向世界庄严承诺："中国政府一向认为，实现男女平等是衡量社会文明的重要尺度。新中国成立后，我国广大妇女已成为国家和社会的主人。我们十分重视妇女的发展与进步，把男女平等作为促进我国社会发展的一项基本国策。"随着男女平等政策的深入推进，男女平等理念逐渐深入人心，公开的性别歧视渐渐隐退。但是，男尊女卑的传统思想根深蒂固。当今社会，性别偏好依然存在于各个领域，高等教育也不例外。女性在进入高校门槛之时就常常遭遇能力敌不过性别之苦。如高校的人才招聘简章上，"限招男性"、"谢绝女性"、"女性限招1人"等字样随处可见。除了这种显性的性别偏好外，还存在着隐性的性别偏好。有的高校虽然在招聘中没有对性别提出明确要求，但是在实际操作中坚持着男性优先的原则，甚至在审阅应聘者的求职函时，就先将男性挑出来，一一考察，男性不够时才去考虑女性。可见，同样是硕士或博士，却因为性别身份不同，要跨进高校的门槛，女性不仅机会少，而且面临的考验和挑战比男性多得多。"能力本位"经不起性别的考验，这在一定程度上限制了女性进入高校的权利和机会。

（二）上岗是看能力还是看性别

近些年，高校女教师走上管理岗位的人数有所增加，但从整体来看，与其他部门比较，高等学校女性参政的比例明显偏低[1]。调查结果表明：国内1792所各级各类高等院校的校长中，女性仅占4.5%[2]。张明芸教授的调查结果显示：东北三省100多所高校的

---

[1] 张秀娥：《关于高校女教师参政问题的思考》，《高教论坛》2007年第7期。
[2] 杨雪梅：《中国大学校长素质调查》，《人民日报》2007年8月24日第4版。

校级领导中，女性仅占5.49%，而且没有一名正校级干部，有女校级干部的高校不足一半；湖南省校级领导中女性仅为4.4%，正处级干部女性不足11%[①]。难道是女性不愿意参与行政管理吗？答案是否定的。有调查表明，有超过50%的女教师愿意从事管理工作。再如，高校的学术委员会、学位评定委员会、教学指导委员会、职称工作领导小组等把持着种种学术权力，但在这些委员会中女性却常常呈现出"作为点缀，或者无"的客观事实。[②] 高校管理层性别的严重失衡现象，不仅与高等教育的快速发展不相适应，更与女教师在高等教育中所发挥的重要作用不相吻合。处于高校边缘的她们发现，无论是学术领袖的选拔还是行政干部的任用，能力通常输给性别。

（三）退休退职是看能力还是看性别

1958年2月9日公布的《国务院关于工人、职员退休处理的暂行规定》和1955年12月29日公布的《国家机关工作人员退休处理暂行办法》中规定：男性职工（包括"干部"与"工人"）退休年龄为60岁；女性职工分两档，"干部"55岁，"工人"50岁。高校据此制定了相应的退休政策，规定男教师退休年龄为60岁，女教师退休年龄为55岁，简单地说，就是女教师比男教师早5年退休。依据何在？研究表明，女性平均寿命高于男性5年[③]。为何在能力同等情况下，女教师要优先退休？更何况高校女教师的事业巅峰期往往晚于男性5年左右，这样就在客观上人为地缩短了女教师的职业生涯，大大减少了女教师平等发展的机会。近年来，随着高校竞争力度的加大，离开职务的年龄新规也粉墨登场。有高校明文规定："中层干部

---

① 禹旭才：《高校女教师的发展困境：社会性别视角的审视》，《大学教育科学》2012年第5期。
② 罗萍、魏国英等：《不要"文明的"性别歧视》，《中国高等教育》2004年第5期。
③ 桑敏兰：《论中国妇女法定退休年龄的界定与调整》，《宁夏党校学报》2003年第6期。

男性退职 56，女性退职 53；男性 53 不再提拔，女性 51 不再提拔。"这种"退职"女性提前 3 年与"不再提拔"女性提前 2 年的新规，依据何在？可见，退休退职，只问性别不问能力的做法，让人费解。

二 身份认同之惑

教师身份认同是教师整个职业认同的出发点，也是教师工作动力的基本源。身份认同有着丰富的内涵，高校女教师身份认同包括三个方面的含义：对作为个体女人的认同和了解；对作为一种职业的教师的认同和了解；对作为女教师角色的认同和了解。身份认同一方面是寻求我与他人的区别，强调个体差异的自我；另一方面是明确我与他人的联系，强调具有相同特征的群体自我，同时既包括自我认同，也包括社会认同。对于高校教师来说，身份认同包含了多层含义，而高校女教师又是在一定历史条件下形成的、具有社会性别身份的"女人"，身份认同问题更加复杂，传统身份与现代身份、职业身份与家庭身份都集于一身，现实生活中这些身份经常产生矛盾与冲突，甚至导致失衡。同时，自我认同与社会认同的不一致，也让高校女教师在身份认同上陷入种种困惑之中。

（一）传统身份与现代身份的冲突

随着男女平等政策的落实，女性走出家庭，走向社会，成为职业女性，有了自己的事业，有了自己的追求，从传统女性转向现代女性。一部分女性通过自己的努力，进入了高等教育领域，拥有了制度化的高校教师的身份。

如前所述，新时期高等教育的改革与发展要求教师的学术能力、社会关系、思想观念、个性等相应的得到全面发展，这既是从高等教育的视角对教师发展提出的要求，也是从现代社会的视角对人的发展提出的要求。作为高校师资队伍的重要组成部分，女教师也必须顺应高等教育改革与发展的要求，全面提高自身的素质。这就需要女教师将大量的时间与精力投入到自身学术能力的提升与社会关系网络的搭建上，需要女教师的价值观念、生活方式、行为规范发生全面而深刻的改变，需要女教师具有主体意识、参与意识、竞争意识与创新意识等。与此同时，几千年的封建礼教的禁锢，使得女性长期被赋予相夫教子的使命，被禁锢于贤妻良母的角色。因为受到封建的传统思想束缚，高校女教师往往将如何为人妻、为人母的思想牢记在心。一方面，受男女平等、女性解放等现代文化的影响，高校女教师的传统女性身份渐渐消解，现代女性身份基本建构。她们从家庭走向社会，从相夫教子转向教书育人，舞台更宽广，责任更重大。另一方面，尽管高校女教师已经成长为现代知识女性，但是相对于一般女性而言，她们对传统文化了解得更多，把社会对自身的身份认同看得更重，在这个意义上，高校女教师更难摆脱传统文化与主流社会的羁绊，更难摆脱传统女性身份的束缚，在传统与现代的夹缝中艰难地挣扎着。根据本书课题组的调查，女教师将"家庭幸福"列为最重要的标准的占 59.4%，列为次重要标准的占 24.5%，列为第三重要标准的只有 3.0%。这就说明，现代高校女教师眷念传统身份的倾向亦十分明显。

（二）职业角色与家庭角色的失衡

高校女教师虽然在高等教育领域拥有了一席之地，也希望通过教师职业实现自己的人生价值。但因受中国传统文化的熏陶，高校女教师对自己的家庭身份亦非常看重，不愿因教师职业而影响家庭，希望职业角色和家庭角色并驾齐驱。从理论上讲，无论是从社会发展的角度还是从女教师自我价值全面实现的角度，两者兼顾、两全其美，自然是最理想的选择。但事实上这种理想状态只不过是一个破灭了的神话。[1] 明略市场策划有限公司（上海）网上调查频

---

[1] 张李玺：《一个神话的破灭：家庭与事业间的平衡》，《中华女子学院学报》2005 年第 4 期。

道的统计结果显示,半数以上的现代女性难以处理家庭与事业的矛盾。在她们眼里,社会与家庭、事业与爱情都有着不可替代的意义。正是因为女教师坚持职业身份和家庭身份两全的价值取向,想把事业和家庭都打理好,于是疲于应对工作和家庭的平衡。然而,一个人的时间和精力毕竟是有限的,事业和家庭都是贪婪的组织,吞噬着高校女教师的大量精力。当两者发生矛盾时,如果选择孤注一掷于事业,则可能毁了家庭。功成名就的同时可能意味着家庭危机。不少女强人背后的婚姻家庭悲剧使得有着清醒自我意识的高校女教师左右为难,甚至望而却步;而重返家庭,则又会丧失自我,重新养成一种依赖人格。"当她们想成为独立自主的人时,就被社会排斥出正常女人的领域,当她们成为好妻子、好母亲、好女儿时,就成为远离独立自主的人。"[①] 两种身份的矛盾和冲突让高校女教师既难以取舍,又无法平衡。进入 21 世纪,高校女教师的身份认同的困惑不仅没有减弱反而有增强的趋势。西尔维娅·普拉斯在《钟罩》一书里描述的情形也许可以形象地概括中国现代高校女教师所面临的困境:"无数个丰满的果子,一个是丈夫、孩子和家庭;一个是名诗人;一个是名教授;一个是名编辑;还有无数其他……我坐在树上饿得要命,但下不了决心吃哪一个,吃了一个就等于放弃其他。我看着看着,结果树上的果子干枯了,纷纷落到地上。"[②] 职业身份、家庭身份在跷跷板的两头,"教师"、"女人"一个身份都不想舍弃,那到底如何才能平衡?在冲突面前,她们欲取不能、欲罢不行,就像被扣在一个无形的钟罩里。

(三) 社会认同与自我认同的矛盾

教师作为一种专门的职业,从它产生之时就受到来自现实社会中历史、文化、传统等的影响,并在这种影响下形成外在社会对教

[①] 万琼华:《传统性别分工的现实存在与高校女教师的应对》,《辽宁教育行政学院学报》2004 年第 3 期。
[②] 李小江:《夏娃的探索》,河南人民出版社 1988 年版,第 289 页。

师这一身份的评价和期望，即社会自我，也就是社会认同，是回答"我应该是一个什么样的教师，应该成为一个什么样的教师"的问题。同时，教师身份认同还包括教师在自己的教育教学实践中形成的反思性自我，即个体自我，也就是自我认同，是回答"我是一个什么样的教师"、"我将要成为一个什么样的教师"的问题。①"社会自我"是"作为共性的身份认同"，而"个体自我"是"作为个性的身份认同"，教师的身份认同是社会自我与个体自我的有机统一。

对于高校女教师而言，身份认同包括对教师和女人双重角色的理解。社会上，人们往往是从教师职业水平、道德要求和传统观念的角度去评价高校女教师。目前，主流社会对高校女教师的理想期望是"事业强者+贤妻良母"。一方面，在能力素质、专业发展等方面对女教师的期望和评价与男教师是一样的，无论是教书育人还是科学研究，女教师都不应逊于男教师，有的高校甚至不顾女教师的生理特点，要求女教师在孕期完成和男教师同等的工作量。另一方面，根深蒂固的传统观念和约定俗成的思维定式让社会对女性身份期待出现向传统回归的趋势，过分推崇传统女性特质，认为事业强者必须建立在贤妻良母的基础上。正是在这种矛盾的双重标准的评价体系下，社会对高校女教师的认识仍然存在很大偏差，使得高校女教师难以得到社会的全面认同。

高校女教师的自我认同是教师自己依据个人经历所形成的对教师身份和女人身份的反思性理解，实质在于不断地对自己进行剖析和完善，逐步建构理想自我。简言之，自我认同是不断进行自我反思，并最终寻求自我实现的过程。② 面对新的形势、新的任务，高

---

① 赵明仁、王娟：《建构能动的自我：教育改革中教师身份的自我认同》，《教育理论与实践》2011年第11期。
② 杨梅：《美国城市青年教师自我认同危机及其原因初探》，《外国教育研究》2005年第3期。

校女教师不断审视自我,以理想自我为标准不断修正现实自我,寻求作为教师的成就感、归属感,展现自我的独特性。但是,教师作为教育制度中的一员、社会的一分子,自然会受其管理制度、传统观念等各方面的影响,很难完全跳出外界所界定的各种各样的角色,也不可能不在乎社会对自己身份的认识和评价,尤其是社会对女性的认识和评价。现实社会生活中,当自我认同与社会认同相遇之时,二者难免出现矛盾,是听从内心真实自我的声音,不断追求自己的事业,寻求自我价值的实现,还是坚持社会评价标准,遵循社会对女性角色的种种界定,她们难以做出决定,处在迷茫困顿之中。

三 学术姿态选择之惑

学术,是指系统的专门的学问,是对存在物及其发展变化规律的学科论证,泛指高等教育和科学研究。姿态,是姿势、态度之意。综合以上两词的意义,学术姿态可以理解为做学问的态度。高校教师是做学问的主体,是科学研究的骨干,以什么样的态度来对待学术问题,直接关系着学术界的声誉,关系着学术精神的传承。随着经济的快速发展,各种社会思潮、思想观念相互激荡,价值观呈现多元化态势,社会上浮躁心态普遍蔓延,市场经济带来的负面影响渗透到高等教育领域,高校教师,尤其是女教师,是否能够安于对学问和真理的孜孜追求,是否能够坚守学术精神,这也是高等教育改革和发展对她们的考验。

(一)认同还是怀疑

大学从建立之日起就定位为学术机构,发展至今,被认为是学术的高地。因此,高校教师职业的主要特点——学术性决定高校女教师扮演的是学术角色,要求她们掌握系统的知识,不断提升学术能力,高度关注教学与科研的前沿问题,独立自主,大胆创新,勇挑学术重担,获取学术成就。高校女教师普遍认同教师职业的学术性特点，认同自己所扮演的学术角色。正是因为有了这种认同，她们确立了学术目标，不断学习，不断改善自己的知识结构，不断提升自身的学术能力，凭着严谨的态度、务实的作风，在科学的殿堂里不断探索。但是现实生活中，尽管女教师辛辛苦苦地做着学问，付出了比男教师更多的时间和精力，却只有极少数女教师能进入学术的中心，绝大部分女教师成为学术的边缘者，学术成果远远低于男教师。这导致高校女教师对自己的学术能力产生了怀疑。高校教师职业是不是更适合于男性？科学研究是不是更应该由男性来承担？女教师心中产生了巨大的疑问。这种怀疑让她们失去了自信，失去了学术探究的动力，更失去了刻苦钻研的精神。

（二）求真还是求利

复旦大学校长杨玉良在2010届研究生毕业典礼暨学位授予仪式上曾经讲过这样一段话："所谓的学术精神首先是一种诚笃的精神，一个人只有当他把追求真理当作一种内心的需要，而不是为了什么目的做所谓的追求真理的工作，这个时候才能说这个人是真正在从事学术研究。"简言之，求真是学术研究的基本要求。既然扮演着学术角色，高校女教师就需要坚持学术精神，坚定对真理的追求，坚持实事求是的态度，淡泊名利，专心致志做学问。求真是应然，求利却是实然。大学不再是象牙塔，教师也不是生活在真空中，社会上各种影响都已渗透到高等教育领域，教育的工具性价值被放大，学术被当作个人追求功利的工具，心浮气躁的社会风气、功利主义思想等自然对高校女教师的学术研究产生了消极影响。现实中，高校女教师大量聚集在教学领域以及一些低收入、低声誉的工作岗位上，相对于男教师，女教师在政治资源、学术资源、工资收入等方面明显处于劣势。为改变生存状况，她们必须向高层次职称前进，而职称的评定往往是以论文、课题等学术成果为依据，这就使得她们不得不东拼西凑写论文，片面追求论文数量，甚至跑关系发文章，跑关系争课题，陷入功利化学术研究的泥潭之中，迷失了自我，沦为学术研究的奴隶。学术求真的精神要求她们远离浮躁，回归实验室，心系研究，潜心钻研，真正做出有价值的科研成果；而现实的残酷让她们不得不关注利益追求，以投机取巧的心态从事科学研究。二者之间的矛盾让她们难以取舍，无法协调，陷入了两难的境地。

（三）独立还是依附

独立，是指高校女教师作为现代知识女性，必须保持独立人格，保持知识分子的本色，倡导学术自由，坚持学术独立，以独立姿态来捍卫学术精神。因为高校教师是学术精神的传承者，学术精神的核心是学术独立和自由。依附，是指高校女教师在学术研究中依附权贵，畏于权力，缺乏批评精神和独立自由精神。这些年来，权力渗入学术界越来越严重，行政干预越来越猛烈，学术界腐败现象、丑闻层出不穷，学术环境遭受污染，学术尊严遭受羞辱。2011年，中国工程院公布当年院士候选人名单，共有23名政府高官或央企高管入围。这一事件再一次引发了人们对学术独立的关注和讨论。女性一直被认为是弱势群体，现实中也的确如此。高校女教师尽管具有知识分子的良知，支持学术独立，痛恨学术腐败，但是在面对权力时，作为弱势力量如何能与之抗衡？本想抛弃物质追求，坚持独立自由的精神，游离于权贵之外，可在高校女教师的职业生涯中有太多的羁绊，如职称评定、竞聘上岗、评优评先、工资福利等，她们无法回避这些问题，难以与权贵抗争。甚至有的时候，依附权贵，在利益获取上带给她们便捷，这更让她们难以独立，无法以批判精神捍卫学术尊严。

四 完整人格追求之惑

《现代汉语词典》对人格的解释包括三层含义：其一是人的性格、气质、能力等特征的总和；其二是个人的道德品质；其三是人作为权利、义务主体的资格。从以上解释可以看出，人格已经成为诸多学科共同研究的对象。需要说明的是，此处完整人格之义是从第三层含义来界定的，指高校女教师作为人、作为女人、作为高校教师三种主体的资格。高校女教师只有充分认识到自己是集这三种主体于一身，形成独立、自主、独特的个性，才是一个完整意义上的高校女教师。作为人，女教师必须认识到人的主体地位，增强自我意识；作为女人，女教师必须认识到女人的独特性，增强女性意识；作为高校教师，女教师必须认识到教师的职责，增强学术意识。但是，历史上，女性从来都是处于客体、他者、从属地位，消极的性别观念导致女教师在完整人格追求中遇到种种困惑，主要表现在以下三个方面。

（一）自我意识名存实亡

自我意识"意味着人不仅能把握自己与外部世界的关系，而且具有把自身的发展当作自己认识的对象和自觉实践的对象，人能构建自己的内部世界。只有达到了这一水平，人才在完全意义上成为自己发展的主体"[①]。作为人，女教师首先必须树立清醒的自我意识，正确认识自我以及自我的社会角色定位，从物质上、精神上摆脱依附地位，实现人格的独立。从理论上讲，社会发展到今天，作为一名现代公民，女教师的自我意识、主体意识应已觉醒，独立生存能力、自我驾驭能力都是不容置疑的，但事实表现出来的却完全不是这样。在我国传统文化中，女性向来被视为男性世界的"点缀"，无独立人格，从属意识根深蒂固，严重阻碍着女性自我意识的觉醒。中国几千年的传统文化形成了消极的性别观念，在高等教育领域，这种传统的性别观念以相对"文明"、更加隐蔽的形式存在着，并且在一定程度上已经内化成了高校女教师的深层心理结构，形成了女教师的性别自卑心理。不少女教师仍然把角色定位于家庭，把价值寄托于丈夫和孩子，自我价值虚无，处于"无我"

---

① 叶澜：《教育概论》，人民教育出版社1991年版，第218页。

的生存状态,自我意识名存实亡。根据本研究的调查,对"干得好不如嫁得好表示认同"的女教师达50%,"认为孩子、丈夫的成功是自己最大的成功"者达60%。这些数据充分说明传统性别观念对高校女教师的影响根深蒂固,她们很难从传统的性别观念中彻底解脱出来,这在无形中会抑制高校女教师自我意识的觉醒、自我实现的追求。

(二)女性意识先天不足

女性意识,是指女性作为主体对自己在客观世界中的地位、作用和价值的自觉意识。作为人,女教师要认识到自我,具有独立人格;作为女人,女教师要有社会性别意识,在人格独立的前提下,确立主体意识,增强主体能力,充分发展优秀的女性气质。女性意识能够将"人"和"女人"统一起来,强调女性主体性,凸显女性的主体地位,能够帮助女性认识到自己的自身特质和独特价值,并在作为"人"的独立人格的前提下,充分发挥女性丰富的独立特性,塑造与自身身心相协调的、真正的女性气质。也只有女性意识得到充分发展的女性才能认识并自觉地扮演起女性各种角色,使家庭角色与社会角色相协调,使自我认同与社会认同相一致,实现全面和谐发展。

纵观中国历史发展,我国女性意识觉醒呈现出先天不足和不彻底性。一方面,随着现代化进程,女性的社会地位在不断提高,发展空间从家庭扩展到了社会,性别分工由"男外女内"被动接受走向独立与自由的自主选择,女性主体意识逐渐得到彰显。另一方面,社会上消极的性别观念,以及对女强人的否定和丑化,使得女教师固守传统的女性特征,始终无法摆脱对传统伦理的依附与从属意识;而根植于内心深处强烈的性别自卑感,使她们在自觉不自觉中又接受了传统女性的命运,甚至是主体意识的完全迷失。同时,高校被视为是基于男性的领导方式来运作的,一直以来女教师习惯于传统的性别角色模式,主体意识的觉醒存在着认知的片面性,她们以男性尺度来衡量自身的存在价值,以男性的价值标准来评价自己,忽视了自身的特点和优势。女性意识的缺乏,让高校女教师难以正确认识自我和评价自我,尤其是在人生大事的十字路口难以摆脱外在的干扰做出自己的判断,决定自己的行为,使自身的发展处于迷茫之中。

(三) 学术意识若隐若现

教育性和学术性是高校教师职业的基本属性。这就要求高校女教师具有强烈的学术意识,即突出的创新意识。这就意味着女教师要坚持不断地学习和研究,不断提高自身学术研究、教育教学的能力和水平,不断了解学科发展的新趋势,不断根据教育对象的特点和社会环境的变化更新教育内容、更换教育方式、改进教育手段。但社会对女教师的家庭角色期待,似乎正在成为或已经成为高校女教师形成学术意识的某种阻碍。一直以来,我国传统伦理文化主张女性"温良恭俭让",做"贤妻良母",承担全部或大部分家务劳动,即"男主外,女主内";主流观点也热衷于鼓噪"女性不适合学术"的论调,等等。这种传统的观念、道德的束缚、社会对女性学术能力的长期否定等,广泛而立体地作用于女教师,导致她们在求真创新与自卑顺从之间,在学术角色与女性角色之间,摇摆不定,无所适从。现实表明,不少女教师逐渐习惯了"男性科研、女性教学,男性管理、女性服从"的工作模式。可见,其对学术角色的不当认识和学术意识的淡薄。

新时期高等教育转型发展呈现出新的特点,给高校女教师的发展提出了更高的新要求。女教师在自身发展与重塑的过程中,面临着种种困惑和困境。原因虽然是多方面的,但现实表明:传统性别文化仍然是阻碍高校女教师发展的一个重要原因,这需要社会、高校、女教师自身进行全面、深入的思考。

第二章

高校女教师发展的社会性别辨析

第一节 社会性别理论兴起的社会与学术背景

一 社会性别的内涵

"社会性别"概念的提出,是女性主义的集体智慧的结晶。她们基于自己的学术背景和现实关注,从各个角度对社会性别进行探讨和诠释,表达着各自不尽相同的观点。这使得女性主义并未产生一个统一的"社会性别"的概念。因此,对社会性别的阐释,可谓见仁见智。但对种种相关概念稍加分析,不难看出有关社会性别含义的阐释主要是顺着两条思路展开的。

其一,从社会性别与社会文化之奥妙关系的角度展开。如《英汉妇女与法律词汇释义》把社会性别解释为:"由社会文化形成的对男女差异的理解,以及社会文化中形成的属于女性或男性的群体特征和行为方式。"[①] 国际劳工组织性别平等局将社会性别定义为:"社会性别是指社会男女的社会差异及社会关系,是后天产生的,因时而变,在不同文化间与同一文化间表现不同。这些差异和关系具有社会属性,产生于社会化过程中,有其特定的背景,是

[①] 谭兢常、信春鹰:《英汉妇女与法律词汇释义》,中国对外翻译出版公司1995年版,第145页。

可变的。"① 《加拿大国际开发署性别平等政策》将社会性别定义为:"性别指的是由社会化过程所构建的女性和男性的作用和责任。性别这一概念也包括对女性（女性化）和男性（男性化）的特点、态度和行为的一种期望。"② 华人学者仇乃华认为,"社会性别（Gender）是相对于生理性别（Sex）而言的,强调两性间的根本差异在于它的社会性。后者被看作是生理范畴,被用来表达男女之间由于基因、解剖及荷尔蒙分泌不同而造成的生理上的差异,而前者则是社会范畴,通常用来指作为一个男人或女人的社会含意,即由特定文化环境规定的被认为是适合其性别身份的性格特征及行为举止"③。国内学者荣维毅认为,社会性别是指在社会文化中形成的属于女性或男性的气质和性别角色以及与此相关的男女在经济、社会文化中的作用和机会等可以改变或互换的一切特征。④ 类似于这一类的概念还有很多,这里不便一一列举。透视以上各种概念和阐释,虽然其表达方式和侧重点不尽相同,如有的侧重社会文化对性别群体特征和行为方式的影响,有的侧重社会文化对女性和男性的作用和责任的规约,有的侧重对男女性别特点、态度和行为的一种期望等等,但其共同点亦显而易见:即都强调性别的文化属性,是社会和文化赋予男性气质和女性气质;都隐含着社会性别与社会文化具有一种不可分割的联系;都特别突出女性所扮演的角色与现有的处境不是因为生理性别所致,而是社会文化所为。换言之,以上定义都认同,"妇女扮演的性别角色,并非如以前的社会学家和心理学家所说,是由

---

① 中国妇女研究会:《社会性别平等的伙伴关系》,载中国妇女研究会《妇女研究参考资料》2002年版,第16页。
② 林志斌、李小云:《社会性别与发展导论》,中国农业大学出版社2001年版,第42页。
③ 鲍晓兰:《西方女性主义研究评介》,生活·读书·新知三联书店1995年版,第217页。
④ 荣维毅:《中国女性主义研究浅议》,《北京社会科学》1999年第3期。

女性的生理所决定的,而是由社会文化规范的;人的性别意识不是与生俱来的,而是在对家庭环境和父母与子女关系的反映中形成的……生理命运不是妇女的主宰,男女性别角色是可以在社会文化的变化中改变的"①。

其二,从社会性别所隐含的权力关系角度展开。在这一方面,美国历史学家琼·W. 斯科特的贡献最大。她在《性别:历史分析中一个有效范畴》一文中指出:社会性别是"基于可见的性别差异之上的社会关系的构成要素,是表示权力关系的一种基本方式"②,"性别是代表权力关系的主要方式。换言之,性别是权力形式的源头和主要途径"③。可见,在斯科特看来,社会性别在本质上是男性和女性之间权力关系的反映。这种权力以如下模式呈现:男性处于统治、支配地位,而女性处于被统治、被支配的地位;男子占据着主体地位,妇女屈居客体地位。

由此可见,社会性别的定义丰富多彩而非铁板一块,是流动的而非静止的。然而正是因为众多女性主义者这些不尽相同的认识和表达,才有相互之间的探讨和争鸣、补充和借鉴,从而成就了社会性别这一内容极为丰富而宏大的理论。本研究将社会性别含义主要概括为以下三个方面④:

首先,社会性别是一种"男高女低"的不平等的性别关系。最早从男女的社会关系视角来认识女性的女性主义者是盖尔·卢宾。在卢宾看来,社会性别并非是简单地通过某些文化象征来识别男女的事情,而是一整套确立两性社会地位和社会角色的社会制

---

① 王政:《"女性意识"、"社会性别意识"辨异》,载杜芳琴、王向贤主编《妇女与社会性别研究在中国(1987—2003)》,天津人民出版社2003年版,第89—90页。
② [美]琼·W. 斯科特:《性别:历史分析中一个有效范畴》,载李银河《妇女:最漫长的革命》,生活·读书·新知三联书店1997年版,第168页。
③ 同上书,第170页。
④ 禹旭才:《烛照之思——当代中国高校女教师发展研究》,兰州大学出版社2009年版,第29—31页。

度，它通过政治、经济和文化的作用，使女性处于社会中的从属地位。卢宾通过对马克思有关资本的一段论述的演绎，最为生动地论证女人是在一套完整的社会性别制度中才成为女人的："一个顺从的女人是个什么人？她是人类雌性中的一员。可这个解释就跟没解释一样。一个女人就是一个女人。她只有在某些关系中才变成仆人、妻子、奴隶、色情女招待、妓女或打字秘书。脱离了这些关系，她就不是男人的助手，就像金子本身并不是钱……"① 社会历史学家琼·W. 斯科特则更明确地从社会关系向度界定社会性别。她指出，"社会性别是组成以性别差异为基础的社会关系的成分"②，并将社会性别分解为四个相关因素：第一，文化象征的多元表现。例如，在西方基督教传统中，夏娃和玛丽亚就是妇女的象征，同时文化象征也反映了光明与黑暗、纯洁与污浊、天真与奸诈的神话；第二，规范化概念；第三，引用社会组织和机构的概念，扩大社会性别的定义；第四，主观认同。③ 斯科特还进一步指出，"性别关系带有主宰、控制妇女的意义"④。由此可见，社会性别揭示的是一种"男主女从"的不平等的性别关系。

其次，社会性别是一种"男尊女卑"的不平等的文化观念。首先，它表明任何社会都存在着关于两性角色分工、男女气质、行为方式等方面的一整套社会观念和意识形态。通俗地讲，任何社会都存在着一整套有关男人该怎样行为和女人该怎样行为的观念和社会规范，具体表现为一整套有关两性行为的期望和社会标准，即长期以来人们想当然地认为，柔弱、温顺、心细、胆小、依恋、情绪化等是女性具有的典型气质；强健、刚烈、心粗、胆大、独立、理

---

① ［美］盖尔·卢宾：《女人交易——性的"政治经济学"初探》，载王政、杜芳琴主编《社会性别研究选译》，生活·读书·新知三联书店1998年版，第23页。
② ［美］琼·W. 斯科特：《性别：历史分析中一个有效范畴》，载李银河《妇女：最漫长的革命》，生活·读书·新知三联书店1997年版，第168页。
③ 同上书，第168—169页。
④ 同上书，第172页。

性化等是男性具有的典型气质。显然，在这些性别文化观念中，与女性相关的较之于男性总是被认为是消极的、处于劣势的，进而将这些消极的观念固定于女性；另外，人们往往习惯将女性与家庭私人领域中的养育活动紧密联系，而将男性与社会公共领域中的物质生产活动相关联。但女性主义学者认为，是社会文化构造了同性之间的相似性和异性之间的差异性，她们指出："根据我们收集的资料，两性人格特征的许多方面（虽不是全部方面）极少与性别差异本身有关，就像社会在一定时期所规定的男女的服饰、举止等与生理性别无关一样"[1]，而"文化总是煞费苦心、千方百计地在错综复杂的条件下，使一个新生婴儿按既定的文化形象成长"[2]。

最后，社会性别是一种"男主女从"的不平等的权利机制。透过社会性别所承载的社会文化，便不难发现其所包含的权利、等级关系。这也就是盖尔·卢宾所提出的"社会性别制度"。卢宾指出，"性就是性，但什么算性则同样由文化所决定和获取。每个社会也有一个性/社会性别制度——在一整套组织安排中，人的性与生育的生物原料既被人与社会的干预所塑造，又在习俗的方式中获得满足，无论有些习俗是多么稀奇古怪"[3]。在卢宾看来，社会性别所承载的文化要素在一定意义上是其所蕴含的权利关系体系的基础。事实上，正是这种社会性别及其所蕴含的文化要素的相互作用携手同构了足以规训男女两性的权利机制或者说社会性别制度，并且整个社会性别制度都是以男人为中心的。例如，中国社会文化所建构的"男尊女卑"、"男主外女主内"等社会性别，实际上就内隐着一套相对独立而稳定的权利机制。它不仅规训着

---

[1] ［美］玛格丽特·米德：《三个原始部落的性别与气质》，宋践等译，浙江人民出版社1988年版，第266页。
[2] 同上书，第268页。
[3] ［美］盖尔·卢宾：《女人交易——性的"政治经济学"初探》，载王政、杜芳琴《社会性别研究选译》，生活·读书·新知三联书店1998年版，第30页。

男女两性的劳动分工、婚姻、价值取向、生活方式、思维方式等，而且引导着人们认识、理解与评判男女两性，并影响一定时期社会生活的各个层面，如生产方式、婚姻制度、法律制度、教育制度、社会文化结构与内涵、民众心理等。总之，"性别关系带有主宰、控制妇女的意义"①。由此可见，社会性别是一种压迫妇女的体制化、系统化的社会关系，是一种男性控制女性的权利机制。它不仅揭示了两性的性别差异是由社会建构起来的，还揭示了这种被社会文化建构起来的"男性"和"女性"之间存在着一种等级关系和权利关系。

综上所述，社会性别是相对于生理性别（Sex）而言的，生理性别指的是男女两性的生理差异，社会性别指的是男女两性的社会差异。前者是自然的，在本质上只具有解剖学意义上的性别区分，因而是客观存在的，是不可改变的；后者是非自然的，从本质上来说是社会建构的一种不平等的"男高女低"的性别关系、"男尊女卑"的文化观念、"男主女从"的权利机制，因而是可以改变乃至被消除的。简言之，从表层上看，社会性别是指社会文化所建构的男性或女性的群体特征、行为方式与角色期望；从深层次看，它不仅是建构这些群体特征、行为方式与角色期望的权利体系与机制，而且是"一种意识形态和价值体系，同时也是一种表现为各种力量的权利运作和风俗习俗，甚至是一种集体无意识的惰性力量"②。

二 社会性别理论兴起的社会背景

任何理论的产生都有其特定的社会背景，都是特定时代的产物。社会性别概念的提出就是西方女权主义运动发展到一定历史阶段的

---

① ［美］琼·W. 斯科特：《性别：历史分析中一个有效范畴》，载李银河《妇女：最漫长的革命》，生活·读书·新知三联书店1997年版，第172页。
② 杜芳琴、王向贤：《妇女与社会性别研究在中国（1987—2003）》，天津人民出版社2003年版，第45页。

必然产物。20世纪中叶,人类社会发生了重大的历史转折。除了世界大战的灾难、脆弱的生态环境以及蔓延的冲突和暴力,西方国家各种思潮盛行,导致现实社会中的人总是通过各式各样的思想来反映现实生活的要求,并追求着自己的理想。20世纪60年代,美国出现了民权运动、新左派运动和妇女运动等,这些运动挑战并改变了美国传统的社会制度、思想和文化,这个时期兴起的妇女运动也被学者们称之为第二次女权运动。这次运动促进了女权主义理论研究热情的高涨,女权主义学者们从政治、经济和思想等维度来探讨妇女受压迫、受剥削,以及在社会上沦落为"二等公民"的原因。在这种社会背景下,女性价值和妇女发展开始成为全球话题之一,并逐步发展出一个核心的理论——"社会性别理论"。20世纪70年代初,当联合国对其制定的第一个全球经济发展规划进行评估时,有学者提出,整个社会经济的发展并不一定促进妇女的发展。他们分析了劳动的性别分工及发展和现代化战略对于男女的不同影响,提醒联合国组织应当将妇女的发展纳入整个社会发展的规划之中。因此,1972年联合国在制定第二个全球经济发展规划的时候便将妇女的全面发展纳入其中。国际经济合作与发展组织(OECD)的开发援助委员会(DAC)于1983年通过了妇女在发展中发挥作用的指导原则,1984年在开发援助委员会内设立了WID专家会议,每年例会讨论妇女发展有关的问题。可见,最早的社会性别意识萌生于20世纪60年代至80年代,"社会性别"在联合国和许多国际组织和机构中发展成一个重要概念和分析框架,进而成为"任何把社会性别当作分析的关键范畴的理论框架或研究方法"[1]。

三 社会性别理论兴起的学术背景

社会性别(Gender)这一概念发轫于20世纪70年代的美国第

---

[1] 谭兢常、信春鹰:《英汉妇女与法律词汇释义》,中国对外翻译出版公司1995年版,第145页。

二次女权运动。社会性别理论的形成，是一个漫长的历史过程，是女性主义者的集体智慧的结晶。她们基于自己的学术背景及现实关注，从不同的角度对社会性别进行探讨和诠释，表达着不尽相同的理论观点。可以说，社会性别理论既散落于女性主义诸流派，又超越于女性主义诸流派，是女权主义理论发展的结晶。社会性别理论的提出，标志着西方女性主义学者的理论自觉。尤其是20世纪80年代以来，常常是"作为一个分析类别用来解释男女气质的社会构成，并从社会性别相互关系的角度来分析男性权利和男性特征得以维持的原因，进而成为西方女性主义理论中的一个中心概念"[①]。

（一）社会性别概念形成的理论源泉

为争取妇女的权利和利益，从18世纪起，西方女性主义者就开始了声势浩大的妇女解放运动。但学术界一般认为，西方社会经历了两次大规模的女权运动，第一次女权运动发生在19世纪中期的欧美，一直延续到20世纪初。英国的著名代表是玛丽·沃斯通克拉夫特（1759—1797）和约翰·斯图尔特·穆勒（1806—1873），其代表作分别是《女权辩护》和《妇女的屈从地位》，现都已成为妇女运动的经典之作。在美国，这次运动的主要代表是斯坦顿、安东尼和莫特，她们于1848年7月组织召开了美国第一届妇女权利大会，会上通过了《权利和意见宣言》，这标志着美国女权运动的正式开始。第一次女权运动的主要目标就是要获得与男人的平等，进入她们一直被排除在外的公共领域。毋庸置疑，第一次女权主义理论为妇女获得平等的教育权利和政治权利做出了巨大的贡献，但它一个重要的缺陷是并未从根本上挑战公共领域与私人领域的二元划分。直到第二次女权运动

---

① 王珺：《阅读高等教育——基于女性主义认识论的视角》，天津人民出版社2007年版，第29页。

的出现，这种二元划分及女性在私人领域的既定角色，才受到女性主义者激烈的挑战。

第二次女权主义运动于20世纪60年代发端于美国。在不同的哲学基础和追求目标上形成了不同的女性主义流派，主要有自由主义女性主义、激进主义女性主义、马克思主义女性主义和社会主义女性主义等。这些流派在批判继承第一次女权主义理论的基础上，相互借鉴又相互吸收，把女性主义理论推进到一个新的阶段。可以说，第二次女权主义运动中形成的各种理论思潮，是社会性别理论产生的直接的学术背景，下面做一简单的梳理。

1. 自由主义女性主义的核心主张

第一，强调男女两性的同质性。自由主义女性主义（Liberal Feminism），非常强调两性的同质性，提出男女两性的能力和兴趣的差异不是天生的，而是后天因接受不平等的教育造成的。基于这种认识，自由主义女性主义力主公平竞争，反对照顾弱者，认为国家应该尽量减少干预个人的事务，实现公民权利的真正平等。第二，强调理性的崇高位置。在当时的主流社会看来，理性是男人的特性，感性是女性的特性。自由女性主义认为理性是人最重要的属性，主张女性应该具有男性的理性。可见，自由女性主义主张的男女平等，仅限于平等的机会和个体选择的主题，没有觉察到社会关系的复杂性，也未对性别不平等的根本原因作出解释。因此，她们提出的问题解决的对策也只能停留在让更多的妇女进入现存的男性社会体系，没能对现存的政治、经济与社会制度的基本结构发起根本的挑战。

2. 激进主义女性主义的核心主张

第一，强调妇女解放的关键是废除"父权制"。激进主义女性主义（Radical Feminism）强调女性受压迫的根源在"父权制"（Patriarchy），认为男权的统治不仅局限于公共政治和经济领域，而且存在于私人领域。家庭和性是父权制统治的工具，男人对女人的家长制权力是人类社会的一种基本权力关系。因此，妇女解放的关键在于废除"父权制"。第二，强调改变性别制度。该流派认为异性恋制度是男人统治妇女的重要原因，妇女之所以依附于男人是因其生育等使然。提倡妇女拒绝异性恋、采取生物学技术摆脱生育的控制等，即通过改变性别制度以实现消除性别差异。可见，激进主义女性主义理论直指父权制文化的核心，它的批判和反抗的确具有革命性，但仅侧重于从生物学角度分析妇女受压迫的原因，并陷入了偏激和狂热的泥潭，尤其是把两性关系绝对对立，把男性看作女性的敌人，使得其理论一直被主流文化所排斥。

3. 马克思主义女性主义的核心主张

马克思主义女性主义（Marxism Feminism）并不是完全引经据典地研究马克思或恩格斯关于妇女解放的观点。一方面，它从马克思主义经典理论中获得了有价值的思想启示，在某种程度上坚持了马克思主义基本理论；另一方面，它在从马克思主义理论中汲取养分的同时，质疑并批判了马克思主义的一些观点，对妇女问题作出了自己特有的、有意义的探索，强调私有制是妇女受压迫的根本原因。马克思主义女性主义，将妇女受压迫的地位与资本主义剥削制度联系起来，认为在阶级社会中，妇女受压迫的根源在于私有制的经济结构，只要整个社会解放了，妇女就能得到解放。主张妇女从家务劳动中解放出来回到公共事务中去，摆脱对男性的经济依赖。即妇女的真正解放，有赖于消灭私有制、消灭剥削。可见，马克思主义女性主义虽然扬弃了激进女性主义的偏颇和片面，但把分析问题的本源局限在阶级层面。

4. 社会主义女性主义的核心主张

第一，强调女性的不利地位是历史和社会的原因造成的。因此，要改变女性的不利地位不能仅仅靠个人的努力和所谓"公平竞争"，而是要为女性争取特别的保护性立法，以及各种救助弱势群体的特殊措施，以此争得同男子平等的地位。社会主义女性主义的一个主要现实斗争要求就是男女同工同酬。第二，强调四个领域——生产、生殖、性和儿童教化是女性受压迫的物质基础，认为这四大压迫结构既是相对独立的又是相互依存的。因此，除了改变经济基础、推翻资本主义制度之外，妇女解放还必须借助文化的力量来发展女性主义意识，改变整个社会结构。可见，社会主义女性主义综合扬弃了马克思主义女性主义和激进主义女性主义的观点，不但批评了经济一元论的片面性，而且提出了女性受压迫的根源在于资本主义和父权制，更加透彻地分析了女性处于从属地位的主要原因。

（二）社会性别理论形成与发展的历史脉络

"社会性别"理论在正式成型之前，其雏形就隐含在女性主义诸流派的论著或思想中。经过30多年的发展，社会性别理论因其既克服了自由女性主义孤立和抽象地认识人的存在，难以揭示男女不平等的主要原因等不足，又超越了激进女权主义将男女差异凝固化、赞美女性价值、贬损男性价值的窠臼，凭借它集多种女性主义之大成进入国际学术主流，"在学术界建构了社会性别理论和分析方法，并使之向各个学科领域积极有效地渗透，从而改变了很多学科领域对人类社会的认识和阐释"[①]。

1. 社会性别理论的萌芽

被称为世界妇女运动鼻祖的英国女权运动中最著名的人物玛丽·沃斯通克拉夫特（Mary Wollstonecraft）、法国著名女性主义作家西蒙娜·德·波伏娃（Simone Beauvoir）等可以被看作是"社会性别"概念提出的先驱者。针对启蒙主义思想家卢梭在《爱弥儿》（1762年）中所提到的妇女应具备"温柔"、"服从"、"脾气好"

[①] 王政：《浅议社会性别学在中国的发展》，载杜芳琴、王向贤《妇女与社会性别研究在中国（1987—2003）》，天津人民出版社2003年版，第21页。

等所谓的"妇女气质",沃斯通克拉夫特在《女权辩护》(1792年)中对当时的教育制度进行了无情的批判,认为这种教育使得女性处于一种"无知和奴隶式依附"的状态,是造成女性卑下的社会地位的罪魁祸首;提出了"社会塑造妇女"、"女性应当享有与男性相同的基本权利,而不应被视作社会的装饰品或成为婚姻交易中的财产"等观点。法国作家西蒙娜·德·波伏娃的《第二性》,被誉为西方女权主义的"圣经",在全面、历史地分析了妇女的处境、权利与地位,指出当时西方社会对妇女自由的种种限制的基础上,一针见血地指出,女性不会"自觉自愿变成客体和次要者",而是男性"在把本身界定为此者的过程中树立了他者"[①],进而系统地阐述了"女人并不是生就的,而宁可说是逐渐形成的"[②]这一观点。显然,在波伏娃看来,妇女的劣势不是自然形成的,而是被社会、被父权制建构而成的"他者"。可以说,这是最早的社会性别概念的萌芽。

2. 社会性别理论的发展

自20世纪60年代以来,伴随着女权主义运动高潮的到来,一些女性主义学者在现实经验与理论的基础上提出了社会性别概念。如最早在社会科学领域里对社会性别进行研究的女性主义心理学学者安·奥克利(Ann Oakley)。她于1972年出版《生理性别、社会性别与社会》一书,在该书中较为明确地界定了生理性别(Sex)与社会性别(Gender)。奥克利强调,社会性别并非生理性别的直接产物。她提出生理性别(Sex)是表示生物学意义上男性和女性的解剖学和心理学的特点,而社会性别(Gender)却是社会建构的男性气质和女性气质。即男性气质和女性气质不是由生理性别所决定的,而是在社会、文化以及心理的影响下形成的,这种影响在

---

① [法]西蒙娜·德·波伏娃:《第二性》,陶铁柱译,中国书籍出版社1998年版,第11页。
② 同上书,第309页。

特定的社会和特定的时间中、在一个人成长为男人或女人的过程中无所不在。① 1975 年，美国人类学者盖尔·卢宾在《女人交易——性的"政治经济学"初探》中，分析借鉴了马克思主义理论、列维·斯特劳斯的结构人类学以及弗洛伊德的精神分析学理论，提出"性别/社会性别制度"（Sex/Gender）理论，指出社会性别应被定义为"一种由社会强加的两性区分"，是"性别的社会关系的产物"，"性别/社会性别制度"是制造和规范性别的一整套社会组织，视性别为一种制度，试图从人类社会发展初级阶段与个人生长发育初期来寻求性别不平等、妇女受压迫的根源。② 可见，卢宾对社会性别的理解，已经与社会关系和社会权利联系在一起。这种分析方法在女性主义学者中影响重大，极大地丰富了社会性别概念的内涵。

3. 社会性别理论的丰富

20 世纪 90 年代以后，女性主义学者不仅对社会性别理论的关注点发生了转变，而且对其的探寻更为全面与详尽。1988 年，美国著名的女性主义历史学家琼·W. 斯科特在《性别：历史分析中一个有效范畴》一文中，用后结构主义理论对社会性别作了更为深刻的阐释："社会性别是组成以两性差异为基础的社会关系的成分；社会性别是区分权利关系的基本方式。"③ 她将性别理解为一种权利关系，并把它运用在历史学尤其是女性史的研究中，从而使女性主义性别研究的主要关注点由性别差异转向性别关系及社会结构。

当学者们在普遍关注性别关系及其社会结构时，另有一些女性

---

① 刘霓：《社会性别——西方女性主义理论的中心概念》，《国外社会科学》2001 年第 6 期。

② Gayle R., "The Traffic in Women." *Toward an Anthropology of Women*, Vol. 3, No. 18, 1975.

③ ［美］琼·W. 斯科特：《性别：历史分析中一个有效范畴》，载李银河《妇女：最漫长的革命》，生活·读书·新知三联书店 1997 年版，第 167 页。

主义理论者开始寻求对社会性别进行更为详尽的阐释。主要方法是通过强调社会性别与阶级、种族和其他权利形式的相互关系来分析社会性别的社会心理和文化层面的能动性。如著名黑人女性主义学者贝尔·胡克斯把阶级、种族、民族等造成人类不平等的其他社会因素引入性别研究，揭示了性别、阶级、种族、民族等各种压迫得以产生和彼此关联的思想根源，从而大大丰富了女性主义的社会性别理论。

总之，"社会性别"概念是在挑战长期以来盛行的"生物决定论"的基础上出现的。此前，西方社会，尤其是美国占统治地位的性别话语是"女性的奥秘"——"意识形态和社会体制组织携手作出对女性的严密规范，即贤妻良母是正常女性的唯一生存方式"①。即生理决定论或生物决定论是这种严密规范的理论基础。换言之，是女性自然的生理性别（Sex）决定了她们贤妻良母这一角色，是性的差别（Sexual Differences）决定了她们的社会角色与社会地位。而在女性主义者看来，女性所扮演的角色，并非由女性的生理所决定，而是社会文化的一种规制，因此要用 Gender（社会性别）这一概念取代 Sex Role（性别角色）以区别于生理性别（Sex）。

（三）社会性别理论在中国的发展

前文已述，社会性别理论产生于西方女性主义运动第二次浪潮，其核心思想是在肯定男女两性的生物学差异的基础上，强调社会性别差异是造成男女发展不平等的根本原因。然而该理论直到 20 世纪末才传入中国，其过程大致可以分为引入、传播与发展三个阶段。

1. 社会性别理论的引入

虽然早在 20 世纪 80 年代，社会性别概念已见诸国内个别刊

---

① 王政：《越界——跨文化女权实践》，天津人民出版社 2004 年版，第 42 页。

物,但当时并未引起人们的注意。① 这也许是因为国内妇女研究处于起步阶段等原因。直至90年代,社会性别这一概念才在真正意义上进入我国。1993年,海外中华妇女学会(CSWS)与天津师范大学妇女研究中心共同举办了为期两周的"第一届中国妇女与发展研讨会"。在研讨会上,"社会性别"这一概念被海外中华妇女学会的成员较为集中地介绍过来,并成为关键词,这使中国的女性研究者们初次兴奋地接触到了社会性别理论。1995年第四次世界妇女大会在北京召开,联合国185个成员国、4个观察员国以及联合国机构、政府间组织、非政府组织、媒体记者相关人员共1.5万人出席,还有非政府组织论坛3万多与会者,共计4.5万人汇集北京。这次会议有130多个代表团由部长以上官员带团,其中有2位总统、3位总理以及若干议长、副总理出席。② 这次规模空前、规格空前的国际性会议,是社会性别理论进一步引入我国并传播开来的重要契机,更是推动中国女性研究者关注社会性别理论的难得机遇。此后,"社会性别意识"逐渐成为我国女性学者研究女性问题的一个崭新视角。

2. 社会性别理论的传播

应该说,1993—1997年,是社会性别理论在中国的快速传播阶段。在这短暂的几年中,社会性别理论的研究视角吸引了一批中国女性研究者的目光。一是大量的西方社会性别理论研究成果被译介到了中国。如《女性与住房政策:走向性别意识》《性别计划与发展——理论、实践与培训》《性别:历史分析中一个有效范畴》《社会性别研究选择》《西方女性主义研究评介》等。二是国内理论界对社会性别意识的广泛宣传。如《中国妇女报》对社会性别

---

① 闵冬潮:《Gender(社会性别)在中国的旅行片段》,《妇女研究论丛》2003年第5期。

② 王孟兰:《世妇会:全球妇女运动的里程碑》,《中国妇女报》2010年2月26日第A04版。

意识作了充分的宣传与报道,再如1997年南京"妇女与发展"研讨会、中央党校"将性别意识纳入决策主流"研讨会等都十分注重对社会性别理论进行探讨。三是社会性别理论逐渐运用于实践。1991年,中国政府作出承办联合国第四次世界妇女大会的决定;江泽民在1995年召开的世妇会开幕式致辞中庄严承诺,"把男女平等作为促进我国社会发展的一项基本国策",隆重呼应了世妇会《北京宣言》和《行动纲领》的发表;1996年,黄启璪代表妇联在讲话中提出:"将性别观点纳入决策主流。"[1] 同年,陈慕华对马克思主义妇女观与社会性别的关系做了进一步的解释,提出马克思主义妇女理论就是从性别的观点来分析妇女问题,它的核心是男女平等[2]。与此同时,我国还制定了第一部妇女权益保障法,拟定了第一个妇女发展纲要,发布了中国妇女发展状况白皮书,建立了国家妇女工作机构。可见,这段时间内,社会性别理论不仅在女性学术界得以快速传播,在国家层面的妇女发展和进步的纲领性文件的制定、赋权于妇女方针政策的出台等实践中亦留下深深的印记。

3. 社会性别理论的发展

如果说在1997年之前几年,可以用"拿来主义"概括中国女性研究者对社会性别理论的基本态度,那么1997年之后,便开启了中国社会性别理论的"本土化"研究模式,亦推动着社会性别理论在中国的快速发展。主要表现在中国女性学术界不仅"开始了社会性别理论的研究,而且逐渐着力于社会性别意识教育培训和推动社会性别意识纳入社会主流的工作"[3]。在理论方面,可以概括为两个阶段:第一阶段主要是以李慧英、李小江、王政、闵冬潮

---

[1] 黄启璪:《黄启璪同志谈:性别观点纳入决策主流》,《妇女研究论丛》1996年第3期。

[2] 陈慕华:《加强妇女理论研究,推动中国妇女解放事业沿着正确的道路前进》,《中国妇女报》1996年12月16日第1版。

[3] 付红梅:《社会性别理论在中国的运用和发展》,《中华女子学院学报》2006年第4期。

等为代表的女性学者们对 Gender 本身的纷纷探讨,先后经历了翻译 Gender、解释 Gender 到质疑 Gender 等过程[①];第二阶段是从事妇女理论研究的学者们开始运用社会性别理论探讨女性问题、社会性别结构、社会性别文化乃至社会性别制度,探讨社会性别关系与民族、阶级、国家、经济体制的互动关系,她们改变了单一的研究视角,不再仅仅关注女性自身,而且关注女性作为社会人的存在与发展,关注其除女性之外的其他社会身份或背景等。简言之,在这个过程中根据所在地域的经济、文化、历史和社会性别现状等重新审视外来理论,选择适合我们的部分创造性地运用到实践中,也包括用我们实践中的经验去发展和补充外来理论。[②] 如较早的代表性成果有王政教授的《社会性别理论在史学界的运用——从发现妇女的历史到妇女与社会性别史》、杜芳琴教授的《中国妇女史学科建设的理论思考》等,近年来有《社会性别视角下的教育传统及其超越》《烛照之思——当代中国高校女教师发展研究》等成果相继出版。在实践中,逐渐着力于社会性别意识教育培训和推动社会性别意识纳入社会主流的工作。如 2001—2010 年的《中国妇女发展纲要》就明确指出:要增强全社会的性别意识,逐步消除对女性的偏见、歧视以及贬抑女性的社会观念,为女性发展创造良好的社会环境,将性别意识贯穿于政策执行评估的全过程;对公共政策进行调整和修改,为女性参与经济活动创造良好的社会环境,应当成为今后我们各级政府推进社会和谐与持续发展的新举措。[③]

综上所述,社会性别理论在中国的发生和发展走过了 20 多年的历程,主要经历了"引入"、"传播"和"发展"三个阶段,从

---

① 闵冬潮:《Gender(社会性别)在中国的旅行片段》,《妇女研究论丛》2003 年第 5 期。
② 高小贤:《推动社会性别与发展的本土化的努力》,《妇女研究论丛》2000 年第 5 期。
③ 付红梅:《社会性别理论在中国的运用和发展》,《中华女子学院学报》2006 年第 4 期。

"拿来主义"到"植入本土","在我国不仅成为女性研究、性别研究的主要理论工具,而且逐渐进入社会各个领域,包括各种学术研究领域和社会实践领域"①,已初步形成了自己的特色。近年来,"社会性别"更似一颗璀璨的明珠闪耀在越来越多的研究论著、学术会议与科研立项中。可以预见,社会性别作为一种理论框架和方法论视角,在与性别相关的学术研究和社会实践中,既有其成长的坚实土壤,又具有广阔的应用前景。

第二节 社会性别理论的核心思想及其审视

一 社会性别理论的核心思想

从总体上讲,社会性别理论是在肯定男女两性的生物学差异的基础上,凸显其社会特征与角色,强调社会制度和文化建构等因素对塑造女性社会角色的影响。它表明女性主义理论视角的转变,不再盲目地以男性为标准来衡量女性自身,而是开始关注怎样把女性从传统的社会束缚中解放出来。概言之,主宰妇女命运的不是其生理性别而是社会性别。从宏观上而言,社会性别理论主要有以下四个核心观点。

(一)生理命运不是妇女的主宰

社会性别作为女性主义者的集体智慧的结晶,一直是在批判和探索中发展的。如前文所述,虽然对社会性别的含义存在不同的理解,但不难发现,这些观点实质上都认同要严格区分社会性别(Gender)和生理性别(Sex),强调生理命运不是妇女的主宰,男女性别角色是在社会文化的教化中形成的,也是可以在社

---

① 周小李:《社会性别视角下的教育传统及其超越》,博士学位论文,华中师范大学,2008年,第22页。

会文化的变化中改变的。因为人的生理差异是自然的,在本质上只具有解剖学意义上的性别区分,因而是客观存在的,是不可改变的,也无须改变;而男女两性的社会差异是非自然的,从本质来说是社会建构的一种男尊女卑、男强女弱等男性占优势地位的社会关系、文化构成与权力体系,因而是可以改变乃至被消除的。可见,社会性别理论选择从揭示生理性别与社会性别的本质区别及其相互关系入手,对传统性别观念发起了革命性的挑战,打破了生理性别决定论的神话。

(二) 女性也是发展的主体

自古以来,女性都是作为一个屈从于男性的群体被建构的,女性也无意识地从情感上认可和接受这种屈从地位,进而认为这种状态是自然的、先天的,也是合乎情理的。但社会性别理论却旗帜鲜明地强调"女性也是发展的主体"这一理念:一方面,"社会性别意识的思想基础是人的主体性,它将主体意识引入性别范畴,确立了女性的主体地位。强调女性主体性,不仅要改变女性对于男性的从属关系,而且要改变女性对于国家的从属关系"[1]。这正如国内学者李慧英所强调的"性别意识其实从西方过来的时候,隐含的东西是对每个个体的权利和尊严的尊重,强调人是独立的、自由的,隐含着一种平等的思想、相互尊重的东西"[2]。另一方面,女性不应当无原则地妥协和牺牲,不能被动适应环境和社会,而应当维护自己作为人、作为发展的主体的尊严与权利。这一理念落实到实践中,主要包含三层意思:其一,女性要学会独立面对人生和社会的各种挑战,敢于扫除自我发展中的羁绊与障碍。其二,同为主体,女性与男性是平等的,无论女性还是男性都不应以牺牲对方作

---

[1] Edward W., "Travelling Theory." *The Text, The World, and The Critic*, Vol. 6, No. 1, 1984.

[2] 李慧英:《将性别意识纳入决策主流的讨论》,《妇女研究论丛》1996 年第 3 期。

为自我发展的前提,而应当彼此尊重、和谐共处、互利共赢。其三,女性的利益与需求不能被漠视,更不能成为国家或任何社会机构的工具,女性的发展应得到全社会的关注。

(三) 女性不是男性的对立面

社会性别理论反对孤立地研究女性和女性问题,同时也反对把女性视为男性的对立面。具体表现在两个方面:一是考察认识妇女问题时,不要将妇女孤立地剥离开来,而要将其置于男女两性的社会角色和权力结构之中。在对其性别文化、性别制度和性别结构的分析过程中,我们既可以观察到男女两性之间不平等的权力关系,同时也可以看到男女两性受到的不同限制和制约,"规范两性之间社会关系的原则——一个性别法定地从属于另一个性别——其本身是错误的"[①]。应引导男女两性共同反思传统性别规范对于自身发展的束缚,着眼于男女两性形成反传统性别文化的合力。二是在行动中,不是把男性当成竞争者,而是要把男性当作合作者。社会性别理论强调,为了争取更多的支持者,女性应尝试从另外一种角度来看待男性,既不是依附者也不是竞争者,而是合作者、利益相关者,应注重与男性之间的联盟,争取更多的男性为女性的发展提供帮助。可见,社会性别理论实质上是一种注重人本的现代意识,它虽然旨在揭露性别不平等,但其矛头不是指向男性,而是指向性别文化、性别结构、性别制度等;它不仅反对把男性当作女性的对立物,而且强调不论男女,都不应以牺牲对方作为发展自我的前提,应该共建彼此尊重、平等相处、协力互助、平衡和谐的伙伴关系。它的终极追求是构建一个没有偏见、毫无歧视、公正而富有人性的理想社会。

(四) 致力于把性别分析运用于女性发展实践

上文已述,社会性别理论之终极追求是社会性别平等。所谓社

[①] [英] 约翰·斯图尔特·穆勒:《妇女的屈从地位》,汪溪译,商务印书馆1995年版,第255页。

会性别平等,是指所有人,不论男女,都应该且可以在不受各种成见、严格的社会性别角色分工观念,以及各种歧视的限制下,自由发展个人能力和自主选择发展模式。换言之,社会性别平等并不意味着女性和男性必须一模一样,而是关注他们在机会、权利、责任、义务、资源、待遇和评价方面平等。在社会性别理论看来,发展应当是全人类的发展,不能简单地将经济增长视为社会发展,也不能用社会的发展代替妇女的发展。不同的发展策略会给两性带来不同的影响。因此,在出台各项社会发展政策时,应运用性别分析的方法,考察对两性造成的不同影响,在实践中探索实现男女平等的发展手段。那么,要实现社会性别平等这一终极目标,除了思想理念上的变革,还必须有性别敏感的具体举措做保证。除目前各国已经采用的社会性别统计、社会性别影响评估、社会性别预算与专门的妇女计划社会性别分析等路径外,社会性别理论还特别注重研究具体政策或项目对于男女两性产生的不同影响,并致力于消除发展中的不平等和歧视。具体体现在以下几个方面:一是看其是否把妇女作为发展的主人,赋权于妇女。在具体政策的制定和实施中分别考虑对男女两性产生的不同影响,征询妇女的意见,特别是在有关妇女发展的政策和项目中,应有一定比例的妇女担当政策计划者和项目管理者。在整个项目的实施中要让妇女参与项目的评审与考核。二是充分考虑妇女的社会需求即社会性别利益。既要考虑其实用性社会性别利益,又要考虑其战略性社会性别利益。前者是指现存的社会性别分工下不同的社会性别的生存需求,并不挑战现有的两性关系格局,如开展对妇女的技术培训;后者则致力于改变现有的社会性别不平等状态,如实现家务劳动和养育子女的平等分工和社会化、消除对妇女的暴力、落实妇女参政、创造平等的就业机会等。三是充分考虑妇女的多种角色。妇女往往既参加生产劳动又参加社区管理、服务工作。进行发展规划时,应充分考虑妇女的多重角色,合理地安排妇女的工作量,以使妇女免除多重压力。四是努力打破传统的两性社会性别分工,在鼓励女性从事传统上男性所从事的工作的同时,鼓励男性从事女性所从事的工作,特别强调男性与女性共同分担家务,以保证男女共同发展。五是为男女平等地掌握资源提供政策与法律上的保证,积极调整并改变带有歧视妇女或忽视妇女利益的政策、法律和法规。六是注重妇女在发展中的利益,使她们在发展中真正受益。

总之,致力于把社会性别分析运用于女性发展实践,并非仅仅是在现有的实践活动中添加"女性"或做到"两性平分",而是在注重各领域、各层次提高女性参与度的同时,还强调把男女各自的经验、知识和利益应用于符合共同发展的实践活动中。它的宗旨在于追求两性平等,并通过公共政策和公共活动确保两性平等。无论男女,当任何一方处在极其不利的位置时,社会性别分析就会成为有性别区分的活动和平等权利行动。因此,社会性别分析运用于女性发展实践,其干预对象并不局限于女性,而是根据其处于活动中的具体情况而定,其目标是改变不平等的社会和体制结构,使男女双方互赢,并获得公正平等的发展。

二 社会性别理论的现实审视

毋庸置疑,社会性别理论或社会性别视角已经成为女性主义研究方法论的核心,并在西方的理论与实践领域产生了十分重要的影响,但它是否契合中国高校女教师发展问题的研究呢?对于这个问题,我们的回答是:"正如'民主'只有在历史的层面上才属于西方,在现实的层面上,它适合于全人类一样,社会性别这一概念也只是在历史起源的意义上属于西方,在现实的维度上,它同样适合于全人类。当然,这不是说我们应该忽视中国的特殊性,更不是说要否定客观存在的国情与文化差异,而是主张我们在研究的过程中,无须刻意地区分西方和东方、他国和我国,以免在理论借鉴方面'讳疾忌医'或'投鼠忌器',而是在考虑到国情的基础上,既关注到知识的普适性,又不因噎废食。"① 不止于此,社会性别理论之所以可以作为高校女教师发展问题的分析框架,至少还有一个很重要的因素,即无论是女性主义各分支流派还是女性主义之集大成者的社会性别理论,从来都十分关注教育理论和教育实践中充斥的"男性中心"现象,并不厌其烦地进行必要的反思和批判。前者涉及教育理念、教育内容、教育方法、教育话语以及课程权力等,后者涵盖受教育权的性别差异、学生发展的性别差异、教师发展的性别差异等。其目的是要揭示这种差异和不平等的政治、经济、文化和社会制度根源,以解答女性提出的问题,为女性的解放和发展出谋划策。这在很大程度上也是本研究的主要目的之一。诚然,对社会性别理论不加分析地引进、推广,"变西方资产阶级意识形态为'纯粹学术话语'和'大众生活话语'肯定是不可取的"②。如果"随便把外国环境中因特殊的背景和问题发展起来的东西当作我们的权威,这样自然产生了'形式主义的谬误'",其根本要害在于"把国外的一些观念从它们的历史来源中切断"③。可见,要避免林毓生先生指出的这种危险,依然必须对社会性别理论进行较为全面的审视。

(一)社会性别理论作为高校女教师发展分析框架的可行性

其实,对社会性别理论为什么可以作为"高校女教师发展"的分析框架,我们在《烛照之思——当代中国高校女教师发展研究》(2009版)的第一章已经进行了初步的研究。为了研究的需要,本书在以前的基础上进行简要的梳理和适当的补充。

第一,恰好与女教师发展应以"完整的人"为出发点这一追

---

① 禹旭才:《烛照之思——当代中国高校女教师发展研究》,兰州大学出版社2009年版,第45页。
② 陈慧平:《构建中国特色社会性别理论应考虑的几个问题——评〈马克思主义与社会性别研究〉》,《中华女子学院学报》2008年第3期。
③ 邓正来:《市民社会与国家——学理上的分野与两种架构》,载邓正来等《国家与市民社会:一种社会理论的研究路径》,中央编译出版社2002年版,第78页。

求相适应。一方面，近年来，学界对教师发展的研究不再仅专注于"教师的专业发展"，而是呈现出一种以"教师发展"取代"教师专业发展"的新趋向①，"这种新趋向旨在强调教师作为生活的多面体的发展而不仅仅是专业发展，强调教师作为一个完整的人的生命的整体发展，而不是把教师的某种发展从生命整体发展中分割出来"②。同时，亦有研究者提出了教师专业发展的"全人观"③。可见，"完整的人"、"生命的整体"的价值与意义的追寻在教师发展研究中日渐凸显；"教师的幸福是把教师作为一个具体而完整的人来看待，是教师作为'人'、作为'职业者'、作为'教育活动主体'的完整幸福"④的呼声日趋高涨。因此，对高校女教师发展的研究，理应以追求人的全面发展、整体的生命发展为要旨。另一方面，当我们以人为立足点，从生命整体发展的高度来研究高校女教师发展时，我们却发现高校教师不仅是"有性的存在"⑤，更是有性别的存在。这就决定了我们在思考高校女教师的发展问题时，完全可以而且应该将该立足点具体化为社会性别这一视角。因为社会性别理论的核心思想之一恰恰是"女性也是发展的主体"。它强调女性的利益与需求不能被漠视，女性的发展应得到全社会的关注，追求女性的全面自由发展。

　　第二，能够为高校女教师发展研究提供一个新的视角。这是基于目前学界主要从史学的视角、社会学的视角、文化的视角以及心理学的视角⑥来探讨高校女教师相关问题而言的。上述四种视角的

---

① 张晓冬：《教师发展研究审思》，《教书育人·高教论坛》2008年第8期。
② 禹旭才：《烛照之思——当代中国高校女教师发展研究》，兰州大学出版社2009年版，第47页。
③ 杨霖：《当前教师专业发展的问题与出路》，《教育科学论坛》2008年第3期。
④ 冯建军：《教育幸福：教师专业发展的主要维度》，《人民教育》2008年第6期。
⑤ 李小江：《女性/性别的学术问题》，山东人民出版社2005年版，第35页。
⑥ 秦晓红：《新形势下我国高校女教师研究模式探讨》，《中国高教研究》2006年第5期。

研究，无疑对于中国高校教师的发展乃至中国高等教育的发展具有重要的理论意义与实践价值，但因为研究者没有将女教师的发展从高等教育的发展和高校教师的发展中剥离出来讨论，因而难以深入分析女教师的"社会性别身份是怎样同社会身份的其他组成成分互相交叉、互相作用的"[①]。更为重要的是，"任何一种特定的视角，都只能打开某个特定的世界，带来某种特殊的发现。因此，已有的研究高校女教师发展的视角，也无法全面洞悉高校女教师发展中的问题，难免存在研究的'死角'"[②]。而社会性别理论不仅"使女性主义在已有的社会的、文化的、政治的、经济的、心理的等坐标之外，又确定了一个独特的性别视角"[③]，而且有其独特的社会性别分析方法，"对传统的，甚至是被人们奉为经典的思想、理论和观念进行重新审视，将会有新的诠释和发现……可以推动研究范式的多样性转换"[④]。正是从这个意义上，将社会性别理论引入高校女教师的发展，能为高校女教师发展研究提供一种新的声音、一种新的评价标准和新的行动方案。

第三，是凸显高校"女性问题"的客观要求。随着高等教育的整体性转型发展，在高等教育领域中，历史遗留下来的女性问题还未来得及彻底解决，激烈的竞争环境下衍生的新问题又纷至沓来，这亟须我们突破已有理论上的局限去加以回答和解决。事实上，近年来，已有少数研究者开始从性别的视角来关注高校教师的专业生存与发展问题。本研究拟用社会性别理论来审思高校女教师

---

① 王政、杜芳琴：《社会性别研究选译》，生活·读书·新知三联书店1998年版，第431页。

② 禹旭才：《烛照之思——当代中国高校女教师发展研究》，兰州大学出版社2009年版，第48页。

③ 雷欣：《社会性别理论探析》，硕士学位论文，华中科技大学，2008年，第22页。

④ 李晓光：《马克思主义与社会性别研究》，知识产权出版社2007年版，第243页。

的发展，希望能在以下几个方面有所进展：一是旨在社会性别视角下，叩问高校女教师发展困惑之实质；二是旨在社会性别理论和人的全面发展理论有机结合的框架下，来进一步追问女教师发展的价值追求、主要内容、基本原则、路径选择与前景展望。要实现上述目标，有赖于从主流观点（单纯地呈现高校女教师的进步史与现实困境），转向重点从人的全面自由发展的层面去追问女教师发展的相关议题。例如：高校女教师现阶段究竟要在哪些方面着重发展？要坚持怎样的原则、选择怎样的路径才能帮助其实现这些方面的发展？只有站在相应的高度来思考高校女教师的发展问题，高校女教师才可能无愧于当代中国女性佼佼者的美丽光环。

除了以上三个方面外，这里有必要再补充两点：其一，社会性别理论对教育领域的"性别问题"具有独到的见解。一直以来，人们不仅忽略对高校尤其是高校教师中的性别阶层化现象的关注和研究，而且想当然地认为高度文明的"象牙塔"是女性成才和发展的得天独厚的"特区"。直到女性主义者对"性别"与"社会性别"的重新诠释和质疑，及其对各层次教育与教学中的性别问题的关注，高校教师中的性别阶层化问题才开始浮出水面。社会性别理论认为父权意识在高等教育领域透过各种合理化的制度得以维持，两性不平等状况依然存在，使女性发展远远落后于男性。如女性主义者迪拉博夫（Dillabough）提出："教师专业化概念明显表露出康德、笛卡尔哲学中'理性人'的含义。"[1] 这导致任何与"女性品质"相联系的特征的贬值，即女教师的教养性与情感性工作不是被忽视就是被认为不科学而被排斥，"教学是理性的工具性观念背后隐含着性别的二分法"[2]。可见，社会性别理论对高校教师的发展发出了不寻常的声音，并提出了一些改进策略，希望能促

---

[1] Joanne, D., "Gender Politics and Conceptions of the Modern Teacher: Women, Identy and Professionalism." *British Journal of Sociology of Education*, No. 3, 1999.

[2] Ibid..

进高校女性的进一步发展。其二，社会性别理论在一定程度上超越了"男女平等"的发展思路。"男女平等"曾经是我们引以为豪的促进女性发展的重大举措。但随着社会的发展和时代的进步，它的局限性也逐渐显现。相对于这些局限，社会性别理论的优势主要表现在以下两个方面：(1) 它超越了男女平等的男性化分析模式的偏狭。即它超越了以单一的男性眼光或男性标准作为探索、解析、阐释男女平等的依据，将女性的经验、女性的立场等纳入了探索男女平等的视域。(2) 它超越了以静止的方式来理解性别差异。即它不再无视或刻意抹杀自然的性别差异，而是以动态的方式理解性别差异，它不再把自然差异看成是女性卑微的依据，而看成是可能形成妇女力量的源泉。"它不假定这些差异是先于社会的或生理的已知物，不假定这些差异是妇女处于普遍从属地位的确凿原因。相反，它坚持探索不平等和从属的历史是怎样在妇女的认知和感情能力上，甚至在其身体体能上留下痕迹的。"[1] 这种分析方法的目的恰好是我们所向往的："确切地说，是新的冲破旧的，女性本质冲破过去的故事，由于没有基础建立新的话语，却只有一片千年的荒土要打破……有两个目的：击破与摧毁；预见与规划。"[2]

基于以上思考，将社会性别视角引入高校教师发展研究，重新审视高校女教师的发展，从人的发展和生命的整体发展的高度审思高等教育领域女性发展问题的解决，不仅是可行的而且是必需的。

(二) 社会性别理论作为高校女教师发展分析框架的局限性

任何一种视角、任何一种理论，都只能解释某个特定的世界，带来某种特殊的发现；任何一种外来的理论，都必须经历一个本土化的过程。这一方面要求我们必须对社会性别理论本身存在的局限加以反思和修正；另一方面要求我们"不能忽视社会性别理论引

---

[1] 王政、杜芳琴：《社会性别研究选译》，生活·读书·新知三联书店1998年版，第202页。
[2] 张京媛编：《当代女性主义文学批评》，北京大学出版社1992年版，第188页。

入过程中所遭遇的本土化问题。既要紧密联系实践问题，考虑中国的国情，又不能疏忽理论问题，置长期以来用以指导中国女性解放和发展的马克思主义妇女理论于不顾，而是要对社会性别给予马克思主义的阐释，并对其局限性予以马克思主义立场的补充和校正"①。我们对"局限性"的思考曾经是从"性别立场、性别差异归因、性别实践取向"② 三个方面展开的。相对于我们以前的研究，由于本研究的对象（高校女教师）没有改变，只是研究的内容、侧重点和高度发生了变化，因此这里对"局限性"的探讨势必要源于"曾经"，当然也要争取超越"曾经"。

第一，社会性别理论有重社会性别轻自然性别之嫌。社会性别理论强调"一切都是社会建构的"。如其代表人物西蒙娜·德·波伏娃就在她的《第二性》中系统地阐述了"女人并不是生就的，而宁可说是逐渐形成的"；"生物学不可能回答我们的这个问题：为什么女人是他者"？③ 巴特勒认为，生理性别是社会性别的反射，是它虚构的起源。人的生理性别被当作社会性别的起源或原因，而实际上生理性别是制度、实践和话语的结果。④ 这些核心思想的重大意义在于：它强调要严格区分社会性别（Gender）和生理性别（Sex），强调生理命运不是妇女的主宰，男女性别角色是在社会文化的教化中形成的，女性的"他者"、"从属"地位也是在社会文化中形成的，这些同样可以随着社会文化的变化而改变。但其偏颇之处在于：生理方面的差异被认为微不足道，甚至可以忽略不计。显然，"这在一定程度上颠倒了生理性别与社会性别的关系，生理

---

① 杨凤：《社会性别的马克思主义诠释》，《妇女研究论丛》2005 年第 9 期。
② 禹旭才：《烛照之思——当代中国高校女教师发展研究》，兰州大学出版社 2009 年版，第 49—50 页。
③ [法] 西蒙娜·德·波伏娃：《第二性》，陶铁柱译，中国书籍出版社 1998 年版，第 309、40 页。
④ 孟宪范：《转型社会中的中国妇女》，中国社会科学出版社 2004 年版，第 310 页。

性别是社会性别构成的前提与基础而不是相反"①。马克思主义认为性别差异的形成，是生产力发展到一定历史阶段的产物，起初的性别分工与生理因素有着直接的联系，"分工起初只是性行为方面的分工，后来是由于天赋（例如体力）、需要、偶然性等等才自发地或'自然形成'分工"②。即这种分工不是自觉有意识的产物，而主要是顺应人的生理特征而进行的分工。可见，马克思、恩格斯虽然反对将女性问题产生的根源直接归结为女性的生理特点，但并不意味着他们否认女性的生理性别是性别构成的组成部分；相反，他们还强调人的生理性别是性别构成的前提。总之，如果"过于强调社会性别而忽略生物学上的男女差别是对女性身体的否定，这是性别歧视而不是妇女解放"③。

第二，社会性别理论有重外在批判轻自身审视之嫌。从性别差异归因上看，社会性别理论的主要贡献在于：它强调男女两性的差异不是天生的、不是由生理性别决定的，性别不平等是社会、文化建构的结果。因此，她们特别注重"从教育、经济、政治、文化、制度等层面批判其不利于女性解放与发展的障碍，却几乎不检讨女性自身存在的问题与原因，不反省女性自觉将男性关于正常化或标准化的规范内在化的事实"④。这一方面无法改变女性的"从属"面貌，也在一定程度上背离了马克思主义关于内因与外因的辩证关系原理。"外因是变化的条件，内因是变化的根据，外因通过内因而起作用"，这是一条颠扑不破的真理。如果我们只顾一味地去批判历史对女性的限定、文化对女性的模

---

① 禹旭才：《烛照之思——当代中国高校女教师发展研究》，兰州大学出版社2009年版，第49页。
② 《马克思恩格斯选集》第1卷，人民出版社2002年版，第82页。
③ 刘霓：《社会性别——西方女性主义理论的中心概念》，《国外社会科学》2001年第6期。
④ 禹旭才：《烛照之思——当代中国高校女教师发展研究》，兰州大学出版社2009年版，第50页。

塑以及社会对女性的规制，而疏于女性自身能力的提升、精神的解放和个性的发展等，那么女性整体性地走向全面自由发展将永远是一个神话。

第三，社会性别理论有重理论建构轻行动指南之嫌。"一种理论应当为人们提供有效的行动指南，在实践中实现其价值，否则它的合理性与合法性就会遭到质疑。"① 一方面，社会性别理论的核心思想广泛而深邃，另一方面有时针对某一现象又观点纷呈。这是因为单纯从理论研究分野上看，女性主义就有自由主义女性主义、激进主义女性主义、社会主义女性主义、马克思主义女性主义、后现代女性主义等，"它历来就没有统一的思想，从来就不是一个完整严密的思想体系；相反，它庞大松散，有着众多不同的思想流派，有时甚至歧义百出"②。尽管社会性别理论是女性主义各流派的集大成者，但由于各流派对于特定议题的见解互不相同，加之"女性主义并不是铁板一块的意识形态，所有的女性主义者并非以同样的方式想问题"③。因此，社会性别理论在其发展历程中，对某些复杂的问题难免会形成似是而非的多元视角。

此外，"不同肤色、不同种族、不同阶级、不同性偏好的妇女之间并非完全同一，她们之间同样存在着这样那样的差别和特殊性，因此将女性视为一个普遍的整体、认定女性对性别压迫有着共同的体验，强调所有社会文化背景中的妇女普遍受压迫、普遍都比男性的权力少、受制于男性的观点是成问题的"④。从西方国家看，

---

① 陈慧平：《构建中国特色社会性别理论应考虑的几个问题——评〈马克思主义与社会性别研究〉》，《中华女子学院学报》2008年第3期。
② 雷欣：《社会性别理论探析》，硕士学位论文，华中科技大学，2008年，第16页。
③ [美] 罗斯玛丽·帕特南·童：《女性主义思潮导论》，艾晓明译，华中师范大学出版社2002年版，第2页。
④ 雷欣：《社会性别理论探析》，硕士学位论文，华中科技大学，2008年，第25页。

"由于缺乏一致和连贯的关注和资源上的支持以及决策者持续的承诺，加上男性的抑制，社会性别主流化问题最后会被完全遗忘"[①]。因此，不少以社会性别理论为支撑的女性主义运动离预期的效果还有很远的距离。可见，社会性别理论在实践中遇到的问题还不少。从我国来看，社会性别理论自20世纪90年代被引入以来，不仅从理论上推动了女性研究的发展及妇女学科的繁荣，而且在政治、文化、教育等领域的相关事务中，对女性利益的保障方面亦起到了重要的促进作用。但是，一个不能回避的问题是：无论是西方国家还是我国，女性群体本身具有多样性，其内部的阶层化现象亦十分明显。那么，面对不同的女性群体，这种宏大的社会性别理论，其普遍的指导作用能在多大程度上得以体现？本研究中同样存在这个问题。高校女教师也是一个多层次的群体，按高校类别分，有研究型大学、教学研究型大学和教学型大学；按高校性质分，有公办大学、民办大学和独立学院；按区域分，有大都市的和中小城市的；等等。不同高校女教师的生存状况、利益诉求和现实困境等都是不同的，那么我们试图建构的具有普遍性和同质性的女教师发展的理论框架及其实践策略，又能给多少女教师带来福利等等，这些都是我们在本研究和后续研究中必须要慎重思考的问题。

尽管从社会性别的视角来研究高校女教师的发展，疑虑不少。但近年来，"社会性别"似一颗璀璨的明珠闪耀在越来越多的研究论著、学术会议与科研立项中，却是不争的事实。因此，我们有理由相信，社会性别作为本研究的一种理论框架和方法论视角，只要我们保持应有的理性，一定会收获新的喜悦。

---

① [英]坎迪达·马奇、伊内斯·史密斯、迈阿特伊·穆霍帕德亚:《社会性别分析框架指南》，社会性别意识资源小组译，社会科学文献出版社2004年版，第7页。

第三节 高校女教师发展困惑的
社会性别分析

第一章我们重点讨论了高等教育的改革与发展对高校教师发展提出的新要求，高校女教师在自身发展和转型的过程中所遇到的种种困惑；本章初步梳理了社会性别理论兴起的社会背景和学术背景，从宏观层面初步探讨社会性别理论的核心思想，重点分析了社会性别理论作为高校女教师发展分析框架的可行性与局限性。那么，以社会性别之眼光来分析高校女教师发展的种种困惑，从理论上看，实质上是女教师对自身身为女性即"女性是什么"的一种追问。从实践来看，其种种困惑的实质可以概括为两个问题：一是发展什么；二是如何发展。

关于"女性是什么或女性是谁"这个在一些人看来根本就不是问题的问题，为什么会如此困扰着当今的职业女性呢？对此，有学者已做过全面而深邃的回答[1]。事实上，对女性是什么这一根本性问题的厘清，为本研究的进一步展开提供了理论基础和道路自信。这进一步坚定了我们将女教师发展从笼统的高等教育和高校教师发展中剥离出来，分析和思考女教师发展问题的信心和决心。因此，这里只需要对当下高校女教师要"发展什么以及如何发展"这两个实质性的问题首先从理论上予以澄清。

一 发展什么

众所周知，高校女教师是"人的属性"、"高校教师的属性"与"女性的属性"三者的集合。因此，关于高校女教师发展什么

---

[1] 杨凤：《当代中国女性发展研究》，博士学位论文，中山大学，2006年，第31页。

的追问，首先需要明确两个问题：一是女教师需要发展什么或者说女教师应该从哪些方面重点发展。对这个问题的回答，可以从两个方面来思考：其一，可以用马克思关于人的全面发展理论来观照。因为高校女教师的发展首先是作为一个人的全面发展。用马克思关于人的发展理论来观照作为"人"的高校女教师的发展，理应包括其能力的发展、社会关系的发展、精神的提升和个性的丰富等方面；其二，可以用高等教育转型发展对高校教师发展提出的新要求来衡量。本书第一章初步阐述了当下高等教育转型发展对高校教师发展提出的四个方面的要求，即完整的能力体系、全面的社会关系、全新的思想观念以及全面丰富的个性。综合以上两个方面，女教师应该发展什么的答案跃然纸上。简言之，即无论是作为"人"的发展，还是作为"高校教师"的发展，都需要女教师从能力、社会关系、思想观念和个性等方面全面深入的发展。二是要明确高校女教师发展了什么，发展得如何。准确地说，是要清楚女教师在哪些方面发展得很好了，在哪些方面还发展不足。罗斯玛丽·帕特南·童在分析性别发展时指出："妇女建立联系的能力发展过度，而男人这一能力则发展不足；同样，男人的独立能力发展过度，妇女的独立能力发展不足。"[①] 杨凤指出："在社会关系的发展上，女性要走向社会，而男性应重拾被疏远的家庭关系。家庭角色制约了女性社会性的发展，走向社会是女性发展的核心内容。"[②] 应该说，以上两个命题都与高校女教师的发展现状具有高度的契合性。事实上，无论是主流社会还是高校女教师自身，对其身为"女人"这一属性的发展，无论是关注度、认同度还是期望值等都远远高于其作为人

[①] [美]罗斯玛丽·帕特南·童：《女性主义思潮导论》，艾晓明译，华中师范大学出版社2002年版，第211页。

[②] 杨凤：《当代中国女性发展研究》，博士学位论文，中山大学，2006年，第55页。

的一般属性的发展和作为高校教师的职业属性的发展[①]。在一定程度上可以说,目前高校女教师的"女性属性"发展有余,但作为"人的属性"与作为高校教师的"职业属性"却发展不足,主要表现在"边缘化危机与性别迷思仍然是制约当下高校女教师发展的两大主要困境"[②]。女教师发展的边缘化呈现出显性的、隐性的与反向的三种形式;女教师的"性别迷思"主要表现为"形象认同的迷思"与"个性发展的迷思"等。如果进一步追问,不难发现,高校女教师之所以遭遇"边缘化"和"性别迷思"的困境,深层次的原因就是其作为"人"和"高校教师"的一般属性和能力发展不足;继续追问,其具体形态便是女教师的能力发展、社会性发展、精神性发展和个性发展还很不充分,相较于男教师还存在很大的差距。

因此,基于高校女教师是"人的属性"、"高校教师的属性"与"女性的属性"三者的集合,女教师的发展除了其作为"女人"的女性属性的发展,理应包括其作为"人"的一般属性的发展以及作为高校教师的职业属性的发展。综合考察了女教师的发展现状,基于高等教育转型对高校教师提出的全新发展要求,为了研究的方便,我们暂且将目前高校女教师亟待发展的核心内容概括为精神的发展、能力的发展和个性的发展三个方面。这个问题我们将在第四章做进一步的探讨。

二 如何发展

高校女教师种种困惑的实质之二,简单地说就是如何发展、怎样发展。对于转型时期高校女教师面临的种种困惑,主要存在两

[①] 禹旭才:《烛照之思——当代中国高校女教师发展研究》,兰州大学出版社2009年版,第104—109页。

[②] 禹旭才:《高校女教师的发展困境:社会性别视角的审视》,《大学教育科学》2012年第5期。

种态度[①]：一是不承认高等教育系统内存在性别发展的不平等。人们一般认为，新中国成立前高等教育中的男女不平等现象可能存在，但新中国成立后这种现象已被彻底清除了。其实，正是这种认识上的偏颇，导致人们对高校女教师发展中存在的问题视而不见，进而导致高等教育系统本身难以做出足够的努力去改善女教师在高等教育领域的劣势地位。其主要原因：一是人们缺少对解决女教师参与高等教育过程中所存在的特殊问题的重要性和迫切性的认识。二是承认高等教育系统内存在性别间的不平等问题，但这与高校无关，问题的归因主要有三种观点：一是归因于由社会变革引起的高等教育整体性变革所带来的阵痛。[②] 二是归因于女教师自身的素质问题，认为高等学校给女教师与男教师提供了完全同等的参与机会，是女教师自身能力偏低导致其处境不利。[③] 三是归因于不平等的社会性别观念和社会性别秩序，认为是一个关涉女教师的解放与发展的问题。[④][⑤] 第一种观点难以解释为什么女教师比男教师要面临更多的痛苦及其所面临的独特困境。第二种观点难以解释与男性同等能力与素质条件下女教师的不利发展处境，特别是对"女强人"的非难。所以，越来越多的研究者趋同于第三种观点，并开始运用社会性别理论来检视中国女教师发展所面临的理论与现实问题。事实上，"我们（妇女）

[①] 张建奇：《我国女性参与高等教育的制约因素与发展趋势》，《高等教育研究》1997年第4期。

[②] 张建奇：《关于高校女教师工作状况的调查》，《集美大学学报》2005年第4期。

[③] 张建奇：《我国女性参与高等教育的制约因素与发展趋势》，《高等教育研究》1997年第4期。

[④] 王晓亚：《高校女教师学术职业发展的社会学分析》，《医学教育探索》2007年第4期。

[⑤] 祝平燕、莫文斌：《社会性别视野中的女性发展——对湖北高校知识女性专业发展现状的调查分析》，《湖北社会科学》2004年第12期。

不是有问题的人群，我们是提出问题的人"[①]；"我们不是由别人提出的妇女问题，我们是提问题的女性"；"中国女人不是一个'问题群体'，而是一个在'问题'的压力下觉醒的群体"[②]。可以说，对高校女教师困惑的深层追问，实际已经从"关于妇女的问题"，转向了对"谁导致了妇女的问题"的审思。

可见，转型时期女教师面临的种种困惑，除了对"发展什么"的追问，势必转向对"如何发展"的追问。显然，对如何发展的回答，难以遵循回答发展什么的思路。因为如何发展是一个较发展什么更难以回答的问题。这是因为：首先，如何发展是一个系统问题，既关涉到女教师群体，又关涉到高校小环境，还关涉到社会大环境；既与政治、经济状况，又与文化、观念紧密相联。其次，如何发展是一个动态问题，很难以一种静态的话语来回答。最后，如何发展还是一个看似简单实际上不易厘清的关系问题，因为高校女教师的发展与男教师的发展以及与高等教育的发展等，既具有同质性又具有异质性，等等。以上三个方面的问题，最后一个关系问题最难以察觉，却最为基础。杨凤亦指出，女性在如何发展上面临着"女性发展与人的发展的关系、女性发展与男性发展的关系、女性发展与阶级解放的关系"三个问题的困惑[③]。可见，我们在探讨女教师如何发展的问题上，如果不厘清高校女教师的发展与人的发展、高校女教师的发展与男教师的发展，以及高校女教师的发展与高等教育的发展三者之间的关系，其他问题的探讨就失去了实质性的意义，女教师的发展困惑也将无法消除。因此，关于女教师如何发展的追问，首先有必要明确以下三个方面的问题。

[①] 杜芳琴：《全球视野中的本土妇女学——中国的经验：一个未完成的过程》，《云南民族学院学报》2001年第5期。
[②] 李小江：《女性/性别的学术问题》，山东人民出版社2005年版，第153页。
[③] 杨凤：《当代中国女性发展研究》，博士学位论文，中山大学，2006年，第32页。

（一）女教师的发展与人的发展亦具有异质性

毫无疑问，女性的发展与人的全面发展和社会的全面进步息息相关，不可分割。女教师的发展也不例外。因此，从抽象意义上的"人"的层面看，人的发展不仅包括了女性的发展，而且人发展到了何种程度，似乎女性也能发展到何种程度。但实际上女教师既是抽象意义上的"人"，又是现实的具体的"人"。女教师作为"现实的个人"的发展，在很大程度上受制于其经历的历史际遇、所处的物质条件和实践活动。正如马克思批判费尔巴哈"设定的是'人'，而不是'现实的历史的人'"时，在《德意志意识形态》中开门见山指出的："我们开始要谈的前提并不是任意想出来的，它们不是教条，而是一些只有在想象中才能加以抛弃的现实前提。这是一些现实的个人，是他们的活动和他们的物质生活条件，包括他们得到的现成的和由他们自己的活动所创造出来的物质生活条件。"[1] 可见，女教师的发展与人的发展不只是具有同质性还具有异质性。这是因为人在发展中遭遇的普遍问题未必能涵盖女教师在发展中遭遇到的普遍而独特的问题。当下女教师的困惑已经表明，抽象地谈人的发展不能涵盖女教师在发展中所遭遇的独特问题；抽象地谈人的发展，包括女教师在内的女性所面临的独特问题与其独特的权利和需求，难以得到社会的认可（因为是女性面临的问题而不是男女共同的问题），更难以引起社会的重视（因为不是普遍问题）；女性所面临的现实难题亦无法解决。因而，把女教师的发展从人的发展中剥离出来，追问并理顺人的发展与女教师的发展的关系，探讨女教师发展的价值追求、基本原则等，是高校女教师在困惑中的诉求。

（二）女教师的发展不可简单地以男教师的发展为范型

高等教育的转型发展，对高校教师发展提出的新要求，是没有

---

[1]《马克思恩格斯选集》第3卷，人民出版社1995年版，第23页。

性别区分的，即对男女发展的要求是一样的。但由于女教师独特的生理特征以及历史与现实原因，她们从自身的生活与工作体验中深刻地感悟到："在很多方面，我们讲男女都一样，可是在现实生活中是不一样的。实际上社会是用一种双重标准要求女性。一方面让你去做和男人一样的人，另一方面又让你无时无刻不露出女性的'马脚'。"① 正是因为女教师在许多方面比男教师受到更多的限制与羁绊，导致女教师面临着男性难以体会到的困惑。这种困惑的实质就是如何把握男女教师平等发展语境下的男女差异问题。在女教师看来，实现男女平等，是女性解放的独特诉求，但绝不意味着"男女都一样"或"男女等同"。"男女都一样"的原初意义，是女性发展以男性的尺度作为参照标准。具体到高等教育领域，就是让女教师复制男教师的发展轨迹，一切以男教师为范型。这是因为：一方面，在人类漫长的历史上，"男人"总是代表着"完整的人"，"女人"却是一种"不成熟的存在"；另一方面，历史上高等教育的一切活动都是男性创造的，高等教育的价值规范或价值标准具有男性特征，从而在高校教师的生存方式、心理结构、价值取向上更加适合男教师的发展。如在学科建设上，大多以男性的观点、经验、成就为中心，妇女的研究则往往被忽视乃至轻视②。她们在实践中越来越感觉到，这种"男女都一样"的发展模式，就是以男教师为价值导向和价值尺度来规范女教师的思想和行为，是对女性的整体遗忘与否定，这只是一种无视生理差异、社会差异而寻求的形式上男女平等。因此，女教师的种种困惑，实际上是以一种发自心底的声音诉之于世：高校女性的发展不可以简单地以男教师的发展为范型。

（三）高等教育发展不等于女教师发展

有观点认为，高等教育发展了，女教师亦随之发展了。但高等

---

① 李小江：《身临"奇"境》，江苏人民出版社 2000 年版，第 4 页。
② Someone, *Sociology of Education Abstract*, Academic women working towards equality, 1988, pp. 50–51.

教育转型时期高校女教师的困惑却表明，高等教育发展不等于女教师发展。这是因为高等教育发展的大众化、国际化、多元化等特点，并不一定自然而然地带来女教师学术能力的提升、社会关系的拓展和精神性的提升等。相反，正如市场经济的发展首先排斥女性一样，高等教育领域的重大变化，利益受损的首当其冲的是女性。如当教师短缺或"机会成本"提高时，女教师人数就增加；当师资充足时，女性明显就遭到高校的排斥。如20世纪80年代中期，高校开始实行高校教师职务聘任制，由于当时生源比较充足，高校在遴选优秀毕业生留校任教或做辅导员时，就明显地排斥女性。到90年代初，随着市场经济的不断发展，人才流动十分活跃，因高校教师工资待遇低等原因，许多男教师纷纷改行到经济效益好的部门和单位，或下海经商。这样高校的知识殿堂空位，学者讲台虚席，从而知识女性大量涌入高校，甚至有些高校出现了"阴盛阳衰"的人事局面。[1]但进入21世纪以来，一方面，随着高学历人数的增加，遴选范围的扩大，高校在招聘教师时的性别偏向尾巴又时有显露[2]；另一方面，高校女教师猛然发现，在女教师占据教师总数半壁江山的今天，进入高校"内圈"的女性却只是凤毛麟角，知识亦并非如学术权威所声称的那样客观、公正与中立。"她们从知识的角度发现高等教育的主题与女性的经验和生活经历无关是性别问题产生的一个重要因素，她们发现了以往的以男性视角去观察的知识是有偏颇的。"[3] 为此，她们"走出象牙之塔，自觉关注社会上出现的各种妇女问题，积极参与和推动妇女发展，建立'妇女研究中心'，在学界为妇女争得一席之地，将女性理性自醒的声

---

[1] 孙秀玉：《高校知识女性发展的机遇与困扰》，《大连大学学报》1998年第1期。

[2] 2007年3月各高校张贴在湖南师范大学研究生楼1栋大厅的招生广告。

[3] 王珺：《阅读高等教育——基于女性主义认识论的视角》，天津人民出版社2007年版，第75页。

音告诸社会"①。可见，高等教育的发展，并不等于高校女教师的发展，它只是为女教师的发展提供了一种发展的可能。这种可能性要变为现实，需要把女教师从高等教育发展中剥离出来，从性别视角探讨其发展中遭遇的现实难题。

　　总之，以社会性别之眼光来分析高校女教师发展的种种困惑，具体来说有以下两点：一是发展内容的困惑。实际上是作为人的属性的发展、作为高校教师的属性的发展与作为女人的属性的发展，因理论与实践、历史与现实在女教师身上的冲突和矛盾而导致的困惑，这需要我们既要以人的全面发展与生命的整体发展的理念，对女教师的发展问题深入思考；又要从社会性别视角来剖析高校女教师发展的具体困境，这样才有可能凸显女教师目前亟待发展的重点内涵。二是如何发展的困惑。实际上是人的发展、教师的发展、高等教育的发展和女教师发展之间多重关系没有厘清而导致的困惑，是缺乏一个既要"做人，又要做女人"的应有的、适合的独立生存与发展空间的困惑。只有把女教师从人的发展、高校教师的发展与高等教育的发展中剥离开来，才有可能去探寻女教师发展的价值取向与主要路径等。

---

① 自20世纪80年代中期以来，不少大学教师、科研院所的研究人员参加了妇女理论研究会。1987年由李小江教授在郑州大学发起成立了全国第一个"妇女研究中心"，接着，浙江大学、北京大学、中央党校、天津师范大学分别于1989年、1990年、1992年、1993年成立了"妇女研究中心"。

第三章

高校女教师发展的价值追求

　　价值追求是对一定价值目标的执着向往并力图达到此目标的强烈驱动倾向，是价值观念的重要内容。如前文所述，高等教育转型既给女教师发展带来了前所未有的困惑，又为高校女教师的发展带来了千载难逢的机遇。对高校女教师而言，尽管一边是贪婪的妻职与母职，一边是贪婪的教学与科研，她们难以避免地成为"跷跷板上的女人"。但显而易见的是，当下高校女教师如果仅固守着妻职与母职的方寸之地，势必将延缓高等教育改革的步履，最终将被蓬勃发展的高等教育事业所淘汰。换言之，传统的只关注女教师的家庭贡献或家庭角色，漠视其作为高校教师的社会贡献或社会角色的发展观，同样是有失偏颇的。它既违背了马克思关于人的全面自由发展的科学论断，又与高等教育转型发展的新要求背道而驰。那么，我们对高校女教师的发展应持一种怎样的价值追求呢？对此，高校女教师发出的"既要做人，又要做女人"的呐喊，从表面上看展现的是自身的困惑，实际上是对自身发展上升到一个更高层次的向往，更是对女性发展价值的一种深层追问与诉求。概括起来，可以归纳为三个方面：首先，从人的发展高度思考高校女教师的全面发展；其次，从性别的视角审视高校女教师的全面发展；最后，从现实的维度激励女教师自主发展。

第一节　从人的发展高度思考
女教师的全面发展

马克思关于人的全面发展理论是马克思主义的最高命题和根本价值，对当下高校女教师的发展具有重要的价值引领作用，它不仅指明了高校女教师的发展内涵和最高目标，而且明示我们应该从人的发展高度来思考女教师的发展。具体体现在以下三个方面。

一　肯定女教师的发展权

发展权是每个人所拥有的基本人权。对高校女教师来说，肯定女教师的发展权，既是维护女教师特殊权益的前提条件，也是女教师追求全面发展的法律依据。充分肯定女教师的发展权这一基本人权，重视女教师的发展，解决其发展过程中存在的问题，不仅是人的全面发展的现实要求，也是构建社会主义和谐社会的必解之题。

（一）发展权的基本内涵及其特点

发展权，最初是由塞内加尔第一任最高法院院长、联合国人权委员会委员凯巴·姆巴耶于 1970 年作为一项集体人权正式提出的。当时处于不公正、不合理的国际政治经济旧秩序对第三世界国家的发展造成严重阻碍的时期，为了打破这种不合理的国际分工，提出了发展权这一概念。即强调所有民族、国家在国际社会中获得平等发展的权利和自由。直至 1986 年，发展权才作为一项个人人权被正式提出。即联合国第四十一届大会通过的《发展权利宣言》第 1 条指出，"发展权利是一项不可剥夺的人权，由于这种权利，每个人和所有各国人民均有权参与、促进并享受经济、社会、文化和政治发展，在这种发展中，所有人权和基本自由都能获得充分实现"。并且，"国家有权利和义务制定适当的国家发展政策，其目的是在全体人民和所有个人积极、自由和有意义地参与发展及其带来的利益公平分配的基础上,不断改善全体人民和所有个人的福利"。

发展权作为人的基本权利之一(其他三项分别是生存权、平等权和自由权),是所有人权主体均应享有的不可取代、不可剥夺、内在稳定且具有母体性的权利。作为一项个人人权,发展权最突出的特征是其主体的普遍性。发展权是全人类的权利,其主体是普遍的、无限的、绝对的。《发展权利宣言》第 2 条明确指出,"人是发展的主体,因此,人应成为发展权利的积极参与者和受益者"。任何人,不分种族、肤色、性别、语言、宗教、政治信仰、民族或社会出身、财产或其他身份等区别,都应一视同仁地享有发展的权利。

发展权作为一项根本的和重要的人权,与其他具体人权不同,它是一项包容其他具体权利的母体性权利,即肯定了人的发展权,就为其他具体的经济、政治和社会文化权利提供了法理依据。具体说来,我们可以从过程和目的两个方面来了解发展权的概念:从过程来看,发展权是主体平等参与经济、政治、社会与文化发展进程并享有发展成果的一种综合性、动态性人权。从目的上看,发展权以人的全面发展为归宿,其最终的任务是要实现主体的身体与心理、个体与社会集合体和人类与自然的和谐、协调及可持续的发展,从而使人类在物质与精神、个体与集体及其自然之间相互融合与联动的基础上达到代际之间公平和可持续地发展。[①]

(二) 高校女教师发展权的现状及其存在的问题

随着发展权概念的提出和不断深化,对妇女、儿童等社会弱势群体发展权的保护和强调也成为社会关注的焦点。在现实生活中,传统"男主外、女主内"的性别分工极大地限制了妇女的生活空间,使得她们的经济社会地位和家庭地位远远低于男性,相对于男

---

① 汪习根、占红沣:《妇女发展权及其法律保障》,《法学杂志》2005 年第 2 期。

性的发展而言，妇女普遍缺乏足够的发展机会，难以取得全面发展。尽管随着社会生产力的发展，妇女发展滞后这一现象得到了一定的缓解，但这一问题并没有从根本上得到解决。导致女性发展滞后的根本原因在于没有从最高层面提升妇女权利的本质特征和人权属性，即没有从发展权这一最基本的人权高度出发，肯定女性的发展权以及强调其重要性。发展权在妇女人权中具有高度的涵摄性和优位性，是妇女人权网络中的基本人权，具有基础性、终极性的价值理念和价值目标，并应当成为妇女人权立法的重心和本位。汪习根等人提出，"妇女权利的实质并不在于一项具体的经济、社会和文化权利，而在于赋予妇女与男性同等的参与经济、政治、社会和文化发展并享受成果的发展权利。以机会均等和全面发展为核心的发展权，是妇女人权的最高形态和根本归宿"[①]。因此，妇女发展权并不是妇女在经济、社会、文化等方面权利的简单综合，而是一项母体性的权利，是对妇女全面发展所要求的各个层面权利的高度抽象，以全面促进妇女平等参与经济、社会、政治和文化并享有发展成果为归宿。发展权作为一项基本人权，它孕育和派生出妇女人权的各种具体形式。因此，应该以妇女发展权来统摄、整合和提升一切具体的妇女人权，使这些单独的妇女人权形式聚集在发展权下，进而通过统一的法理念和法规范加以有效的确立和保障。

由此可见，发展权不仅是女教师的一项根本的、重要的人权，而且是一项包容其他具体权利的母体性权利。换言之，只有肯定了女教师的发展权，她们其他具体的经济、政治和社会文化权利等才真正具有了法理依据。诚然，当前我国已逐步形成了以宪法为基础，以妇女权益保障法为主体，包括一批相关法律法规在内的促进妇女发展、维护妇女权益的法律体系。全国前妇联主席顾秀莲亦指出，在新形势下强调维护和保障妇女权益，就是要通过确定妇女的

---

① 汪习根、占红沣：《妇女发展权及其法律保障》，《法学杂志》2005年第2期。

优先发展地位和加强依法维护的力度，使社会资源配置充分考虑到性别差异，使劳动妇女能够获得相应的生产生活资料和平等的发展机会，能够享受平等的社会保障和福利，最终实现男女两性在社会发展各个领域的平等、和谐与共同进步。[①] 根据前妇联主席顾秀莲所提出的女性发展权益目标，反观高等教育领域中女性的发展现状，可以说社会对高校女教师发展权的认同或肯定还存在一些不足，主要表现在两个方面：一是对高校女教师发展权的认可程度与其在高等教育和女性群体中的特殊作用还不相匹配；二是对高校女教师发展权内涵的理解还有失偏颇。前者主要表现为：高校女教师作为高等教育中的一支重要力量，作为女性中一个具有代表性的群体，其生存与发展状况不仅与高等教育质量的进一步提升息息相关，而且以这样或那样的方式反映着时代的变迁与社会的文明和进步。因此，关注高校女教师的发展状态，便是关注高等教育的发展状态；肯定高校女教师的发展权，便是肯定当下女性的发展权。但面对高校女教师蔚为壮观的飙升数量，是否意味着高等教育界历史上的"男中心女边际"格局已不复存在？面对女性中这样一个有代表性的知识群体，我们是否反思过"男强女弱"、"男公女私"等论调对肯定她们发展权的制约，又是否思考过她们的发展已进化到何种阶段？后者主要表现为：社会对女教师发展权的理解还存在非此即彼、厚此薄彼或以此代彼等现象。比如：有观点认为，女性能在高校就职就不错了，什么科研能力、什么行政管理能力，与女性没太多关系；我们在调查中亦发现，绝大多数高校男教师持女性应"先做好母亲、妻子，再谈其他发展"的观点；更有甚者，理直气壮地说，"只有丈夫、孩子成功了，女人才算真正成功"，这与社会对"女强人"贬多褒少正好呼应。显然，第一种观点是对

---

① 杨继玲：《从构建和谐社会看知识女性发展权的维护》，《山东理工大学学报》（社会科学版）2007年第6期。

高校女教师科研能力与管理能力发展的漠视；第二种观点关注的是女教师私领域角色的发展，忽视了女教师公领域角色的发展；第三种观点是典型的"替代发展"观，与"替代成功"观如出一辙。以上三种有代表性的观点从表面上看是对高校女教师发展内容的窄化，实际上是对女性发展权一定程度的否定，也是对马克思关于人的全面发展理论的曲解。虽然女教师的发展权并不是其在教学、科研、管理等方面权利的简单综合，但赋予女教师与男教师同等的参与教学、科研、管理能力发展并享受成果的发展权利，以机会均等和全面发展为核心的发展权，亦应是女教师人权的最高形态和根本归宿。

（三）重申高校女教师发展权的重要意义

正是因为社会对高校女教师发展权的认同或肯定还存在这样或那样的不足，也正是因为发展权在女教师人权中具有高度的涵摄性和优位性等特点，在我国正值大力构建和谐社会、建设世界一流大学的当下，正视高校女教师发展权中存在的问题，关注高校女教师的发展趋势，重申高校女教师的发展权，不仅不显多余和过时，反而尤为重要和迫切。高校女教师的发展不仅代表妇女的解放与地位，而且也代表高等教育质量是否可持续发展。女性的全面发展要求高校女教师承担起自己的历史使命。作为女性中有代表性的群体，高校女教师应当发挥自身独特的优势，将高等教育转型发展阶段的新要求内化为一种自觉意识，肩负起推进女性发展的重任，在履行教师职业的社会角色中全面实现自己的人生价值，同时带动全社会广大女性积极追求自身的全面自由发展，进而推动整个社会的和谐发展。至于高校女教师应该从哪些方面发展，现阶段该重点发展什么、该怎样获得发展等问题，后文有专章进行探讨。

二 承认女教师男女平等发展的追求

实行男女平等是我国的基本国策，男女平等的实现程度是衡量社会文明进步的重要标志。女性发展的目标之一，就在于使自己作为人的存在本质——创造能力得以充分发挥和发展，在于获得与男性平等地展现自身能力的机会与权利。对于高校女教师来说，承认女教师男女平等发展的价值追求，有助于消除阻碍女教师追求全面发展的障碍，推动女教师真正走向全面发展。

（一）男女平等发展的基本内涵及其重要意义

"发展只有以平等为基础，妇女才能真正受益。发展为实现平等提供了基础和可能性，而平等又是实现发展的前提和保障。"[①] 现阶段女性权利的缺失和男女两性发展差距的扩大，要求我国妇女运动仍需以追求男女平等为核心内容。男女平等的内涵是指："一方面，男女平等是价值观的体现，指男女两性作为人在社会和家庭中应该受到同样的尊重和对待，而不应该存在基于性别的偏见和歧视；另一方面，男女平等是指男女两性作为人在社会和家庭生活的各个领域中应该享有平等的权利和机会。"[②] 联合国第一次世界妇女大会通过的《墨西哥宣言》中将男女平等界定为："男女平等——是指男女两性尊严和价值的平等，以及男女权利、机会和责任的平等。"江泽民在联合国第四次世界妇女大会上明确提出："男女平等是促进我国社会发展的一项基本国策。"我国《宪法》第四十八条规定："中华人民共和国妇女在政治的、经济的、文化的、社会的和家庭的生活等各方面享有同男子平等的权利。"总之，男女平等是指男女两性在政治、经济、文化、社会和家庭生活等方面的尊严、价值、权利、机会和责任的平等。[③]

为了贯彻和执行男女平等原则，在发展上必须坚持男女都具有

[①] 谭琳：《男女平等的理论内涵与社会推动：基于中国现实的讨论》，《妇女研究论丛》2002年第6期。

[②] 同上。

[③] 李晓静、王云兰：《男女平等概念新说》，《南昌大学学报》（人文社会科学版）2005年第3期。

平等发展的权利和机会。《中国妇女发展纲要（2011—2020年）》中的指导思想特别强调，要推动妇女平等依法行使民主权利，平等参与经济社会发展，平等享有改革发展成果。其中，在其基本原则一栏中，特别提到了平等发展原则，即完善和落实促进男女平等的法规政策，更加注重社会公平，构建文明先进的性别文化，创造良好的社会环境，缩小男女社会地位差距，促进两性和谐发展。《中华人民共和国妇女权益保障法》第四章"劳动权益"第二十四条明确规定，在晋职、晋级、评定专业技术职务等方面，应当坚持男女平等的原则，不得歧视妇女。成功的知名女性杨澜在"2015天下女人"国际论坛中也提出，女性的平等发展关乎人的全面自由发展。当一个社会给予女性和男性平等的选择权利，个人才更有创造力，家庭才更幸福，社会才更和谐，国家才更有竞争力。她认为，性别平等发展不仅是道义之选，也是国家、企业和组织以及家庭的明智之选。换言之，"女性的平等发展，是社会的明智之选"。

（二）高校女教师平等发展的现状

尽管男女平等的原则已经在法律上得以确立，然而在现实生活中，相对于男性而言，女性能力发展全面滞后。女性潜能没有得到发挥和发展，不仅是指女性体力、智力等天赋能力没有得到发掘和运用，而且独立的经济能力、政治能力、思考能力也同样没有发展起来。传统"男主外、女主内"的性别分工模式和"男强女弱、男尊女卑"的社会性别偏见在当代社会生活中仍然普遍存在，并以其巨大的文化惯性力量抗拒着男女平等的法律权利。其结果是，人们因性别决定劳动分工、工作待遇及行为方式，男性总是比女性得到更多的机会和资源，掌握更多的权力，女性总是处于从属的地位，受到文化的歧视。[①] 这种男女两性之间发展不平衡的状况在

---

① 杜洁：《女性主义与社会性别分析——社会性别理论在发展中的运用》，《浙江学刊》2000年第2期。

高校表现得同样明显。虽然有越来越多的女性参与到高等教育中，但是在教育参与和教育成就方面的性别公平，并没有进一步延伸到其在大学的职业发展之中，女教师的发展与男教师的发展之间存在较大的差距。具体表现在以下三个方面：首先，高校女教师的学术能力发展落后于男教师。这可以从学术资格和科研状况两个方面来衡量。在我们的调查研究中，在高校教师职称结构中，明显呈现出男高女低的特点，即初级、中级职称女高于男，副高、正高职称女低于男，尤其是正高职称男性所占百分比远远高于女性。2014年全国普通高校教师职称的统计结果显示，女教师正高职称占正高职称教师总数的比例仅为28.92%，占高校女性教师总数的7.34%，而高校正高职称的教师中，男性教师所占比例为71.08%，占高校男性教师总数的16.49%。[1] 同样的调查结果出现在高校研究生指导教师以及高学历教师的男高女低上。除了学术资格外，高校男女教师在科研状况上的巨大差距也是公认的事实。调查结果表明，女教师的科研立项、发表的学术论文无论是在数量还是在等级上，都远远落后于男教师。[2] 女教师科研能力的落后造成了她们在当下高校"重科研"导向下的弱势地位和边缘化危机。其次，女教师在管理能力发展上落后于男教师。这主要是由女性在高校中担任领导职务的机会比男性少所致。调查结果表明，目前女性在高校校级领导和院级领导中所占比例仅为11.11%，在院（系）级领导中所占比例为17.94%，相较于男性的88.89%与83.06%，女教师的比例堪称微乎其微。[3] 最后，女教师在社会关系和个性发展上落后于男性。长期以来传统的家庭角色

---

[1] 中华人民共和国教育部：《2014年全国教育事业发展统计公报》（http://www.moe.cn/s78/A03/moe_560/s8492/s8493/201412/t20141216_181690.html）。

[2] 禹旭才：《烛照之思——当代中国高校女教师发展研究》，兰州大学出版社2009年版，第96页。

[3] 季铭婧：《研究型大学女教师职业发展探析》，硕士学位论文，浙江大学，2014年，第25页。

极大地制约了女教师社会性的发展，与男教师相比，女教师远未形成全面的社会关系。就个性发展而言，女性的从属地位长期以来抑制了高校女教师主动性与积极性的发挥，女教师所具有的消极性别特征，如较弱的主体意识、价值意识，较低的独立意识，较强的依附心理等就是典型的体现。

基于此，我们要转变以下两种错误观念：一是受"男主外、女主内"传统性别分工模式的影响，认为高校女教师首先应该专注于家庭"私人领域"，即首先要做一个"好妻子"、"好母亲"，在此基础上再去追求自身事业的发展和社会价值的实现；而认为男教师更多地应该投身于社会"公共领域"，在外打拼事业以追求事业上的发展，这种传统的社会分工模式剥夺了女教师与男教师一样享有在事业上平等发展的权利，造成了男女教师发展不平衡的现象；二是在矫正不合理的社会性别文化过程中出现的另一种极端看法，即强调女性摆脱家庭角色的束缚，和男性一样在社会分工中拼搏和竞争，主张男女都一样，以同一标准来要求男女两性。这种一味地强调"男女都一样"而忽视两性性别差异的做法，结果往往导致实质上的男女不平等发展。因此，杨凤提出，"女性发展既不是向男性的归同，也不是对男性的对抗和消解"。女性发展的合理范式是：一方面要承认女性作为"人"的普遍发展权利与要求，即在"人"的意义上，女性与男性有共同的发展权利与要求；另一方面又要承认女性作为"女人"的发展权利与要求，即女性发展过程中不同于男性的独特权利与要求。[①]

（三）重申高校女教师平等发展的重要意义

高校教师职业发展中的性别公平是社会公平的一个重要方面，而男女教师在高校获得平等的发展机会，无论是对教师个人而言，

[①] 杨凤：《当代中国女性发展研究》，博士学位论文，中山大学，2006年，第19页。

还是对高校以及社会发展而言，都具有重要意义。[1] 从理论上来看，承认高校女教师男女平等发展的追求是我们贯彻执行男女平等基本国策的具体体现，这对于全面促进女性的发展和整个社会的性别平等将起到积极的推动作用；同时，追求男女教师的平等发展，也有助于营造一种积极的、和谐的社会性别文化。从实践层面来说，认同女教师男女平等发展的价值追求，有助于打破阻碍女教师发展的传统性别偏见，为女教师追求全面、独立自主的发展扫清思想障碍。总之，以平等为前提，尊重和保障男女两性作为社会主体和家庭成员的平等权利和机会，不仅是性别能否和谐的核心要素，也是推动性别和谐的重要原则。这种平等不仅要体现在抽象的法律条文上，而且应该体现在现实的社会生活和家庭生活之中，包括公共管理和决策行为、市场经济行为和家庭生活行为。亦即在法律和机制保障之下，两性享有平等的权利、拥有公平的机会，共同参与公共领域和家庭领域的决策和活动。

三 认同女教师的社会本质发展要求

女性摆脱家庭的禁锢、走向社会，和男性一样实现自身的社会本质，是人的发展的本质要求，也是女性发展的核心内容。[2] 高校女教师只有广泛地参与社会交往才能真正实现自身作为人的本质，才能形成独立的人格，也才能真正地作为人与男性平等。

（一）社会本质发展要求的具体内涵及其意义

人是社会关系的主体，人的社会本质的发展目标是提高人在社会关系面前的独立性、自主性。马克思在《关于费尔巴哈的提纲》中指出："人的本质并不是单个人所固有的抽象物。在其现实性上，

---

[1] 陆根书、彭正霞：《大学教师职业发展中的性别隔离现象分析》，《高等教育研究》2010年第8期。
[2] 杨凤：《当代中国女性发展研究》，博士学位论文，中山大学，2006年，第71页。

它是一切社会关系的总和。"这里的社会关系，指的是单个人同外在于他的社会（包括他人、群体、人类共同体）之间的相互关系。"有生命的个人"获取社会本质的基本路径有：自然的路径，即人类自身的生产，亦即增值；社会的路径，即劳动，它是人摆脱动物的根本标志，是人的类本质所在；人的社会化的过程，主要是通过"信任半径"实现的。人的生产、生活范围的拓展和信任半径扩大的过程，是每个人占有社会关系、塑造自身形象、确立社会地位、获得自己现实社会本质的过程。"社会关系通过人的生产、生活活动而建立，又对人的生产、生活活动具有先在制约性，是人的存在和发展的既定前提。"① 即社会关系决定了人的存在和发展，具体体现为：社会关系制约着人的历史活动的展开；社会关系制约着人对自然关系的形成；社会关系实际决定着一个人能够发展到什么程度。换言之，社会关系构筑了人的存在和发展的宏观环境，人通过社会关系而存在和发展。由于人的本质是人的真正的社会联系，因此人在积极实现自己本质的过程中创造、生产人的社会联系、社会本质。具体来说，人在社会关系层面上的发展目标是：（1）全面生成人的社会关系，使每个人占有的社会关系得到丰富和充实。这种关系包括人的生存和发展所必需的地域关系、职业关系、角色关系。（2）凸显人在社会关系面前的主体地位，提升人对社会关系的控制能力和水平，使人自主占有自己的社会本质。

人的社会本质规定了人的发展是建立在一定的社会关系之上的，人对一定的社会关系既有被动性的一面，也有主动性的一面。从被动性的方面看，人的全面发展依赖于社会关系的发展，尤其是从社会关系中产生，具有稳定、规范、固化的社会关系形式的制度的发展对人的发展具有直接的影响。从人的主动性方面考虑，人还

---

① 王海传、于京珍：《人的社会本质与人的发展——〈德意志意识形态〉关于人的社会本质的论述及其当代语境》，《山东农业大学学报》（社会科学版）2003年第3期。

具有不断突破旧的社会关系的束缚,不断扩大和丰富新的社会关系的能力。① 对于现代女性来说,她们只有通过参与社会公共劳动,才能更广泛地参与社会文化发展,获得政治民主权利进而取得与男性平等的地位,这一点构成了妇女发展的前提基础。女性只有同男性一样活跃在各种社会活动中,在多种社会关系中扮演独立的多元社会角色时,她们才能彻底摆脱对男性和家庭的依附,成为社会的主角,才可能实现真正意义上的全面发展。恩格斯早在100多年前就得出明确的结论:"只要妇女仍然被排除于社会的生产劳动之外而只限于从事家庭的私人劳动,那么妇女的解放、妇女同男子的平等在现在和将来都是不可能的。妇女的解放,只有在妇女可以大量地、社会规模地参与生产,而家务劳动只占她们极少的工夫的时候,才有可能。"②

长期以来家庭角色限制了女性社会本质的实现,使女性疏离了人的社会本质。首先,家庭角色使女性的社会关系局限于狭窄的血缘联系之中,脱离了与家庭以外的外界关联。其次,女性的家庭角色阻碍女性全面社会关系的生成。因此,要实现女性的社会本质发展,就必须消解女性的家庭角色定位。最后,女性的家庭定位,使女性处于被支配、被动依赖的社会关系之中,更遑论获得主宰社会关系的自由。只有走向社会,女性才能作为充分发展的人而存在。③

(二) 高校女教师社会本质发展的现状

高校女教师在社会化进程中,率先完成了从家庭走向社会的角色转换,她们在不同的专业领域中,充分展示了自己的才华和能力。高校女教师作为女性群体中的杰出代表,虽然已经迈出了走向

---

① 魏传光:《人的本质发展的三个向度及其全面发展》,《广东省社会主义学院学报》2006年第1期。
② 《马克思恩格斯选集》第4卷,人民出版社1995年版,第158页。
③ 杨凤:《当代中国女性发展研究》,博士学位论文,中山大学,2006年,第71页。

社会的第一步，但在追求社会本质发展的过程中，仍然遇到诸多问题和挑战。下面我们将通过高校女教师社会性的发展来了解女教师社会本质发展的现状。

　　高校女教师的社会性发展可以从社会交往和社会认知这两个方面来进行分析。社会交往，是指在一定的历史条件下，人与人之间互相往来，进行物质、精神交流的社会活动。[①] 我们从交往范围、交往对象、交往内容等方面来考察高校女教师的社会交往状况。首先，从交往范围来看，女教师的交往范围几乎局限在课堂和家庭，尤其是在生养孩子那段时间。有限的时间和精力是影响女教师社会交往少的主要原因。此外，女教师普遍对社会交往的重要性缺乏足够的认识，赵叶珠通过对澳大利亚、英国、美国等国家的高校教师的比较研究发现，男教师更倾向于积极地向校外拓展，以增加影响和获取资源；而女教师常常倾向于把自己局限在校内，限定在教学范围内。[②] 其次，从交往对象来看，男女教师交往的重点对象不同。女教师与同事的交往面比男性窄，她们比男性更注重亲人之间的交往，更重视以血缘关系为纽带的人际交往，不太关注全面的社会关系的生成。最后，从交往内容来看，调查结果表明，女教师交往侧重于生活交往，疏于学术交往，男性的学术交往却占有较大的比重。同时，调查结果也显示，在出国留学、国内访学、参加学术会议、参加学术团体等方面，女教师的机会远远低于男教师。因此，女教师以学术交往为中心的职业交往远远少于男教师，这势必导致其学术网络比男教师狭窄，从而游离于学术团体的边缘，这无疑会影响其广泛的社会关系的建立与自身的发展。[③]

　　社会认知状况是我们考察高校女教师社会性发展的另一面。高

[①] 王武召：《社会交往论》，北京大学出版社2002年版，第77页。
[②] 禹旭才：《烛照之思——当代中国高校女教师发展研究》，兰州大学出版社2009年版，第98页。
[③] 同上书，第97页。

校女教师的社会认知是指女教师对来自他人、自己和周围环境的社会观念与信息,如社会文化、社会角色、人际关系、他人、自我等的认知,以及对这种认知与其社会行为之间的理解和推断。① 人的社会化就是用社会性别的规范来塑造自我。我国主流的社会性别文化将女性定位在家庭中,作为社会一分子的高校女教师也不可避免地受到这种思想的影响,并按照这种要求来规范自己,努力使自己成为主流社会性别文化所需之人。② 从调查数据来看,女教师对"男外女内"的传统社会分工模式,认同率之高出乎意料。如有44.1%的女教师在接受调查时同意"男人以社会为主,女人以家庭为主",对"做家务,照顾老人、丈夫和孩子是女性义不容辞的责任"这一观点,有63.4%的女教师持赞成的观点。③

综上所述,尽管高校女教师的社会参与意识不断增强,并希望在社会中体现自己的价值。但传统的性别分工模式和性别角色期待成为她们发展过程中的拦路虎。中国传统的家庭分工,使女性自觉地把更多的时间和精力投入到烦琐的家务劳动之中。而许多女教师的配偶,也并没有相应地承担一定的家庭责任。这种来自家庭内部的压力,把许多女教师的活动领域限制在家庭内部,影响了她们社会本质的发展与全面的社会关系的生成。女教师常常处在事业和家庭都要兼顾的冲突之中,最终可能不堪重负而挫伤进取的积极性,选择回归家庭,放弃在事业上的追求与进步,主动放弃了社会本质的发展。④ 然而,高校女教师不能只做"贤妻"和"良母",她们

---

① 禹旭才:《烛照之思——当代中国高校女教师发展研究》,兰州大学出版社2009年版,第102页。

② 廖志丹:《社会性别视野中的高校知识女性发展》,《教育评论》2006年第6期。

③ 禹旭才:《烛照之思——当代中国高校女教师发展研究》,兰州大学出版社2009年版,第102页。

④ 周莳文、马利宁:《高校知识女性的发展困惑与权益保障探析》,《华南理工大学学报》(社会科学版)2006年第3期。

更应该有实现自身更高社会价值的追求,通过不断参与社会劳动分工,最终实现社会本质的全面发展。

第二节 从性别的视角审视女教师的全面发展

"作为人,女性与男性有共性的一面,有共同的发展要求;然而作为'女'人,女性又有与男性不同的特征,女性发展有着自身的独特要求。"[①] 可见,从性别的视角关怀高校女教师的发展,是实现女教师全面发展的有力保证。将性别视角融于女教师的发展实践之中,主要有以下三个方面的内涵。

一 正确认识女教师独特的生理特征

所谓独特的生理特征,就是指女性与生俱来的不同于男性的生理特征。其核心就是女性所承担的生育使命及其相关的内容。人们对女性独特生理特征的认识不同,其对女性的生活和工作的影响就大不一样。因此,对女教师承担的生育使命及影响予以正确的认识和应有的态度,是女教师发展过程中必须关注的现实问题。

根据《中华人民共和国妇女权益保障法》第四章"劳动权益"第二十五条规定,任何单位均应根据妇女的特点,依法保护妇女在工作和劳动时的安全和健康,不得安排不适合妇女从事的工作和劳动。妇女在经期、孕期、产期、哺乳期受特殊保护。第二十六条规定,任何单位不得以结婚、怀孕、产假、哺乳等为由,辞退女职工或者单方解除劳动合同。可见,我国法律层面的认识是非常到位的。但实践中对女性独特生理特征的排斥却并不少见。事实上,女

---

① 杨凤:《当代中国女性发展研究》,博士学位论文,中山大学,2006年,第75页。

性的生育使命，决定了女性必须享有特殊的权利和保护，才能保证男女真正的平等。对此，我们要纠正这样一个错误的观点，或者说是一个男权主义观点，即认为在法律、政策等方面树立性别意识、纳入性别视角，关照妇女的特殊需求，是对妇女的一种照顾，因而把妇女置于弱者地位。实际上，关照妇女生育养育等方面的特殊需求，恰恰是对妇女权利、独特劳动（人的生产）、独特贡献与价值的承认。[1]

女人担负着与繁衍人类后代相关的怀孕、分娩、哺乳以及育儿等使命，因而女性在生存和发展过程中就必须面对"五期"（经期、孕期、产期、哺乳期、更年期）保护和哺育后代的社会价值评价等不同于男性的特殊问题。[2] 高校女教师也与普通女性一样要担负人类再生产的使命。为了完成这一使命，她们至少需要付出两年甚至更多的时间。在这期间，女教师不仅中断了正常的教学科研工作和政治社会服务，一个更显而易见的致命的缺陷是，从事学术职业所必需的学术链不得不中断。即使她们完成了怀孕、生育、哺乳的任务，培养和教育孩子所需要的时间和精力，也大大延缓了高校女教师前进的步伐。当她们艰难地完成这一生育、养育过程后，去重拾教案、重返讲台、再做研究时，发现瞬息万变的新知识已让她们深感陌生和无所适从。此时，她们还要继续面对来自强大的男性群体的职场压力和学术竞争，显然已经处于明显的劣势地位。[3] 此外，高校女教师事业发展的黄金时期，也正值生育期和哺乳期。而在这段时间里，女教师的业务学习完全处于停顿或半停顿的状态，原来学到的知识、工作当中掌握的技能与技巧，在一定程度上

---

[1] 禹旭才：《烛照之思——当代中国高校女教师发展研究》，兰州大学出版社2009年版，第201页。
[2] 孙月冬：《人的全面发展视域中的女性发展问题》，《经济与社会发展》2008年第5期。
[3] 俞晓红、余大芹、王义芳：《科学发展观视野下高校女教师的发展》，《北京市工会干部学院学报》2010年第4期。

"已经过时"。由于信息社会的快速发展，高校女教师发现自己正慢慢与社会脱节，原有的知识不能跟上时代日益快速发展的要求。这些极大地阻碍了女教师的发展。

因此，我们要从女性独特的生理特征这一角度去全面认识和掌握女教师的成长规律，对高校女教师在这一期间所创造的独特的社会价值在思想上予以承认，在行动上创造条件为其创造良好的发展环境，提供相应的发展机会，以弥补其因生育养育等因素对其自身发展的影响。比如，高校在职称评审或深造进修的机会上要适当向女教师倾斜；在女教师成长的不同阶段，根据不同的需求，设置多样化的培训内容，搭建有针对性的平台，营造和谐的氛围，使高校女教师得到全面发展。

二 敢于肯定女教师自身的性别优势

女性与男性一样，由于在人类漫长的实践发展历程中，因男女的社会分工不同，各自在其活动的领域中都形成了自身的一些性别优势。但长期以来，由于深受"男尊女卑"传统思想的影响，人们习惯于对男性的性别特征（如理性）持肯定、褒扬的态度，而对女性的性别特征（如感性）习惯于持否定、排斥的态度，久而久之，男性的性别优势越来越得到强化，而女性的性别优势则在长期的否定或不屑一顾中自生自灭。因此，我们首先要大胆肯定因社会分工的不同而形成的女性与男性不同的性别优势。这些性别特征及其优势，不管暂时属于男性还是女性，其实随着社会男女分工的逐渐融合，大多是可以共有的甚至是相互置换的。可见，我们需要用敢于肯定男性性别优势的勇气来名正言顺地肯定女性的性别优势或特征。值得欣喜的是，近年来，已有研究者开始从微观层面关注和研究女性的性别优势问题。梁静指出，女性自身的性别优势主要包括：具有敏锐的观察力和天生的直觉；具有温和细腻的性格；有更强的忍耐力和锲而不舍的精神；有着更好的沟通协调能力；善良并富有正义感等。① 这些优秀的女性特征，在高校女教师身上表现得同样明显，它们不仅是女性进一步发展的资源，也应当成为促进男性乃至整个人类进一步发展的积极因素。对高校女教师来说，女性自身的生理特征以及社会赋予她们的群体特征，使她们在教学、科研、管理等各方面都形成了不同于男教师的特点。这里仅从教学方面来加以说明。

第一，女教师具有独特的课堂组织能力，受学生欢迎。以笔者所在的高校为例，教务部每学期都组织学生对教师的课堂教学满意度进行测评。结果显示，获奖的教师绝大部分为女性，女教师获奖的比例通常高达获奖总数的70%。

第二，女教师具有更强的情感沟通能力和水平。在情感方面，女性比男性更具有性情温和、耐心、感情细腻、敏感的心理特征。这些特征使女性比较容易置身于他人的情感空间之中，容易感受和理解他人的情绪，因而具有较强的沟通能力和亲和力。相对于男教师而言，女教师和蔼可亲、细致耐心、善于体贴他人、爱岗敬业、工作中更加人性化，更容易置身于学生之中开展教育活动，从而在心理上拉近与学生的距离，使学生感到亲切、可信赖，因此师生关系更加融洽。

第三，女教师在从教稳定性上表现更优秀。在当前市场经济大潮中，很多教师不甘于高校的"清贫"，在校外兼职和调离高校的教师不在少数。而社会的各种诱惑对女性则没有构成明显的压力，相当多的女教师能够淡泊名利，在得失之间保持豁达的心态。因此，在从教的稳定性方面，女性要远远高于男性。② 女教师的忍耐力比男教师更强，更能锲而不舍、意志坚定，在相对单调、乏味的

---

① 梁静：《新形势下高校女教师如何发挥自身优势》，《教育教学论坛》2014年第12期。

② 周蔚文、马利宁：《高校知识女性的发展困惑与权益保障探析》，《华南理工大学学报》（社会科学版）2006年第3期。

条件下仍能够孜孜不倦地坚持工作和学习。她们更善于承受并化解一时的挫折，并投入更多的努力和持久的耐力。此外，研究表明，在个性方面，女性接近于多血质和胆汁质的人数比例要低于男性，因此女性观察事物比较细致，做事更为稳重、可靠。

综上所述，高校女教师在从事教育教学工作中所表现出来的独特的性别优势，我们要敢于肯定。这既是高校女教师弘扬其性别优势的需要，也是提升高校教师队伍整体素质的客观要求。

三 勇于剔除女教师自身的性别缺憾

女性群体不仅具有自身的性别优势，同样，由于传统性别文化的浸染以及女性自身的生理特点，她们身上也普遍存在一些有待剔除的性别缺憾。这些消极、负面的女性特征主要包括三个方面：一是消极的角色特征。由于传统历史文化的浸染，不少女性认同"贤妻良母"的家庭角色，把自身价值定位于家庭，做一个好妻子、好母亲被视为其生活的全部。二是消极的"无我"精神特征。女性无我的奉献精神一直是男权文化倍加推崇和宣扬的，这种无我精神导致女性自甘于默默无闻地站在男性的背后，没有实现自我价值、自我超越的精神需求和动力。三是"被动顺从"的个性特征。长期的他者处境，造成了女性的被动性、依赖性和顺从性。除了传统的社会性别文化造成的消极女性特征外，由于女性植物性神经功能的稳定性与男性不同，更容易产生烦躁、焦虑、忧郁和多愁善感等心理。因此，与男性相比，女性自身存在明显的心理弱势，如女性的自卑心理和依赖心理较重，意志力比较薄弱等。[①] 被动依赖的性别特征是广大女性追求独立、自主发展的严重障碍。这些性别缺憾在高校女教师身上或多或少也有所体现，成为高校女教师发展道

[①] 高伟云、石美琦、王亚佩：《高校女教师素质的影响因素及其提升对策》，《宁波教育学院学报》2004年第4期。

路上最大的羁绊。具体表现在以下三个方面。

首先,高校女教师在自身角色定位上有失偏颇。受传统性别文化"男主外、女主内"的影响,不少女教师自觉内化和认同"贤妻良母"的角色,将主要精力放在家庭事务上,尤其是当事业和家庭发生冲突时,往往把家庭放在第一位,甘愿为了丈夫的事业发展而牺牲自己的事业发展。甚至不少女教师认为,丈夫事业上的成功就是自己的成功,这种"替代成就感"使得其放松了对自身发展的追求而自甘落后。

其次,高校女教师容易安于现状,缺乏创新意识和工作上的进取精神。与男性相比,女性的事业心比较淡薄,缺乏强烈的进取意识,高校女教师也概莫能外。不少女教师欠缺职业目标,而把自身理想定位为婚姻家庭的美满幸福。[1] 从职业动机上看,与普通女性相比,高校女教师的职业效能感较高,但与男教师相比,由于来自各方面的冲突较多,压力较大,如学术水平的提高、评职晋级、进修读学位等都要与男性标准相同,甚至有些方面还要略优于男性才能受到应有的重视。加上女性的自卑与畏惧心理,在与同等资历的男性竞争时,总是妄自菲薄,认为不及男性,并往往以"我是女的"为由使自卑心理合理化。[2] 面对社会的复杂多变以及信息的更新换代,很多女教师不能及时把握社会与科学发展的前沿动态和最新进展,这严重限制了创新能力的形成与发展,也成为制约其在教学、科研上取得突破和成果的最大障碍。

最后,高校女教师群体意识差,在团队合作方面欠缺理性。研究表明,男性更容易为权益"团结"在一起,而女性则更多地以感情作为"团结合作"的基础。女教师在团队合作时的这种非理

---

[1] 周蒂文、马利宁:《高校知识女性的发展困惑与权益保障探析》,《华南理工大学学报》(社会科学版)2006年第3期。

[2] 廖志丹:《社会性别视野中的高校知识女性发展》,《教育评论》2006年第6期。

性的选择,直接造成她们难以在科研工作中发挥带头作用。少数女教师在事业上能够披荆斩棘,但却往往孤军奋战,不能形成合力,难以对女教师的整体发展产生推动和激励作用。

诚然,导致这些性别缺憾的原因是多方面的。但面对这些性别缺憾,无论是女教师自身还是高校都应该有一个清醒的认识,要有敢于剔除这些缺憾的决心和行动。女教师要主动自觉地在生活和工作中革除这些负面的思想,高校要为女教师剔除这些性别缺憾创造舆论环境和工作条件。否则,既有碍于女教师走向全面发展,更有碍于高等教育发展的进程。

总之,无视个人之间差别的平等权利实际是一种不平等的权利,这种平等的权利仍然是资产阶级的法权。因为人们各不相同,仅强调权利的平等会导致不平等。平等在于以劳动的同一尺度来计量,这种平等的权利对于不同等的劳动来说就是不平等的权利。[①]因此,只有正确认识到女教师独特的生理特征,在勇于肯定其性别优势的基础上,敢于剔除其性别缺憾,并赋予其应有的独特的权利,满足其独特的需求,才能使事实上的男女平等成为可能。

第三节 从现实的维度激励女教师自主发展

高校女教师一方面受到的是如何面对社会、迎接挑战,在竞争中生存和发展的现代化教育;另一方面,又受到世代沿袭的如何做女人、如何为人妻为人母的传统教育。她们既受到传统文化的长期浸染,又接受男女平等、女性解放等现代文化的影响,因此她们是在夹缝中生存和奋斗的新时期知识女性。尽管近年来社会对女性发展权日益强调和重视,高校也在保护和鼓励女教师发展方面作出了一些有益的尝试,但在现实生活中,传统性别分工带给女教师发展

---

① 秦美珠:《女性主义的马克思主义》,重庆出版社2008年版,第287页。

的偏见和阻力并未减少，这一切使得高校女教师的发展面临诸多困境。要打破高校女教师发展的困境，除了社会和高校等采取政策和有力措施鼓励女教师发展外，最根本的还在于激发高校女教师独立自主发展的价值追求。只有当女教师自己具备积极的主体意识和进取发展意识，才能真正实现高校女教师的全面发展，最终实现男女两性的和谐发展。

一 承认女教师发展的现实困境

目前，高校女教师的发展现状可归纳为"四多四少"，即知识女性教学好的多，科研强的少；副教授多，正教授少；本科教师多，硕博导师少；副科、副处级干部多，正科、正处级的少。2011年10月，武汉大学妇女与性别研究中心对湖北省境内10所不同层次、不同类型的高等院校知识女性发展现状进行了调查，调查结果显示10所大学"高层女性"（即副教授及以上的女性教师与正处级及以上的女性干部）所占比例为14.41%。经过调查研究后发现，高校女性发展遇到四大障碍：起跑线上的生育障碍，晋升中的男权评价体系障碍，创业中的男主女从观念障碍，前行中的早退休制度障碍。研究数据还表明，高校知识女性发展普遍遭遇"玻璃天花板"[1]，女性人才呈现倒金字塔形、尖端人才缺乏严重等现象。具体来说，高校女教师在职业生涯发展中普遍面临以下现实困境：

第一，高校女教师在职业发展中普遍面临边缘化危机。[2] 有研究者指出，女教师发展的边缘化以显性的、隐性的与反向的三种形

---

[1] 莫里森认为，玻璃天花板是指"一个透明的障碍，使女性在公司里无法升迁到某一水平之上……它适用于仅仅因为是女人便不能进一步高升的女性群体"，后来广泛用来比喻女性发展存在的看不见的障碍或性别上的歧视。

[2] 高校女教师发展的边缘化，是指相对于男教师而言，女教师不仅在话语权、发展权、社会声望和资源分享等方面明显处于劣势，而且在精神与心理上也处于劣势的一种生存状态。

式存在着。其中,女教师发展的显性边缘化突出表现为远离高校"核心集体"。女教师始终处于科研、学术权力的边缘地位。她们大量聚集在教学领域,并且在教学课程或等级上存在明显的性别差异。调查结果显示,男性主持的科研课题不管在数量上还是在等级上都远远领先于女性,在科研项目研究中,女性大多充当参与者的角色;在著作出版方面,女教师的人均数同样远远低于男性。①

第二,高校女教师职业发展面临家庭和事业的双重角色冲突。对于高校女教师而言,一方面要承担学术职业和事业发展的压力,另一方面受社会传统观念的约束,还要承担家庭方面的重任。② 正如赫伯·戈德伯格和汉瑞特·布莉卡在《阴阳合璧男女之间》一书中所指出的,"奋力想要兼顾事业和个人生活的女性,常常陷入两难的困惑中,并为此付出巨大的代价,无论如何总有一方落败。如果把事业摆在第一位,全力以赴,往往觉得愧对家庭,或是牺牲了个人健康和美好的生活。相反地,如果全力奉献给丈夫、孩子,又似乎平白断送了大好事业前途"③。调查显示,大部分高校女教师认为"家庭与事业难以两全"是她们事业成功的最大障碍。传统的性别分工使得高校女教师承担着大量较低层次的家庭义务和家务劳动,也使得女教师在事业和家庭的矛盾性选择中处于一种尴尬状态,"当她们想成为独立自主的人时,就被社会排斥出正常女人的领域;当她们成为好妻子、好母亲、好女儿时,就成为远离独立自主的人"④。作为业绩突出的高校女教师,社会对她们事业成功

---

① 禹旭才:《高校女教师的发展困境:社会性别视角的审视》,《大学教育科学》2012年第5期。
② 谢倩:《高校女教师的学术职业发展压力分析》,《当代教育论坛》(管理研究)2011年第6期。
③ 万琼华:《试析传统性别分工对高校女教师的负面影响及消除途径》,《中华女子学院山东分院学报》2004年第1期。
④ 闵冬潮:《Gender(社会性别)在中国的旅行片段》,《妇女研究论丛》2003年第5期。

的要求与男性一样,甚至更高,但对她们家庭角色和婚姻风险的期望值却并没有因此而降低。在这样的环境下,高校女教师要取得与高校男教师相当的成就和地位,必然要付出数倍于男性的时间和精力,作出更多的个人牺牲,才能获得社会的认可。[①] 在事业和家庭的天平上,放弃任何一边都意味着沉重的代价,因此她们经常会陷入家庭和事业双重角色的冲突之中。

第三,高校女教师在职业发展中面临性别迷思。这主要表现在形象认同和个性发展两个方面。形象认同的迷思与高校女教师面临的双重角色冲突密切相关。调查数据显示,76%的女教师把"新贤妻良母"形象奉为自己的理想形象,65.4%的男教师也十分推崇女教师充当"新贤妻良母"。高校女教师受制于来自学术领域与家庭两种不同的角色规范,必须接受两个领域各自的价值评价,这使得女教师常常处于尴尬的境地。女教师个性发展的迷思,是指几千年来形成的所谓的"女性特征",常常与女性主体性和独立性的发展发生冲突,制约着女教师自由个性的生成,导致高校女教师的主体能力、主体意识发展受阻,其独立人格形成受阻。

既然高校女教师在职业发展中面临如此多的现实困境,那么主流社会又是如何看待这些困境的呢?受传统的社会性别偏见和社会分工模式影响,主流社会在看待高校女教师面临的现实困境问题上普遍存在忽视或者否认的态度,即便承认女教师发展存在困境,他们也认为高校女教师面临这些困境是必然之势。传统文化中"男强女弱"、"男尊女卑"等性别偏见造成了人们对女教师科研能力的普遍怀疑,受这些性别偏见的影响,社会上普遍认为女性不适合或不善于从事科学研究。他们的理由是:美国心理学家麦克比与杰克林在对已有的关于性别差异心理学的大量研究成果进行综合评价的基

[①] 俞晓红、余大芹、王义芳:《科学发展观视野下高校女教师的发展》,《北京市工会干部学院学报》2010年第4期。

础上，提出了男女之间的四项差异：女性较男性有更好的语言能力；男性较女性有更好的空间知觉能力；男性数学能力优于女性；男性更富有攻击性。人们据此认为女性不宜学习科学，即使进入科学领域也难以有所作为。美国学者威尔逊等宣称，"即使赋予同等的教育与平等进入所有职业的机会，男性也更有可能在政治生活、商业与科学中起到不均衡的作用"。在我们的调查访谈中，其中对"女性不太适合学术研究"以及"男性能力天生比女性强"这样的观点持认同态度的不在少数。[①] 有相当一部分人甚至认为，女性能进入高校任教，已经很不错了，工作体面，待遇丰厚，尤其是对家庭有利，还读什么博士、做什么科研，发展是男性的第一要务。

综上所述，高校女教师在追求自身全面发展中面临诸多现实困境，而主流社会忽视甚至否认这些现实困境的存在。这对高校女教师的发展是极为不利的。我们只有承认高校女教师发展存在的这些困境，才能去深入发掘造成这些现实困境的成因，从而采取对策去一一解决，为高校女教师的发展创造一个良好的外部环境和有利的发展氛围。至于该采取哪些具体措施来解决这些问题，后面的章节会详细阐述。

二 鼓励女教师独立自主发展

女性"全面发展"既是全人类的事，更是女性自己的事。独立自主发展是实现人的全面发展的终极追求，当然也是高校女教师发展的终极追求。作为生命的独立个体，人应有其完全独立的精神价值、独立的思维、独立的行为准则，并具有选择独立生活方式的权利。独立自主发展是一种自由的活动状态，是人们按照内心世界的需求，去生存、活动并发展自身，而不是在外在世界的规训下被

[①] 禹旭才：《烛照之思——当代中国高校女教师发展研究》，兰州大学出版社2009年版，第145页。

动地进入某种违背自己本性和意志的活动状态和发展模式。① 这也是独立人格的形成过程，它要求人们既不依赖于任何外在的精神权威，也不依附于任何现实的政治力量，在真理的追求中具有独立判断能力，在政治的参与中具有独立自主精神。因此，强烈的主体意识和独立精神，是女性不断发展的内在动力。西方著名女权主义者玛格丽特·富勒曾说，女人所需要的，不是作为女人去行动或统治，而是作为一个自然人在发展，作为一个有理智的人去辨别，作为一个有灵魂的人去自由生活，从而顺利发挥自己的能力。② 然而，自从人来到这个世界上，便无时无刻不受到来自于环境、文化、家庭、社会准则等各方面的束缚。高校女教师在追求自身发展时，无不遇到这些外在的限制和压力。

从思想上来看，高校女教师作为接受过高等教育的精英群体，其思想看似独立，实则深受主流观点、传统性别观念的影响。比如，当高校女教师面临家庭角色和社会角色的冲突时，大多数女教师都会采取"事业让位于家庭"的选择，作出事业上的自我牺牲来成全家庭。尽管有人认为这是女教师自己作出的选择，与他人无关。实际上是当今社会对"贤妻良母价值"、"传统女性特质"的过分推崇等，深深地左右着高校女教师自身的价值判断所致。从行动选择上来看，"非自主"选择亦比比皆是。例如，在学术发展和完成生育、养育使命的两难选择上，不少女教师选择了后者。这是因为外界海量信息不停地暗示女教师必须把生儿育女放在自身发展之首。调查显示，家庭事业兼顾型女性是现实生活中绝大多数高校女教师所认同的理想形象。一旦家庭事业关系出现冲突时，选择"家庭第一，事业第二"者远远高于

---

① 禹旭才：《烛照之思——当代中国高校女教师发展研究》，兰州大学出版社2009年版，第198页。
② 孙月冬：《人的全面发展视域中的女性发展问题》，《经济与社会发展》2008年第5期。

"事业第一，家庭第二"者。在夫妻事业发生冲突时，绝大部分人主张妻子作出牺牲，全力支持丈夫的事业追求。以笔者所在的大学为例，当夫妻双方均为高校教师时，丈夫事业上的发展往往要优先于妻子。

综上所述，高校女教师在追求自身发展上仍然深受外界和主流文化的影响和限制，其选择远未实现自主和自愿的理想状态。因此，鼓励高校女教师积极摆脱传统性别偏见的影响，真正遵从自己的内心去追求独立发展就显得尤为必要。这是因为，意识决定了发展的态度，能力左右着发展的空间。就高校女教师个人而言，要实现其自我的全面发展，则必须具备强烈的主体意识和独立自主的能力。女性主体意识是女性作为主体，对自己在客观世界中的地位、作用和价值的自觉意识，包括自主意识、使命意识、进取意识和自审意识四个相互关联的方面。高校女教师要增强女性主体意识，不断肯定自我，客观全面地认识自己的能力和价值所在，并在每一次自我肯定中体验自我存在的价值。[①]

三 追求男女两性的和谐发展

平等、发展与和谐是现阶段我国妇女运动发展的主题。促进妇女发展，实现男女平等和共同发展，是社会和谐的主要标志和重要内容，也是构建社会主义和谐社会的根本要求。经济的增长、社会关系的和谐发展、人类文明的健康发展离不开男女两性的和谐与合作，男女两性协调发展，是人的全面发展的重要内容。[②] 在构建和谐社会的进程中，男女两性作为社会发展的主体，地位越平等、关系越协调，共同发展的空间就越广阔，也就越有利于充分发挥妇女

[①] 廖志丹：《社会性别视野中的高校知识女性发展》，《教育评论》2006年第6期。

[②] 任艳玲：《人的全面发展视野下的女性发展》，《河南科技大学学报》（社会科学版）2010年第1期。

的积极性和创造性，越有利于和谐社会建设。① 此外，在追求人的全面发展过程中，提升两性各自的素质，使两性共同发展，实现两性最优化方式的组合，这是一条必然之路。传统的"男强女弱"或"女强男弱"的分工模式及协作途径，都不是完整意义上的人的全面发展，都会因为忽视、压抑了两性各自的独特优势而不能充分唤醒男女各自潜在的各种能力。因此，鼓励女教师独立自主发展，逐步缩小男女教师发展的差距，最终实现男女两性的和谐发展，是提高高校教师队伍整体素质的最终目标所在。

真正和谐发展需要社会为包括男女两性在内的社会个体提供自主选择的权利和机会。真正的和谐发展是以男女两性的全面发展为目标的，它不仅仅是促进妇女的发展，也不是以牺牲男性为代价，更不是以女性取代男性成为权力的中心形成新的不和谐，而是主张打破传统的不平等的性别角色定型和社会分工模式，共同营造两性平等、协调、合作与发展的社会。因为传统的性别角色分工模式不仅限制了女性参与社会各领域（即公共领域）的权利，同时也限制了男性充分参与家庭生活（即私人领域）的权利，使男性承受了较大的社会、经济和心理压力，这些压力严重影响男性的生活质量和身心健康。因此，对于高校女教师来说，鼓励女教师追求自身充分发展，不仅有利于女教师的全面发展和进步，而且有利于减轻和分担男教师所承受的社会压力，营造更加和谐的家庭和社会氛围。

总之，追求性别的和谐发展，就是在追求解放女性的同时也解放男性，从而实现人性的全面解放。高校女教师发展的目标是与男性一起消除性别制度的束缚，最终实现所有人的自由而全面的发展。

---

① 杨凤：《当代中国女性发展研究》，博士学位论文，中山大学，2006年，第10页。

第四章

高校女教师发展的主要内容

明确了高校女教师发展的价值追求，还必须把握好高校女教师发展的主要内容。前文已述，随着高等教育的转型发展，高校女教师在自身发展与转型的过程中，陷入了种种困惑。这些困惑的实质之一，就是高校女教师目前究竟要发展什么，或者说要重点发展什么。探讨高校女教师发展的重要内容，依据主要有三：一是高等教育转型对高校教师发展提出的新要求，即要求高校教师拥有完整的能力体系、形成全面的社会关系、具备与时俱进的思想观念与发展全面丰富的个性等。可见，高校教师的全面发展已经成为当下我国高等教育发展的逻辑要求。这在本书的第一章已经做了较深入的探讨，这里不再赘述。二是高校教师发展的性别异步差，即相对于男教师，高校女教师发展滞后的内容。即学术能力发展上的差异、精神气质发展上的差异、社会关系发展上的差异与个性发展上的差异[1]。三是高校女教师自身的内在诉求。全面自由发展是人的发展的终极追求。高校女教师发展的最终目标与人类发展的最高理想是一致的，她们同样渴望实现个人在劳动能力、社会关系、个性等诸方面的完整、自由和充分的发展。"每个人的自由发展是一切人的自由发展的前提。"[2] 人的全面发展是社会主义发展的本质要求，也是当

---

[1] 禹旭才：《烛照之思——当代中国高校女教师发展研究》，兰州大学出版社2009年版，第81—84页。

[2] 《马克思恩格斯选集》第1卷，人民出版社1995年版，第294页。

今中国特色社会主义发展的目标。十八大以来,以习近平为总书记的党中央明确提出:"要通过发展社会生产力,不断提高人民物质文化生活水平,促进人的全面发展。"[1] 可见,追求全面发展是人的根本诉求,高校女教师也不例外。由此可见,无论是基于高校女教师自身发展的内在之需,抑或是男女教师发展的性别差异,还是高等教育改革对女教师发展提出的客观要求,都表明精神的发展、能力的发展和个性的发展是现阶段高校女教师亟待发展的重要内容。

第一节 精神的发展

人的精神是人的本质特征之一,它是人的无比丰富、无比复杂的内心世界活动的总称。人的精神发展并不是可有可无的点缀品,而是一个人生命的动力。对此,恩格斯说过:"推动人类去从事活动的一切,都要通过人的头脑。"[2] 外部世界对人的影响表现并反映在人的头脑中,成为感觉、思想、动机、意志。总之,成为"理想的意图",并且通过这种形态变成"理想的力量"。马克思亦指出:"任何一种解放都是把人的世界和人的关系还给自己。"[3] 可见,精神发展是高校女教师发展的深层内涵和本真追求,也是提升其人生境界和实现其人生价值的灵魂。因此,高校女教师不仅要执着于学术能力和社会关系的发展,更要追求自身的精神发展。"精神是一个众所周知难以定义的词",本书主要指个体独特的精神世界,表现为个人精神生活的取向和质量,"是个人存在的深层尺度"[4]。基于高校女教师精神性发展的现状与不足,其精神的发展现阶段要突出三个方面,即独立精神的发展、批判

---

[1] 习近平:《全面贯彻落实党的十八大精神要突出抓好六个方面工作》(http://www.gov.cn/l/2013-01/01.htm)。
[2] 《马克思恩格斯全集》第4卷,人民出版社1995年版,第232页。
[3] 《马克思恩格斯全集》第1卷,人民出版社1995年版,第43页。
[4] B. K. Myers, *Young Children and Spirituality*, New York and London: Routledge, 1997, p. 13.

精神的发展和创新精神的发展。

一 独立精神的发展

独立精神，是相对于人的依赖、依附性而言的，是指个人在内心和精神上不受任何限制，具有主动的意志和独立思维能力，能依据事实与自己的知识、经验等对人和事进行独立思考和分析判断，从而做出选择或决定，而不是依赖或者效仿、膜拜别人。因此，具有独立精神的人，一是对自我意识有一种强烈的需要，他们形成自己的意向和做出自己的决定时，不会依赖外界这样或那样的观念和意见，而是听从他们自己内心的声音；二是赋有平等思想，在他们看来，即便人的身份、性别、财富、地位不同，但其人格是平等的。如果丧失了平等精神，也就丧失了独立精神。

高校女教师独立精神的发展既是市场经济对现代公民的普遍要求，更是我国高等教育转型发展的内在需要。随着市场经济将尊重人的独特性提到了前所未有的高度，高等教育的重要使命之一就是开发人的独特性，培养人的独立精神，彰显人的独特价值，尊重人的独特个性。要培养具有独立精神的学生，教师首先要拥有独立精神。具体地说，就是要求女教师自己设计人生之路，自己决定发展方向，自己选择发展模式，能果断地处理好个人发展与家庭发展、与高等教育发展乃至与社会发展的关系。总之，是自己驾驭外部世界而不是被外界牵着鼻子走。但总体来说，高校女教师独立精神的发展还很不乐观，主要表现在以下两个方面。

一是独立意识欠缺。首先表现为女教师对家庭的过分依赖。绝大部分高校知识女性把"丈夫事业有成，妻子贤惠，孩子优秀"当作衡量婚姻是否美满的"很重要"或"比较重要"的标准[1]；

---

[1] 高慧珠：《社会转型时期高校女知识分子教育和科研状况研究》，转引自裔昭印《社会转型与都市知识女性》，中国社会科学出版社2005年版，第95页。

"认为孩子、丈夫的成功是自己最大的成功"的女教师达60%；对"干得好不如嫁得好"表示认同的女教师达50%[①]；即便是青年女教师，亦有33.9%的人赞成"干得好不如嫁得好"、"事业型不如生活型"等观念，且青年女教师的支持率竟然高出男性5.2个百分点。[②] 由此可见，不少女教师仍然没有将自身作为一个独立的主体从家庭中剥离出来，而是把价值寄托于丈夫与孩子，将自己淹没于家庭或他人。这种对家庭和家人的过分依赖的表现，实际上是女教师独立意识的欠缺。其次表现为对外界观念的高度依赖。例如：对"女教师不太适合从事学术研究"表示认同的女教师为31%；有26.4%的女教师认为"男性能力天生比女性强"。[③] 笔者曾在"新时期锡山女教师形象"大讨论的论坛上，也发现不少女教师被外界对女性的要求所左右。其中一位女教师的心语很具有代表性："帮夫教子历来是中国女性的优秀传统美德。作为一个知识女性，所谓的能干不仅仅是指善于料理家务、勤俭持家，更主要的是要能营造一个好的家庭氛围，给家人营造一个精神家园。"[④] 2009年三八妇女节，笔者有幸参加了学校召开的女教师座谈会，在会议结束时，笔者试着问了一个这样的问题："您认为作为一个大学女教师，应具有怎样的形象？"同伴们的回答着实很让我诧异：在座的50名女教师中居然有45人认为，"女性应该温柔体贴、善解人意、乐于奉献，做好贤内助，营建一个幸福家庭，工作上过得去"。只有两位女教师的观点显得与众不同："现代社会人人平等，对女性

[①] 禹旭才：《烛照之思——当代中国高校女教师发展研究》，兰州大学出版社2009年版，第103页。

[②] 陈巧玲：《青年知识女性成就动机弱化的原因分析》，《辽宁工程技术大学学报》（社会科学版）2005年第5期。

[③] 禹旭才：《烛照之思——当代中国高校女教师发展研究》，兰州大学出版社2009年版，第103页。

[④] 佚名：《"新时期锡山女教师形象"大讨论》（http://www.wxzqxx.net/bbs/ShowPost）。

来说，最重要的是要自立、自强，因为家庭的保险系数小了，爱情的保险系数更小了……"可见，绝大多数女教师自觉认同外界强加于女性的传统角色。其原因是她们没有依据事实与自己的知识、经验等对主流性别话语进行独立思考和分析判断，在形成自我意识时不自觉地被主流话语所左右，而没有倾听自己内心真实的声音，这与高级知识女性的称号显得格格不入。可见，外界消极的传统性别观念阻碍着女教师独立精神的发展。

二是独立能力欠缺。这里所说的独立能力，不是指经济上的独立，也不是指政治上的独立，而是指其精神或心理上的独立能力。高校女教师独立能力欠缺主要表现在独立意识一旦遇到两难选择就大打折扣。应该说，现实中大部分女教师都期待自己能够在事业上有所成就，尤其是当她们看到身边的女同事功成名就时，既表现出强烈的羡慕之情，又表现出深深的自责之意；平时在言辞上也表现出对传统性别观念的反感，如有调查结果显示，23.1%的女教师渴望获得正高职称，有5.0%的女教师渴望成为学科带头人；[①] 在"关于北京大学女教职工双重角色选择情况"的调查中，女教师大多认为"在事业和家庭的两端，女性都应该拥有自己的位置，失去任何一端，女性的形象都会失去光彩"，她们"不仅是丈夫的妻子、母亲的女儿，更是学生的老师，有自己的事业，有自己的光和热，是一个完整的我"[②]。以上种种言行，说明部分女教师的独立意识还是比较显现的。但问题是要在行动上做出选择时，她们又安静而自觉地回归了传统。如在"夫妻事业发生冲突时"，只有5.6%的女教师要求"丈夫做出牺牲全力支持妻子"[③]；笔者在访谈

[①] 禹旭才：《烛照之思——当代中国高校女教师发展研究》，兰州大学出版社2009年版，第108页。

[②] 赵容：《浅析当前我国高校女教师群体的自我知觉特征》，《福建广播电视大学学报》2003年第3期。

[③] 禹旭才：《烛照之思——当代中国高校女教师发展研究》，兰州大学出版社2009年版，第108页。

中问道：面对"女强人"与"贤妻良母"，您更希望旁人给您以哪种称呼？25 位女教师中竟然无一人愿意选择"女强人"，有 20 位希望被称为"贤妻良母"。[①] 这是一种典型的独立意识和独立行为脱节的表现，实际上是缺乏一种独立思考和取舍的能力。

可见，随着市场经济的发展和高等教育改革的深入，女教师的独立精神并未自然得以提升。无论是其独立意识的欠缺还是独立能力的不足，既不利于高校女教师自身的发展，也与高等教育对高校教师发展提出的要求相去甚远。因此，高校女教师独立精神的培养必须被提上议事日程。

二 批判精神的发展

什么是批判精神？从哲学的角度分析，批判精神主要是"以理性为法庭，批判一切无根据的观念和要求，特别是通过对理性自身的批判，达到重建科学的形而上学（哲学）的目的"[②]。本书的批判精神，是指女教师在工作、学习、生活等认识世界和改造世界的过程中，形成的一种质疑、反思、审问的行为倾向。即通过对所见所闻，或已成定论的知识，或天经地义的规范，或习以为常的观念和价值，或一切无根据的要求等，做出事实和价值上的甄别和审视，必要时进行质疑甚至否定所表现出来的心理状态和精神面貌。它包括对外界的批判和自我批判两个维度。可见，一个具有批判精神的人，不可能人云亦云、没有主见；一个具有批判精神的人，不可能屈服权势、矮化尊严。

一方面，批判精神是高校女教师必备的精神特质。批判是大学所固有的特质。当代著名学者亨廷顿说，批判同样是大学教师必备的精神特质。这种特质是其他任何一个职业群体的人所不具有的，

---

① 禹旭才：《烛照之思——当代中国高校女教师发展研究》，兰州大学出版社 2009 年版，第 132 页。

② 黄颂杰：《西方哲学名著提要》，江西教育出版社 2002 年版，第 212 页。

也不是其他任何角色所能够取代的。这主要有两个方面的原因。其一，是由高校女教师的职业特点所决定的。高校女教师无论是教学还是科研，都是以追求真理、追寻事物的本质为直接目的的，她们不能屈服于知识之外的任何权威，对社会中各种现象与意识形态，也不能毫无批判地接受，首先应该进行理性的审视。这必然导致质疑、谴责、反对与建议，即批判精神的形成。其二，是由高校女教师特殊的身份所决定的。社会学家海曼姆认为，知识分子是一个自由的阶层，是一个没有直接的自身利益或私利的阶层，这样，知识分子的思想和行为，就在相当程度上能够摆脱那些特定利益或既得利益集团的狭隘性、自私性和肤浅性，从而表现出巨大的开放性、公正性、全局性和长远性。[1] 在海曼姆看来，作为知识分子的高校女教师是天生的反对派，其在社会舞台上的出现，本身就意味着潜在的革命作用，就应该习惯于对自己所处的社会中那些被认为是天经地义的规范、习以为常的观念或价值（即常识）提出质疑和挑战。总之，对现实社会的弊端进行批判是她们的习惯，也是她们的天职，她们是以"以社会批判为己任"的群体。另外，批判精神是新世纪高等教育的内在要求。众所周知，创新是新世纪的标志性特征，创新精神的培养是新世纪高等教育的主要议题。要培养学生的创新思维和创新精神，关键是要培养学生的批判精神。蔡元培先生说过："大学为纯粹研究学问之机关，不可视为养成资格之所，亦不可视为贩卖知识之所。"可见，高校教师的主要职责，除了知识的传授，还必须肩负社会期待的创造性人才培养之重任。这就需要当下的高校女教师不仅有批判的勇气，而且有批判的能力。

高校女教师批判精神式微是一种客观存在。对于高校女教师批判精神现状的了解，主要是通过观察和访谈两种方式进行的。访谈

---

[1] 刘振天：《大学社会批判精神的源泉及当代境遇》，《北京大学教育评论》2003年第3期。

对象主要是女教师，还有为数不多的大学生。首先，从高校女教师本身的情况看：（1）大部分女教师对批判精神有正确的认知，并认同"人需要具有一定的批判精神"的观点，但也有少数教师对批判精神存在一定的误解，认为它接近一个贬义词"批斗或斗争"；（2）部分女教师认为，男性可以多一些批判精神，女性的批判精神尽可能不要暴露出来，否则就会遭到众人的讥讽，因为这个社会不欢迎女性有主见、抛头露面、锋芒毕露；（3）也有女教师认为，对社会上一些主流的观点，明知它是一种强求，没有依据，但是你批判了也无济于事，这样，人的批判精神自然会萎缩。其次，从大学生来看：一是基本上认同"男性的批判精神明显多于女教师"的观点；二是希望老师上课时具有批判性，他们认为知识讲授需要批判，评价社会现象更离不开批判；三是认为当今大学生的批判意识也很微弱；等等。由此可见，高校学生期待女教师具有应有的批判精神，但现实是高校女教师的批判精神整体不容乐观。主要表征如下：

一是对传统观念的反思不够。女教师中认同"男人以社会为主，女人以家庭为主"者达 44.1%，而"不太认同"的只有 27.5%，明确"反对"者只有 11.2%[①]；对"做家务、照顾老人、丈夫和孩子是女性义不容辞的责任"这一观点，持非常赞成或基本赞成的女教师占 63.4%[②]。由此可见，身为本应具有一定批判精神的高校女教师对传统观念的态度，与一般的女性相比没有什么区别，认同者多批判者少。事实上，以上这些观念大多是在几千年漫长的封建社会中形成的，存在的现实土壤早已消失，稍加审视，它明显是以牺牲女性的主体地位和作为人的价值为代价的。二是对现

---

① 禹旭才：《烛照之思——当代中国高校女教师发展研究》，兰州大学出版社 2009 年版，第 102 页。

② 万琼华：《高校女教师角色定位中的迷思及影响因素》，《云梦学刊》2008 年第 6 期。

实生活中的一些损害女性权益的行为挑战不够。据笔者所知,"家暴"在高度文明的高校并不少见。家暴对女性的伤害既有身体上的更有心灵上的,应该说这是对女性人格和尊严的侮辱,是最不能让人容忍的。然而,我们的访谈结果表明,面对家暴,90%以上的高校女性选择"对内心妥协,对外界沉默"的做法;再如面对单位的各种歧视女性的做法(如年龄上的、职位上的等),大多听之任之,很少主动去申诉和争取。三是对自身的际遇和将来反思不够。在我们的访谈中,常听到女教师说,"自己选择的生活并未带给自己应该有的一切"。也有人说,"现在的生活离我一直以来梦想的生活太遥远"。但当问及她们打算如何改变这种处境时,有的摇头叹息,有的怨天尤人,鲜有被访者去反思自己的思想和行为,也很少有人主动采取行动去改变这种现状。

面对现实,我们不禁要问:知识分子固有的批判精神去向了何方?高校女教师是女性的一面明镜还是在随波逐流?高校女教师是依附的还是独立的?这些问题其实在前面已经做了回答。的确,身为知识分子的高校女教师,"除了受过较多的教育和献身于专业外,还必须深切地关怀国家、社会以至人类的一切利害";高校女教师也不应该仅仅执着于经验分析的知识和解释学的知识,而"应该热衷于哈贝马斯所言的那种'批判的知识',热心于揭示限制与支配的条件,体现出为争取发展与进步的自由的解放的知识兴趣"[①]。因此,关注高校女教师批判精神的养成,重振知识分子的批判精神,既是女教师的当务之急,也是高校和社会的题中之意。

三 创新精神的发展

创新精神是指具有能够综合运用已有的知识、信息、技能和方

[①] 张宁娟:《论传统文化对教师批判精神的抑制》,《教育实践与研究》2008年第7期。

法、提出新观点，运用新方法进行改革、革新、发明创造的意志、信心、勇气和智慧等。创新是中华民族的灵魂，创新性是高等教育的本质特征，创新精神是专业人才的重要表征。高校教师担负着培养社会主义创新人才的重要任务。因此，创新精神对高校教师而言具有十分重要的战略意义。女性已经撑起了高校教师队伍的半边天，如果没有女教师的创新精神，高等教育的创新本质难以完全体现，高校创新人才的培养将大打折扣。

但一直以来，因历史与现实的种种原因，无论是高校还是整个社会，创新人才中的"女性缺席"现象十分明显。这说明女性的创新精神有待进一步挖掘和发展。高校创新人才中的"女性缺席"现象主要表现在以下几个方面：（1）高层次人才队伍中，如两院院士、长江学者、湘江学者、"百千万人才工程"中，女性呈现凤毛麟角的状态。（2）创新技术强的学科中，女性比例很低。"男性在物理科学和数学中工作的可能性几乎是女性的两倍，在工程技术中工作的可能性是女性的七倍。在这一领域中，女性的比例是2.5%，是两性分布最悬殊的领域。在新兴产业计算机领域，仍然是一个'以男性为主的世界'。女性在计算机领域就业人数少，地位低，存在性别歧视。"[①]（3）在国家重大创新项目和奖项中，女性寥若晨星。如"973计划（国家重点基础研究发展计划）首席科学家中，女性仅为4.6%；中国青年科技奖获得者中，女性仅为8.4%；在全国性自然科学专业学会的常务理事中，女性为8.0%；而863计划（高技术研究发展计划）专家组中，没有一位女性"[②]。此外，在国家自然科学基金和社会科学基金立项中，女性的比例也远远落后于男性。这种"高位缺席"的现象，与女性在高校教师队伍中所占比

---

① 易显飞、张裔雯：《论技术创新的"女性缺席"》，《自然辩证法研究》2013年第6期。
② 孙闻：《我国女性从事科技工作现状研究报告发布和摘录》，《科学时报》2007年3月8日第1版。

重很不匹配,高位缺席越严重,使得女性的创新精神越难以发展,也越难以发挥女性在高校创新性人才培养中应有的作用。

高校女教师创新精神的严重不足,虽然涉及经济政治等方面,但笔者认为,传统性别文化对女性创新精神的制约,应该是最核心的原因。传统性别意识束缚着女教师的精神世界,致使女教师普遍存在着一种保守、妥协的思维倾向,导致部分高校女教师低估了自身的价值,从而抑制了自己的开拓精神、拼搏精神和创新精神,特别是在科研上把自己置于附属地位,限制了创新精神的发展。

时代的发展需要创新,高等教育的改革更需要创新。因此,高校女教师创新精神的发展,必须引起全社会的高度关注。教育家吕型伟曾说过:"教育是事业,事业的意义在于献身;教育是科学,科学的价值在于求真;教育是艺术,艺术的生命在于创新。"这一方面需要女教师在自身的优势和不足中找准自身发展的空间,及时捕捉新知识,站在自己研究领域的前列,创造性地开展教学科研工作,不断超越自己。另一方面需要全社会对在创新道路上勇往直前、勇挑重担的女教师"推"一把,对在创新之路上艰难前进、遭遇瓶颈的女教师"拉"一把,对创新起步阶段缺少信息、缺乏经验的女教师"提"一把。通过"推、拉、提"等策略,促进高校女教师创新能力的不断发展,改写高校创新人才"女性缺席"现状。

第二节 能力的发展

马克思把人的能力的全面发展看作是人的全面发展的核心,他指出:"任何人的职责、使命和任务就是全面地发展自己的一切能力。"[1] 可见,能力作为人的本质力量的集中体现,是人从事一切

---

[1]《马克思恩格斯全集》第3卷,人民出版社1979年版,第33页。

活动的内在根据,是人生存和发展的基础,是影响职业发展的第一要素。国际21世纪教育委员会在《教育——财富蕴藏其中》的报告中指出,面对未来社会的发展,每个人"必须有能力在自己的一生中抓住和利用各种机会,去更新、深化和进一步充实最初获得的知识,使得自己适应不断变革的世界"①。正是从这个意义上,我们认为,能力发展是高校女教师发展的根本。基于高等教育转型发展对高校教师发展提出的新要求,以及高校教师发展的性别差异,学术能力、交往能力和管理能力是高校女教师目前亟待重点发展的三种主要能力。

一 学术能力的发展

"大学者,研究高深学问者也。"② 可见,学术性是大学的根本特征,没有学术就没有大学。学术能力是高校教师专业成长的核心内容,也是高校女教师走向全面发展的基础和前提。何为学术能力?桑元峰认为:"学术能力是指能够完成或者胜任学术活动所体现出来的专业素质。"栗洪武认为:"学术能力是指学者在自己的专业领域中开展学术研究产出原创性研究成果的能力,是教师的学术感悟力、学术思维力与学术创造力等构成的总和,也是教师在专业研究活动中能够领跑学者团队形成个人研究风格获得学术界认同的重要品质。"③ 综合以上两种观点,学术能力是指从事教育教学、学术研究和教学研究的相关能力的总和。对高校教师而言,学术能力可以简单地分为科学研究能力、教学研究能力与教育教学能力。科学研究能力和教学研究能力的发展有助于教学水平和教学效果的

---

① 国际21世纪教育委员会:《教育——财富蕴藏其中》,教育科学出版社1996年版,第75页。
② 高平叔:《蔡元培教育论著选》,人民教育出版社1991年版,第72页。
③ 栗洪武:《高校教师学术能力提升的活力要素与激励机制运行模式》,《陕西师范大学学报》(哲学社会科学版)2014年第1期。

提高。但如果女教师的学术能力发展不足，一方面将导致女教师的发展程度受阻，另一方面将导致高等教育的学术性和高等教育的人才培养质量大打折扣。

高校女教师学术发展能力不足主要表现在以下两个方面：一是科学研究能力发展不足。首先，表现在高校女教师对科研的认识能力上。我们在访谈中发现，男教师普遍认为："科研能力是大学教师专业成长的核心内容，也是大学发展的关键所在，因此将科研放在比教学更重要的位置。"然而女教师却认为："科研是选修课，教学才是必修课。"她们普遍认为教学更重要，而将主要精力用在教学上。张晓明在研究中发现，男性中强调科学研究的重要性的百分比高于女性，女性中强调教学的重要性的百分比高于男性，并且女性对学校实际操作的合理性持有异议。[①] 此外，杨锐通过对英、美等14个国家和地区的调查，发现"男教师对科学研究持有更加肯定的倾向，认识到科研成果这一硬件对教师评估所具有的重要性，更倾向于投入科研工作，而女性的基本兴趣在于教学工作"[②]。其次，表现在高校女教师的科研成果不足上。我们的调查结果显示，女教师的科研立项无论在数量上还是等级上，都远远落后于男教师。其中，男教师人均主持的国家级课题是女教师的4.37倍，主持省级课题的是女教师的3.32倍，主持校级课题的是女教师的1.40倍；在著作的出版上，性别的差异也很明显。[③] 在国家863计划（高技术研究发展计划）专家组以及重大招标项目、委托项目的主持人中，女性几乎呈现"无"的状态。二是教学研究能力的不足。首先表现为高层次课程的"女性缺席"。本书课题组的调查

[①] 张晓明：《妇女参与高等教育研究》，博士学位论文，华中科技大学教育科学研究院，2003年，第49页。

[②] 杨锐：《当代学术职业的国际比较研究》，《高等教育研究》1997年第5期。

[③] 禹旭才：《烛照之思——当代中国高校女教师发展研究》，兰州大学出版社2009年版，第95页。

显示：女教师虽然大面积集中在教学岗位，但从担任的课程看，女教师担任公共基础课的多、专业课的少；担任低年级课程的多、高年级课程的少；担任本科生课程的多、研究生课程的少；研究生导师中，女教师明显少于男教师。[1] 人们一般认为，相对而言，专业课、高年级的课以及研究生的课，更离不开教学研究能力的支撑。其次表现为教学成果奖项中的"女性缺席"。如"高教类 2014 年国家级教学成果奖获奖项目"名单中，女性极少。其中，特等奖和一等奖共计 52 项，初步统计女性仅 1 项。[2] 再如"第十届湖南省高等教育省级教学成果奖获奖项目"中，一等奖和二等奖共计 132 项，初步统计女性仅 5 项[3]，等等。应该说，各级各类教学成果奖是教学研究成果的高规格展示与高档次的奖励，最能反映教学研究水平的高低。可见，这种"女性缺席"的现象与女性大量聚集在教学岗位的情形很不协调。

由此可见，高校教师学术能力的发展已形成了明显的性别鸿沟，女教师学术能力的发展远远落后于男性。但高校学术性的本质特点和高等教育的转型发展都要求女教师同样必须具有较强的学术能力。因此，促进女教师学术能力的发展显得十分重要而紧迫。对女教师个人而言，既要提高自身对科学研究能力发展的认识，又要自觉联系教学实践和科研实践，在自己所从事的专业领域内不断提升科学研究能力和教学研究能力，多参与学术交流，扩大学术视野，充分发挥个人的潜能，敢于挑战，多出成果，出好成果，争取赢得一定的学术声望，从而在高深知识和学术权力中拥有应有的话

---

[1] 禹旭才：《烛照之思——当代中国高校女教师发展研究》，兰州大学出版社 2009 年版，第 93 页。

[2] 中华人民共和国教育部：《教育部关于批准 2014 年国家级教学成果奖获奖项目的决定》（http://www.moe.edu.cn/publicfiles/business/htmlfiles/moe/201409/17.html）。

[3] 湖南省教育厅：《关于公布第十届湖南省高等教育省级教学成果奖获奖项目的通知》（http://jwc.jsu.edu.cn/jiaoxueyanjiu/jiaoxuechengguojiang/2013 - 12 - 19/686.html）。

语权，以突破制约自身发展的瓶颈。

二 交往能力的发展

狭隘地域性的生活方式必然造成"狭隘地域性的个人"[1]。对此，马克思曾经强调，交往是一种"人类机能"，"人的本质不是单个人所固有的抽象物，在其现实性上，它是一切社会关系的总和"[2]。可见，人的本质、人的需要、人的发展都与人的交往有着密不可分的联系。一方面，一个人的生存与发展只有在社会交往中才有可能；另一方面，一个人朝什么方向发展，发展到什么程度，与这个人所交往的对象密切相关。"人的交往与人的发展具有直接的同一性"[3]，一个人的交往程度实际上决定着一个人能够发展到什么程度。同理，高校女教师的交往程度也在一定程度上决定着她的发展程度。因此，交往能力的发展，是高校女教师发展的关键内容。所谓交往能力，是指在一定的历史条件下，人与人之间顺利进行物质和精神的交流过程中所需要的能力，它既是人们全面社会关系形成的前提，也是个体发展的重要基础和必备条件。良好的人际关系是事业成功的催化剂，并能使人产生一种积极向上的发展力。人的能力的发展离不开社会环境和社会交往，人的存在受到具体的社会关系的制约。高等教育的内涵与特性决定了高校女教师要想获得事业的成功，除了需要较强的学术能力外，还需要较强的交往能力。

但一直以来，由于受"男主外、女主内"等性别角色定位的影响，女性总是与家庭、厨房和孩子紧密联系在一起，她们的交往关系和范围从来也摆脱不了家庭的窠臼，从而导致女性交往能力的集体受损，高校女教师也不例外。相较于男教师，高校女教师的人

---

[1] 刘明芝：《人的全面发展的理性探讨》，《理论学刊》2004年第8期。
[2] 《马克思恩格斯选集》第1卷，人民出版社1995年版，第60页。
[3] 金蕾：《交往与女性发展》，硕士学位论文，河南师范大学，2013年，第10页。

际交往因受到历史与现实、观念与实践等各种限制,导致其交往能力的发展亦远远不如男性。主要表现如下:(1)交往的主动性不强。虽然"有女在室,莫出闺庭;有客在户,莫露声音"等封建规制已逐渐退出了历史的舞台,但"女性不宜抛头露面、女子不能有'社会交际'"等封建思想对女性的影响仍十分普遍而深远,这导致活跃在各种公众场所的职业女性,往往容易招来他人的非议和误解,进而影响到自身的发展的案例并不鲜见。在这种环境下长期熏陶的高校女教师,一方面要奔波于工作与家庭,另一方面又怕惹来"莫须有"的烦恼,这在客观上压抑了她们主动走出家门走向社会的意识,从而阻碍了其交往能力的发展。赵叶珠通过对澳大利亚、英国、美国等8个国家和地区的高校教师的比较发现,男教师更倾向于积极地向校外拓展,以增加影响和获取资源;而女教师常常倾向于把自己局限在校内,限定在教学范围里,她们并不积极想办法拓展自己的职业工作领域。[1] (2)交往的范围不大。林静的研究表明:高校女教师交往主要"局限在校内,与外界接触极少";同事之间的交往以系内为主,占57.8%,系外和校外仅占9.6%;上下级的交往以校内为主,占58.7%,系外和校外仅占7.3%。[2] 根据我们的访谈结果,高校女教师的交往范围从总体上呈现出大—小—大的特点。具体地说,一般情况下,高校女教师在结婚,尤其是生孩子之前,时间比较充裕,交往面也相对较广,生养孩子那段时间(尤其是孩子入托之前),女教师的交往范围几乎局限在课堂与家庭。一个孩子刚入托的女老师说:"孩子小,琐碎事很多,有时还会生病,自己一方面教学任务繁重,另一方面又经验不足,哪里还有时间和精力去交往,几乎是把自己封闭起来

---

[1] 赵叶珠:《学术职业性别差异的国际比较研究》,《中华女子学院学报》2002年第2期。

[2] 林静:《女教师人际交往特征及其与职业发展关系的研究》,硕士学位论文,华东师范大学,2008年,第14页。

了。"这是女教师普遍反映的一种情况。但随着孩子的长大，女教师的交往范围才慢慢扩大。但她们普遍认为，和自己的丈夫以及男同事相比较，她们的校外交往面要窄很多。可见，与他人交往机会少，导致女教师缺乏必要的交往技能和方法。[①]（3）交往的内容不广。调查结果显示，一方面，女教师交往侧重于生活交往，疏于学术交往，男性的学术交往却占有较大的比重[②]。另一方面，女教师交往的"专业个人主义"十分明显。从总体上看，高校教师交往都囿于自己所从事的学科领域，主要是在同专业的人之间交往，偶尔同其他专业的人来往但也只限于日常生活琐事。但比较而言，女教师即使是与同专业的人进行交往，次数也是屈指可数，频率很低。"一间教室就像是一个有城墙和护城河的城堡，教师自身从不出去，而他们的同事又羞于进来。"[③] 这不能不在一定程度上限制了她们自身的发展。因为教师成长离不开交往、交流、合作的空间，也只有在不断交往和合作中，教师才能摆脱"独自"式教育的束缚。（4）交往的顾虑太多。一方面担心离传统文化对女性的要求太远而不愿或不敢主动走向社会，另一方面与异性交往十分谨慎。一位女教师的观点得到了众多女性的认同："女人嘛，最好还是少跟异性交往，稍不注意别人可能会给你编个'故事'。"一个刚结婚的女教师说："老公在身边的时候跟异性多交往一下应该别人不会说什么，但如果老公不在学校可就要特别小心啦。"究竟是什么在使女教师承受这些苦和累？

综上所述，市场经济的快速发展和高等教育国际化的不断加速，一方面拓展了女教师的交往空间，另一方面也对女教师交往能

[①] 赵容：《浅析当前我国高校女教师群体的自我知觉特征》，《福建广播电视大学学报》2003年第3期。

[②] 禹旭才：《烛照之思——当代中国高校女教师发展研究》，兰州大学出版社2009年版，第99页。

[③] 马晓凤：《在交往中发展》，《中小学教师培训》2004年第2期。

力的发展提出了更高的要求。但从现实来看,女教师的交往能力远不及男性,主要表现在交往观念陈旧、交往范围狭窄、交往内容单一、交往顾虑过多等方面。这些不足势必导致女教师学术网络狭窄,从而游离于学术团体的边缘,显然将制约其广泛社会关系的建立与自身的发展。因为在交往中,每个人都可以用别人创造的物质文化和精神文化成果充实自己,使自身得到发展。① 因此,高校女教师要充分利用好有限的交往时间和空间,不断更新交往理念、扩大交往范围、拓展交往内容、抛下交往包袱,全面提高交往能力,广泛建立社会关系,拓展自身的发展空间。社会和高校更应关注高校女教师的全面发展与进步,为其交往能力的进一步发展创造更好的心理环境,搭建更好的物质平台。

三 管理能力的发展

管理是人类各种活动中最重要的活动之一。"教师的能力主要包括教师的教学能力、科研能力、管理能力和创造能力。"② 可见,管理能力亦是高校女教师能力结构中一个十分重要的组成部分。随着高等教育改革的全面铺开,一方面使得管理在高校教师的工作、学习和生活中所起的作用越来越显著,另一方面也对高校教师的管理能力提出了更高的要求。近年来,英、美等国家相继将管理能力纳入其考核教师的《教师资格专业标准》③ 中。所谓管理能力,是指按照社会目标,有意识、有目的地对自身或者他人的思想、行为进行转化控制的能力。对高校女教师而言,对其管理能力的探讨有多个视角:从女教师自身看,有时间管理能力、情绪管理能力以及

---

① 金蕾:《交往与女性发展》,硕士学位论文,河南师范大学,2013年,第10页。
② 张波:《对当前我国中学教师能力素质状况的分析与思考》,《广东教育学院学报》2000年第4期。
③ 教育部师范教育司:《教师专业化的理论与实践》,人民教育出版社2001年版,第240页。

职业生涯规划管理能力等；从工作视角看，有教学管理能力、科研管理能力和行政管理能力等。根据研究的需要，本书仅对高校女教师的行政管理能力，即女教师在高校的政治和各项事务中参与和行使权利的能力状况做一个初步的探讨。

前文已述，民主社会的建设和高等教育的转型发展需要女教师积极参与高校的各项事务，女教师的全面发展也迫切要求其具有相应的权力参与能力。不可否认，纵观全球，大学高层管理中男性独领风骚的大势已逐渐淡去，"天降管理之大任于女性"的时代已悄然来临。从2001年出任普林斯顿大学第19任校长的雪莉·蒂尔曼，到哈佛大学迎来370多年历史里任命的第一位女校长德鲁·吉尔平·福斯特；从被美国前总统罗斯福誉为"智慧女神"的中国第一任女校长吴贻芳到谢伟德、韦钰、吴启迪，再到2014年我国39所"985工程"高校中的42名女性校级领导[①]。这一方面说明越来越多的高校为女性进入高层管理、施展管理才华搭建了广阔的舞台；同时也说明了高校女教师能用摇动摇篮的双手推动整个高等教育的发展。但从整体上看，在高校的中高层管理者中，女性的人数还十分有限，女性的话语权还很不充分，无论是与社会其他行业比较，还是与男教师比较，都还存在较大的差距。主要表现在以下三个方面：

一是与其他部门比较，高等学校女性参政的比例明显偏低。首先看全国人大代表和全国政协委员中女性比重。第十二届全国人大共有女代表699名，占代表总数的23.4%，比上届提高2.1个百分点，是历届人大代表中女性比重最高的一届；有女常委25人，占常委总数的15.5%，低于上届0.7个百分点。第十二届全国政协有女委员399人，占委员总数的17.8%，高出上届0.1个百分点；有女常

---

① 教育部：《平均每所985高校都有一位女校长》，《南方都市报》2014年9月7日第1版。

委 38 人，占常委总数的 11.8%，比上届高 1.3 个百分点。其次看女性参与企业经营管理的比重。2013 年企业董事会中女董事的比重为 29.1%，企业监事会中女监事占的比重为 29.2%，比 2010 年分别降低了 3.6 个和 6 个百分点，但与 2012 年相比，则分别提高了 2.7 个和 2.2 个百分点。最后看女性参与基层民主管理比重。2013 年女性参与居委会组织管理比重为 48.4%，参与村委会管理比重为 22.7%，比 2010 年提高 1.3 个百分点，但与占比 30% 的《2013 年〈中国妇女发展纲要（2011—2020）〉》目标仍有不小距离；2013 年，村委会主任中女性比例为 11.9%，提高 1.5 个百分点，已实现《2013 年〈中国妇女发展纲要（2011—2020）〉》10% 的目标。[①] 此外，在妇女参政水平较高的北京，局级女干部占局级干部总数的 20%，党政机关处级女干部占处级干部总数的 24.4%，党委和政府后备干部女性人才比例达到 36.1%。[②] 而与之相比，高等学校女性参政的比例明显偏低，如教育部所属的 71 所高等院校中，校级女干部只占同级干部的 8.6%，大学女校长只有 3 位。[③]

二是高校决策机构中女性的缺席。即不少高校领导仍然是"和尚班子"[④]，不具备女教师表达意愿的基本条件。

三是决策机构中女性的边缘化，导致女性的利益不能在决策层有效地表达和融入政策之中。即女教师的民主参与在很大程度上是一种远离权力核心的外围参与。她们可以向决策层呼吁女性权利，但对于决策和相关制度的走向影响甚微。

可见，随着我国各级政府、各部门、各行业的女性参政比例的

---

① 国家统计局：《2013 年〈中国妇女发展纲要（2011—2020）〉实施情况统计报告》（http：//www.stats.gov.cn/tjsj/zxfb/.html）。
② 张秀娥：《关于高校女教师参政问题的思考》，《高教论坛》2007 年第 7 期。
③ 顾秀莲：《国际妇女运动的发展与中国的男女平等基本国策》，《外交学院学报》2005 年第 1 期。
④ 罗萍、魏国英等：《不要"文明的"性别歧视》，《中国高等教育》2004 年第 5 期。

逐步提高，高校女教师的参政的广度和深度却处于一个相对落后的状态，男性依然在高校的各种决策机构和话语体系中掌控着绝对的权威。正如教育部副部长李卫红所指出的，中国女性以其温柔、智慧和学识完全撑起了高等教育的半壁江山，但必须清醒地看到，女性教职工比例的提升和女校长人数的增多，并未完全改善女性在高等教育领域的地位。① 这不仅与高等教育转型发展对教师提出的新要求不相适应，更与女教师在高等教育中所发挥的重要作用格格不入；这不仅阻碍着高校女教师走向全面发展的进程，也阻碍着整个社会实现民主政治的进程。

总之，女性参政水平是妇女解放的重要标志，也是衡量一个国家和社会的发展水平与文明程度的重要因素。女教师管理能力的充分发展，是高校民主建设的重要保证；女教师参与高校管理事务的程度，以及进入领导集体担任职务的高低，对高等教育的健康发展将起到巨大的作用。要改变高校女教师参政落后的状况，从而促进高校女教师管理能力的发展，既有赖于女教师努力提高自身的综合素养，以自己的卓越去争取行政决策中的一席之地；更有赖于全社会共同努力，创造有利于女性参政的良好环境，为高校女教师真正参与管理事务搭建宽广的平台。女教师广泛而深入地参与高校决策、管理和监督之日，便是实现女教师的全面发展、实现真正意义上的男女平等发展的理念之时。

第三节　个性的发展

人的"全面发展实质即个性发展"②，人的发展在一定意义上

---

① 教育部：《平均每所985高校都有一位女校长》，《南方都市报》2014年9月7日第1版。
② 张楚廷：《全面发展的实质即个性发展》，《北京大学教育评论》2004年第2期。

就是"有个性的个人"的发展。① 何为个性？不同的学科、不同的研究者有不同的回答。这里的个性是指以主体性为核心的人的独立性、自主性、独特性，也指人的类特性、社会特性、精神特性在个人身上显现出来的特点。伴随着高等教育大众化浪潮的汹涌而至，高校的办学特色自然成为社会评价高校的一项重要指标，创造性地培养有个性的人才越来越成为高校的重要使命。然而办学特色也好，个性化人才培养也罢，都离不开有个性的教师。尽管有个性的教师不一定能形成有特色的高校，不一定培养有个性的人才，但没有教师的个性发展则难以形成有特色的学校，也难以培养有个性的学生；教师个性的充分发展是培养有个性、有创新的人才的前提条件。因此，抑制了教师的个性发展，便是远离了个性化教育；促进了教师的个性发展，则是靠近了培养有个性的人才的教育目标。基于高等教育发展的要求与高校女教师个性发展的现状，女教师的个性发展，当前要突出三个方面的内容，即主体意识的发展、女性意识的发展和理性意识的发展。

一 主体意识的发展

女性主体意识是指女性作为行为主体，具有不依赖于外在力量，自由支配自身一切活动的意识，是女性追求男女平等和人格独立的一种内在动力及价值观念。② 总体来说，高校女教师主体意识表现为自觉地培养独立自主的精神，作为独立、自立、自强的社会主体而存在。具体包括：（1）女教师认识到自己是社会的主体，是高等教育活动的主体；具有人的共性，拥有独立人格；具有高校教师的共性，拥有高校教师的特质，并且能够自觉地全面地构建自己的人生。（2）能够理性认识自身的家庭角色与社会角色，并理

---

① 《马克思恩格斯全集》第 3 卷，人民出版社 1995 年版，第 311 页。
② 陈慧：《当代中国知识女性主体意识的消解与重塑》，《河北学刊》2011 年第 2 期。

性地处理好各种角色之间的关系，以真正全面的方式占有人的全面本质。（3）能够理性地对待男教师，追求两性共同进步，和谐发展。既不把男教师看成对立面，也不全盘接受男教师的价值体系与评价标准。因此，女教师主体意识的发展水平将影响其行为和活动，较强的主体意识对于促进个体的进一步完善与发展，是一种巨大的精神生产力。而缺乏主体意识最直接的后果，便是难以正确认识自我和评价自我。诚然，高校女教师主体意识的发展较之以前任何一个发展阶段都呈现出一种主体的自觉，但总体上还是初步的、浅层次的，主要表现在以下三个方面。

一是权利意识的初步性。权利意识是指女性对自身作为主体在现实生活中应具有的权利和所处地位的意识，是主体意识最重要的标志。权利意识的发展是高校女教师主体意识发展的重要内容。应该说，在拥有了半个多世纪的权利平等后的今天，高校女教师的维权意识正在全面萌发，主要体现在维权意识的萌发、权利能力意识的觉醒和权利意识的拓展三个方面①。但其权利意识还是初步的。我们在访谈中设计了这样两个问题：（1）"您认为您在多大程度上是学校的主人？""我哪里是什么主人，最多是一个普通教师而已，主人是校领导的事"，类似这种回答最为常见。（2）"假如您在休产假时，您的奖金全部被扣或部分被扣，您会如何处理？"30位女教师中，14位表示"扣了就扣了，如果学校一直以来都这么做，去找领导也没有用，反而会让人觉得讨嫌"；有7位女教师表示"找领导理论"或"上诉"；有9位女教师表示"这是典型的侵权问题。但自己也不会去争取，因为没有这么多时间和精力去折腾"。通过以上的言辞，说明女教师有一定的权利意识，而不是像传统女性那样一味地选择忍气吞声。但部分女教师对自身的主人翁地位的认识还不够深刻，对自己应有的权利

---

① 禹旭才：《烛照之思——当代中国高校女教师发展研究》，兰州大学出版社2009年版，第110—112页。

主要停留在被动享有层面，主动争取的意识还亟待增强。

二是平等意识的表层性。当问及"男教师和女教师谁对学校发展的贡献大"时，30位女教师中，有15人表示"差不多，一样大"；有13位表示"男性贡献大，特别是男性的科研做得比女性好"；有2位表示"很难说，各有各的贡献"。当问及"您和您的丈夫谁的家庭地位高"时，有20位女教师毫不犹豫地表示"老公的地位高，因为他赚钱比我多"；有9位表示"地位平等，没有必要分高低"；有1位表示"自己的地位高，因为家里大大小小的事情都是我管，我的工资也比他高"。显然，在部分女教师看来，挣钱的多少、贡献的大小在一定程度上决定着人的地位的高低和价值的大小，可见其对平等的理解还欠理性。

三是自我实现意识的被动性。自我实现意识是指女性作为一个独立的主体存在，对实现人生价值的强烈的追求和积极的态度。自我实现意识是女教师主体意识发展最深刻的标志。当问及"您努力工作的目的是什么"时，只有35.1%的女教师选择了"体现自我价值"，有25%的人选择了"为社会做贡献"，39.9%的人选择"为了生计"；有"明晰的"职业规划的占37.0%，规划"不明晰"的占21.3%，完全"没有规划"的只占11.7%。[①] 此外，部分女教师缺乏进取意识。如"干得好不如嫁得好"在广大女教师中的认同度居高不下，部分女教师仍然将成功的期望寄托在丈夫、孩子身上，并以此自我安慰，而消磨掉自己的理想和对事业应有的追求。例如，问道"你会继续攻读博士学位吗"，一位女教师的回答很有代表性："我绝对不去，家里有个博士就行了，老公去吧！太折磨人了，我做好后盾算了。"可见，虽然高等教育事业已成为相当一部分女教师人生价值和生活方式不可分割的内容，但面对现时代的挑战和机遇，

[①] 禹旭才：《烛照之思——当代中国高校女教师发展研究》，兰州大学出版社2009年版，第113页。

部分女教师依然没有走出波伏娃所说的"内在性",即女性封闭、被动、停滞、止于空想而无所作为的生存状态①。这与男性的"超越性"正好相反,"男性不断超越既定现实,根据自己的意志去拓展外部世界,从而'通过世界认识自己并努力给它打上自己的烙印'的主体性生存状态"②。

概言之,在竞争越来越激烈的当下,高校女教师主体意识的发展还呈现出相对被动、表层、初步等特点,这一方面与中国文化中缺乏一种女性主体意识成长的机制和内容息息相关,也与女教师在获得解放与发展的过程中缺乏确认自身的机会与经历紧密相联。因此,高校女教师主体意识的发展,任重而道远。当前我们应关注和思考的是,高校女教师在获得政治和经济地位的独立与解放之后,如何才能尽快走出种种既定社会价值规范的自我规制。因为高校女教师作为知识分子,不同于一般女性,她们不仅理应将自己的知识和能力奉献给社会,承担对社会、国家的义务和责任,而且应该在实现自身社会价值的追求中获得独立的精神,最终引领广大女性形成群体的主体意识。

二 女性意识的发展

女性意识包括两层含义:"一是指以女性的视角洞悉自我,确定自我本质、生命意义及其在社会中的地位;二是指从女性立场出发审视外部世界并对其加以赋予女性生命特色的理解和把握。"③基于上述理解,本书的女性意识是指女教师在自觉审视自身社会性别特点的基础上,对自我价值的肯定、自我发展的认识与追求。它

---

① 蒋红:《理性之美,女性之美——诠释西蒙娜·德·波伏瓦的女性生存论思想》,《复旦学报》(社会科学版)2005年第1期。
② 同上。
③ 乔以钢:《中国女性与文学——乔以钢自选集》,南开大学出版社2004年版,第205页。

包括维护女教师自身的利益,肯定女教师的独特价值,充分发挥女教师的潜力和创造力等自觉意识。可以说,主体意识是女教师以自身作为人的存在的意识,即与男教师共性的意识;女性意识是女教师进一步对自身作为女性的存在的意识。女性意识是激活高校女教师追求独立、自由,发挥其主动性、创造性的内在动因。因此,女性意识的发展既是高校女教师个性发展的重要内容,也是女教师个性发展的外在体现。

"在中国,由于特殊的文化传统和社会意识形态,对女性意识的生存空间产生了限制性影响。"[①] 这导致了中国女性意识的觉醒及其发展,不可能是一个短暂的过程。从现实看,高校女教师,虽然在20世纪末已经开始对自身在高等教育领域中所处的地位进行自觉的思考,并敏锐地发现:高校事实上并非像人们所说的是"女性成才的特区",性别歧视显在的和潜在的都有,女教师的地位普遍低于男教师;她们开始质疑影响高校女性事业发展的体制方面的因素,指出高校的政策和规章制度、高校体制内的父权制、性别角色模式、男性的评价方式等,都在不同程度上忽视了女教师的工作特点及其价值等。[②] 但总体来说,高校女教师女性意识的觉醒还呈现出"局部性"和"滞后性"等不足。[③] 笔者认为,这些不足应该克服并且也可以克服。基于高校女教师女性意识发展的现状及她们在中国女性群体中应然的引领作用,本书认为,当下高校女教师女性意识的发展,需要重点关注以下两个方面。

1. 价值意识的发展

价值意识是指女教师对自身生存的独特价值和终极意义的认

[①] 戴潍娜、雷兵:《中国女性意识的困境》,《玉溪师范学院学报》2011年第1期。
[②] 禹旭才:《烛照之思——当代中国高校女教师发展研究》,兰州大学出版社2009年版,第114—115页。
[③] 同上书,第188页。

识。它是女性意识的基础。女性价值意识的特质在于：一是要意识到女性作为人类存在的一半，她们的生命价值的独特性。这是因为她们的生理机能异于男性以及她们在男性中心文化社会的"他者"地位，使其对自我的生存状态和价值的沉思中具有特殊的文化内涵。二是要意识到她们的发展的独特价值。发展是生命体的自然运动，发展权是人最基本的权利之一。发展权最突出的特征，是其主体是普遍的、无限的、绝对的，包括一切社会的人，无论种族、肤色、性别、语言、宗教、政治信仰、民族或社会出身、财产或其他身份等区别，都应一视同仁地享有发展的权利。然而包括女教师在内，中国女性在拥有"妇女能顶半边天"的短暂自豪之后，却进入了新的困境：随着女教师作为主体存在的价值意识的萌发，开始谋求其理想化的生存方式、攫取与男性平等的生存竞争机遇、寻求自我实现的梦想时，她们却发现：无论是热闹非凡的社会中心还是远离世俗的象牙塔，知识女性要展示其自身的价值，都是一种巨大压力之下的无奈选择。正是因为她们依然无法逃离"为什么女性除了贤妻良母的角色，不能有其他社会角色；为什么当女性想要寻找自身的多重定位时，却有那么大的阻力和困扰"的困惑，这就更加凸显了女教师发展其自身价值意识的紧迫性。

2. 性别意识的发展

性别意识主要是指高校女教师对男女两性的地位、价值以及由各自的地位和价值决定的性别关系的认识，它是女性意识的核心。从已有的研究成果看，高校女教师的性别意识主要可归纳为三种观点：一是传统的"男高女低"的观点。如樊秀娣对同济大学110名男教师和127名女教师关于"高校女教师的婚姻、家庭与事业观"的问卷调查结果显示：43.6%的女教师赞成"夫贵妇荣、干得好不如嫁得好"[①]。在本书课题组调查的30位女教师中，有一半

---

① 樊秀娣：《高校女教师婚姻、家庭与事业》，《人才开发》2000年第7期。

的女教师赞同"男性是家庭支柱"、"男人的成功有我的一半"的观点。这表明部分女教师仍然没有跳脱传统的性别观念。二是时尚的"女性至上"的观点。当问及"您是如何看待社会及家庭中的'怕老婆'及'新三从四德'等现象"时，30位女教师中，有5人认为是"女性地位高了"的表现，12人表示是女性应有的地位，有5人认为是"男性地位低"的表现，有8人表示是"貌似女王的奴隶"。可见，部分女教师似乎萌发了新型的"女高男低"性别意识。三是男女平等的观点。即男和女各有优点，也各有不足，但在人格上是平等的。持有这种观点的女教师有时不经意会落入"男女同一"的性别观念的误区。显然，"男高女低"过分强调男性的性别意识，凸显男性是优势性别；"女性至上"又过分强调女性的性别意识，甚至走向男性优势的另一个极端。实际上，这两种观念都不符合现代社会"人"作为主体而存在的基本要求。"反对一切对个人的或人类的精神上、肉体上的束缚"①，不仅是人的本性，更是现代社会赋予人的权利。诚然，女教师有权利，更有责任去拯救女性的"他者"形象，去证明女性的自我社会身份，去厘清两性关系中的性别角色与地位。需要提醒的是，这不仅要避免再次回到传统的以生理机能的特质论性别地位高低的错路上，更需要女教师从"人"的高度对男性与女性的关系进行思考，与男性建立"友谊、竞争、共谋"的"手足关系"："男人和女人首先必须依据并通过他们的自然差异，去毫不含糊地肯定他们的手足关系。"② 这是改变任何一种性别文化压迫的必经之路，是实现两性性别文化和谐的重要内涵。

　　概言之，女性意识是社会进步的产物，不同的历史时期、不同

---

① 刘建军：《演进的诗化人学——文化视界中西方文学的人文精神传统》，东北师范大学出版社1998年版，第21页。
② [法]西蒙娜·德·波伏娃：《第二性》，陶铁柱译，中国书籍出版社1998年版，第827页。

的女性群体，其女性意识发展的侧重点与表现形式是不一样的。当下高校女教师女性意识的进一步发展，是在其主体意识确定的基础上，以女性的价值意识和性别意识等为具体形式和内容的重点发展。正如人类社会的发展具有无限的可能性一样，女教师女性意识的演变也是流动的、发展的，直到女教师实现身心的全面自由发展，直到高等教育性别和谐的真正实现。

三 理性意识的发展

理性通常是相对于感性而言的。从哲学的视角看，理性是指人的概念、判断、推理等思维形式和思维活动的能力。本书所说的理性，是指人独有的用来调节和控制人的欲望和行为的一种精神力量[1]；理性意识，是指女教师在现实生活中对其思想和行为进行适时的调节和控制，以及女教师认识自身、外在及其协调、整合自身和外在之间关系的意识和能力。可见，理性意识的生成与发展，"是人类文明发展跃升到一个新的历史高度的显著标志，是人的历史发展不可或缺的坚实支撑和必要机制，更重要的是，它为人类告别原始的丰富性，告别人对人的依赖，为人走上全面发展，获得自由个性，即步入全面自由发展的最高境界开辟了道路，奠定了基础"[2]。因此，理性意识的发展亦是高校女教师走向全面自由发展的重要内容。

然而，在西方文化传统中，理性＝男性、情感＝女性的观念在人们心目中根深蒂固，因此女性的特征受到轻视和贬低。在中国传统文化中，定义女性的价值取向是相夫教子，女性的形象是"头发长见识短"。可见，无论是西方文化还是东方文化，"理性和情感被认为是男女之间先天的、非生理属性的最大差别。女人是感情

---

[1] 吴增基等：《理性精神的呼唤》，上海人民出版社2001年版，第1页。
[2] 杨建华：《理性的困境与理性精神的重塑》（http://www.chinareform.org.cn/explore/explore.htm）。

动物，男人是理性动物"①。女性最终都被认为与学术角色和气质格格不入。正是在这种传统的强化理性与情感二分的思维中，"教师是被看作理性的，那些爱学生以及被学生所爱的教师常常是被学校所'怀疑'的"②。对此，霍克斯认为，传统教育压抑了教师各种非理性因素的存在。在传统教育中，教师只需按照"科学"的程序与步骤去执行"教"的命令，学生只需按照"科学"的学习步调去运行"学"的指令，师生间的激情与热情，教育的生成性与灵活性荡然无存。因此，女性主义教育学者认为必须彰显教育者的非理性精神，尤其是要让课堂生活变得富有教育激情，因为教育激情具有多方面的功能与价值。③ 以上纷争的焦点在于：传统文化贬低感性的价值，女性主义高举感性的大旗。我们认为，这种对立和纷争其实意义不大。这是因为，正像"人是理性与非理性的统一体"④ 一样，高等教育的一切活动，实际上都是理性与非理性的统一体，若要使这些统一体更完美，需要发展理性，也需要点燃激情。因此，我们这里讨论女教师理性意识的发展，绝不是以排斥其感性或激情的发展为前提的。相反，在凸显女教师理性意识发展的同时，同样期待女教师的激情更加丰盈。本书认为，当下高校女教师理性意识发展的具体内涵，主要包括以下两个方面。

　　一是强化审问意识。审问意识是理性意识发展的前提条件，是通过自我意识来省察自己和他人的言语、行为、生存状态、思想认识等的心理活动，突出的特点是超越于感性的思辨形态。首先是对自我的审问。这是因为在两性关系中，女性长期处于从属地位，易于滋生任人摆布的顺从心理和指望他人的依附心理，甚至"女人

---

① 蒋红：《理性之美，女性之美——诠释西蒙娜·德·波伏瓦的女性生存论思想》，《复旦学报》（社会科学版）2005年第1期。
② Hooks, B., *Teaching to transgress: Education as the practice of freedom*, New York: Routledge, 1994, p. 198.
③ Ibid., p. 7.
④ 张楚廷：《高等教育哲学》，湖南教育出版社2004年版，第103页。

也会自欺，通常这种情况发生在她们否定自身作为自由的、富有创造性的主体的潜能，而去接受他者或客体角色的时候"①。这种自欺性在某种程度上就是缺乏对自身和自身际遇身份的审问，从而导致其主体性湮灭。其次是对外界的审问。现代社会是一个多元的社会，观念是多元的，人的生存理念、生活方式与价值取向都是多元的。多元性中往往鱼龙混杂，是非难辨；多元的社会，就决定了它同样是一个选择的社会。选择什么，舍弃什么；赞成什么，反对什么，都需要人们进行反复的叩问，否则就有可能掉入陷阱或误入歧途。可见，无论是深化对女性自身的认识还是对多元社会做出正确的选择，审问意识的发展是必不可少的过程。女教师不仅要认识自己那些看得见、摸得着的外在方面，还要叩问人性中那些与生俱来的，以及后来被污染的环境所添加的弱点。因而不可避免地会陷入鱼和熊掌的矛盾、自我和外界的冲突。这种因为困惑而审问、因为审问又矛盾乃至冲突的过程，无论是对于"被认为感性胜于理性"的女教师，还是力争实现全面自由发展的女教师来讲，都具有特别重要的意蕴。

　　二是摆脱依附意识。依附意识是理性意识发展的最大障碍。如果说曾经的女性在普遍意义上是要摆脱经济上依附于人的话，那么今天的高校女教师就是要进一步摆脱对爱情的依附和家庭的依附。② 因为"女人的爱情行为仍被认为是她向男人提供的服务，因而他似乎是她的主人"③。在波伏娃看来，女性在爱情中是处于依附地位的。那么，这一命题与当下身为高级知识分子的女教师是否有紧密的联系呢？反观高校女教师的婚姻爱情状况，应该说大多数

---

① ［美］约瑟芬·多诺万：《女权主义的知识分子传统》，赵育春译，江苏人民出版社 2003 年版，第 173 页。
② ［法］西蒙娜·德·波伏娃：《第二性》，陶铁柱译，中国书籍出版社 1998 年版，第 820 页。
③ 同上书，第 626 页。

是美满幸福的。但也不乏令人深思的现象：一是有些女教师不是因为经济困顿，而是因为感情失败或家庭破裂而走向沉沦，在失恋、失婚中品尝了人生的苦果。如某高校有位女教师，女儿都已经上研究生了，丈夫因有多年的外遇突然提出离婚，她由于心理上难以接受，采取各种自虐乃至轻生等行为，最后还是未能留住早已变心的丈夫。二是有些女教师依然持"爱情才是唯一"的观点。我们发现，有些女教师好不容易有出国留学或到校外挂职锻炼的机会，但因担心长期的分居而导致对方的感情出轨等问题，最终选择了放弃。三是有些女教师从结婚后，就开始光荣地登上了贤内助的宝座，勇于承担家庭重担，无论是经济还是时间与精力上，全力支持丈夫考博、读博、访学等。一年又一年，没想到丈夫功成名就时，却以"没有共同语言"为由，残酷地提出分手。以上种种现象虽然不普遍，但也绝不只是个案。那么，造成这种状况的根本原因何在？波伏娃的分析很有道理："当女人把自己完全奉献给她的偶像时，她希望他让她既占有自己，又占有他代表的世界。"① "女人在爱情中不是去寻求结合，而是在体验最凄楚的孤独；不是去寻求合作，而是在体验斗争和并不少见的恨。"② 在波伏娃看来，女性在爱的奉献与牺牲中却忘记了自己是一个独立的个体，整天不知疲倦地围着他转，丢失了应有的理性，她既不可能占有自我，也不可能通过征服他而征服世界，等来的只是落寞和抱怨。当男性觉得被依附变成了一种重荷，或厌倦那些无休止的抱怨和纠缠时，离婚便成了一剂良药。他的生活过不久就能翻开新的一页，而她的整个世界却因此整体坍塌。反观高校女教师爱情婚姻中以上三种并不罕见的现象，过程其实很清晰：以爱的奉献来换取自己的幸福—在爱的奉献中迷失自我—无我的奉献换来精神的坍塌，实

---

① ［法］西蒙娜·德·波伏娃：《第二性》，陶铁柱译，中国书籍出版社1998年版，第730页。

② 同上书，第756页。

际上整个过程犯的是同样的错误,那就是对爱情的依附。对于这种依附性的爱情,波伏娃一针见血地指出:"极少有哪种罪过会比把自己完全置于另一个人的掌握之中这种慷慨所造成的错误,更应当受到严厉惩罚的了。"① 对家庭的依附和对爱情的依附,其结果大同小异,实质是一样的,这里不再赘述。

概言之,纯真的爱情也好,美好的家庭也罢,对女教师而言都是自由的,不是依附的。"女人要像男人那样去爱——自由地、使她的存在无可置疑地去爱,就必须把自己看作和他平等的人……就必须同样毅然地投入她的事业。"② 因为"真正的爱情……能够感受到自己既是自我又是他者;既不会放弃超越,也不会被弄得不健全;他们将在世界上共同证明价值与目标。对这一方和那一方,爱情都会由于赠送自我而揭示自我,都会丰富这个世界"③。

诚然,女教师理性意识的发展,远不止以上的内涵。女教师理性意识的缺失,不只是女性自身走向全面发展的障碍,更是整个社会走向全面发展的羁绊。

经过半个多世纪男女平等发展的历程,我国高校女教师的发展可谓成就与差距并存,前景与障碍共现。现阶段,最需要的是对高等教育转型发展和女性全面发展深层规律和要求的研究,并在此层面上达成高校女教师发展什么以及如何发展的基本共识。"每个人的自由发展是一切人的自由发展的条件。"④ 高校女教师的发展理所当然应"以一种全面的方式,也就是说,作为一个完整的人,占有自己全面的本质"⑤。

---

① [法]西蒙娜·德·波伏娃:《第二性》,陶铁柱译,中国书籍出版社1998年版,第754页。
② 同上书,第789页。
③ 同上书,第754页。
④ 《共产党宣言》,人民出版社1997年版,第60页。
⑤ 《马克思恩格斯全集》第42卷,人民出版社1979年版,第123页。

第五章

高校女教师发展的基本原则

如果说女性的发展水平是社会发展的一个重要指标，女性参与社会发展的程度是衡量社会进步的重要尺度，那么女教师的发展水平便是高等教育发展的一个重要指标，女教师参与高等教育发展的程度便是衡量高等教育进步的重要尺度。事实上，教师是大学的生命和力量所在，他们不仅是高级人才培养质量的决定者，而且是高校声誉的捍卫者。因此，没有教师的整体发展，学生的发展乃至高等教育的发展便成了无源之水、无本之木。我国正值大力构建和谐社会、建设世界一流大学之际，又恰逢"全面建成小康社会"的大好机遇之时，女教师已占高校教师总数的半壁江山。在这样一个历史交汇点，对高校女教师而言，一方面意味着她们恰逢一个千载难逢的发展机遇，"全面发展"成为了她们的时代主题与必然诉求；另一方面也意味着她们将面临更多的挑战和更激烈的竞争。这表明高度关注高校女教师的利益诉求与未来的发展，既是落实党和政府"促进人的全面发展"的必然要求，也是高等教育"整体性转型"[①]的逻辑要求。因此，从高校女教师发展的价值追求出发，着眼于高校女教师亟待发展的主要内容，当下高校女教师的发展，必须遵循平等发展、全纳发展和自主发展三原则。

---

① 叶澜：《实现转型：新世纪初中国学校变革的走向》，《探索与争鸣》2002年第7期。

第一节 平等发展

追求性别平等是人类社会进步与发展的重要线索。早在 1991 年，联合国人类发展报告中就设计了性别发展指数（Gender-related Development Index，GDI），将性别平等因素纳入了人类发展的进程加以考量；1995 年，联合国人类发展报告中又增加了性别赋权指数（Gender Empowerment Measure，GEM），这套指标主要考量一个国家的女性在政治经济职业生活上的状况，包括女性在行政、管理、职业、技术职位中所占的比例和工资状况等，从而赋予了男女两性平等发展更为重要的社会地位。2000 年，联合国千年首脑会议签署《千年宣言》，又将促进性别平等、赋予妇女权利列为千年发展目标的重要内容。这些均表明，性别平等已经成为国际社会衡量发展的重要指标之一。追求性别平等更是 21 世纪世界高等教育致力实现的目标。"1998 年 10 月，在巴黎召开了世界高等教育大会，会议在对 21 世纪世界高等教育进行展望的基础上提出了行动框架，其中特别提出应加强女性在高等教育中的参与和作用，加强女性积极参与高等教育和社会的决策等具体措施，强调女性问题对高等教育改革和社会变革具有非常重要的意义。由此可见，注重建立男女两性平等和谐发展的高等教育，已成为本世纪世界高等教育努力的方向，是世界各国共同面临的课题。"[①]

众所周知，新中国的成立，社会主义制度的建立，为广大女性的解放开辟了广阔的道路。广大妇女同男子一样，成为国家、社会和家庭的主人。首先在法律上实现了男女平等。《中华人民共和国宪法》第四十八条规定："中华人民共和国妇女在政治的、经济

[①] 禹旭才：《烛照之思——当代中国高校女教师发展研究》，兰州大学出版社 2009 年版，第 18 页。

的、文化的、社会的和家庭的生活等各方面享有同男子平等的权利。国家保护妇女的权利和利益，实行男女同工同酬，培养和选拔妇女干部。"尤其是自1995年，第四次世界妇女大会在北京召开，作为东道主的中国政府在会上将实现男女平等定为我国基本国策，2005年男女平等的基本国策被写入《中华人民共和国妇女权益保障法》，以及2012年"坚持男女平等基本国策，保障妇女儿童合法权益"被写入党的十八大报告以来，中国女性的地位得以全面提高，其发展环境亦不断优化。高校女教师作为女性中的佼佼者不仅在高等教育领域获得了"言说"的资格，拥有了主体的身份，而且从纵向比较，其学术能力、人际关系、精神性、个性等发展都取得了巨大的进步[1]。毫无疑问，这是中国社会发展的进步，是党和政府长期实施男女平等政策、将促进人的全面发展纳入全面建成小康社会议事日程的结果。但不可否认的是，这些变化并未"改变权利结构、知识形式和认知方式，也未改变意识的性别结构，这一结构仍然在生产当前社会性别制度并在它所生产的学校、课程话语和社会中占优势"[2]。因为，从横向上看，女性在诸多方面的发展仍远远落后于男性。这种落后具体可归纳为三种差异与两种困境：三种差异，即高校教师发展起点的差异、发展内容的差异和发展目标的差异；两种困境，即边缘化危机和性别迷思。[3] 这就要求高校女教师的发展首先必须坚持平等发展原则。

一　平等发展的基本含义

平等发展，简言之，即性别的平等发展，这里主要是指高校教

---

[1] 禹旭才：《烛照之思——当代中国高校女教师发展研究》，兰州大学出版社2009年版，第117页。
[2] ［美］威廉·F. 派纳等：《理解课程》（上），张华等译，教育科学出版社2003年版，第384页。
[3] 禹旭才：《烛照之思——当代中国高校女教师发展研究》，兰州大学出版社2009年版，第80—146页。

师的性别平等发展。平等发展不是一个抽象的概念，主要包括人格尊严平等发展、权利机会平等拥有、发展结果平等享有。在现实生活中，平等发展还有着十分丰富的内涵。

（一）平等发展反对同一平等

同一平等，通俗地说，就是强调形式上的平等，强调男女完全等同。即在社会生活中以同一尺度、同一标准来"平等"地、"公平"地要求男性和女性，要求女性必须变得和男性一样。在高等教育领域中具体表现为以下三个方面：一是在观念上将"男女平等"误认为"男女等同"或"男女平均"。例如，女教师在怀孕期间，其教学与科研任务的下限与男教师是等同的，如果没有完成基础工作量，也就不能取得全额工资。二是在制度的制定上，以男性的标准为准绳。由于历史上高等教育中的教学、科研、管理等都是男性创造的，因此其价值规范或价值标准也具有男性特征。虽然进入大学的女教师在逐年增加，但能够进入高校"学术内圈"与"行政内圈"的女性却依然十分有限。因此，女性的价值标准很难对主流的标准产生影响，这在客观上导致了学校在制定教学、科研、职称评聘与职务晋升以及管理制度等时，难以考虑女性的特殊情况。三是高校在对女教师做出评价时，同样是以男教师的标准为准绳。女教师的特殊经验几乎得不到关注，女教师在教学、科研方面的独特方式往往被认为是偏差或不成熟，女教师在人的生产和家务劳动等方面的独特价值和贡献也很少得到应有的体现。因此，有研究者一针见血地指出，我国学术圈基本上是一个男性的世界，学术文化反映出较强的男权特征，女性很难进入这一由男性主导的环境。[①] 事实上，由于历史条件的局限，男教师的发展也并非是全面的、科学的，同样可能处于一种片面的不合理发展状态。

---

① 张莉莉：《象牙之塔的女性：在困难中前行》，《中华女子学院学报》2008年第1期。

平等发展观认为同一平等观在强调男女教师理性能力相同时，掩盖了人类两性的生理差异，忽视了高等教育历史上的男性特权和女性劣势，在过于强调市场经济竞争规律的同时，对男性因其优势占有较多社会资源却持"我什么都没看见"的态度。因此，这种看似"中立"、"平等"的标准和尺度，其实质是一种男性中心主义，是对女教师独特价值和要求的否认，其后果要么将女教师淘汰出局，要么将女教师推向不堪重负的境地。

（二）平等发展追求事实平等

前文已述，平等发展不是一个抽象的概念，它可以具体化为人格尊严平等发展、权利机会平等拥有、发展结果平等享有。毫无疑问，随着新中国的成立，中国广大女性在较短时间内便由"家庭中人"变为了"社会中人"，拥有了政治上和法律上的主体地位，实现了西方女性为之奋斗了数百年的梦想——法律上的男女平等。这是一场令人难忘的推动妇女解放的社会运动，它以西方国家难以想象的速度帮助妇女走出封建家庭，跨越一个旧时代，而且通过法律给予妇女就业权、受教育权、参政权等一系列的平等权，从而使日后的男女平等要求有了意识形态上的合法性。在这样一种大的背景下，我国高校女教师，无须像西方国家女教师那样，为"女性为什么要进入大学"以及"女性如何进入大学"（它们是西方大学女学者一向的努力目标和中心课题）进行特别论证和长期抗争，而是广泛而快速地参与了高等教育活动，并逐渐在高等教育领域获得了"言说"的资格，拥有了主体的身份。然而，男女在法律上的平等，还只是形式上的平等。事实上，从形式上的平等走向事实上的平等，本身就是一个艰难而复杂的过程。现在的另一个问题是，人们误以为形式平等了，事实或结果就自然平等了，这在一定程度上导致了形式上的平等掩盖了事实上的不平等。因此，高校教师发展领域与其他领域一样，当下的目标也是要实现性别从形式上的平等向事实上的平等过渡，不仅人格尊严方面要平等发展，而且权利机会也要平等拥有,发展结果更要平等享有。

(三) 平等发展主张差异平等

作为人,作为完整的生命体,作为高校教师,女性与男性既有着共同的发展诉求,又有着平等的发展权利。但历史与现实同时表明:高校教师发展的性别差异明显存在,并且这种差异是在社会文化中形成的,是社会体制和高等教育制度相互作用导致的,不是因为男女生理特征而自然形成的。平等发展观认为,正是因为外在的、人为的原因,才使得女教师在学术能力、社会性、自我形象认同及个性等方面的发展上都落后于男教师,在竞争激烈的当下,如果只采取机械的单一的男女同等对待政策,处于不利位置、被淘汰的必然普遍是女性。作为"女"人,相较于男教师,高校女教师具有特殊的生育使命与生理特征,这看似一个妇孺皆知的命题,但事实上,关于女性生理因素的社会意义及其对女教师发展的影响,人们的认识却不见得完全正确。因此,无论是要弥合历史造成的性别差异,还是考虑到女教师发展的独特要求,现阶段高校应采取性别差异对待的原则,给予女教师必要的政策和制度倾斜。所谓必要有两层意思:"一是政策和制度倾斜是过渡性的而不是无限期的;二是政策和制度倾斜要与女教师能力培养相结合。"[1] 这样做的目的是逐步走向男女教师实质性的平等竞争,最终实现全面自由发展。

二 平等发展的基本要求

其一,全面客观地承认高校教师的性别差异。全面意味着既要承认自然的、无须改变的生理差异,又要承认因政治、经济、文化、教育等导致的、应该弥补的社会差异;客观意味着既要批判

---

[1] 禹旭才:《烛照之思——当代中国高校女教师发展研究》,兰州大学出版社2009年版,第225页。

"男强女弱、男尊女卑、男主女从"的传统的性别差异观,又要批判机械的"男女都一样"的现代性别观,前者是一种显性的性别歧视,后者是一种抽象的性别平等,两者都是对性别差异的本真存在的歪曲,都无法达成教师的性别平等和谐发展。

其二,对女教师的发展劣势保持应有的敏感。高校只有真切地意识到了女教师在发展中相对处于劣势这一客观事实,才有可能设法为其更好地发展创造条件。但现实表明,还很少有人意识到了这个问题的存在。[1] 更令人困惑的是,近年来,随着少数女生学业优势的逐渐出现,一些名牌高校为了保证某些专业的性别比例,采取了降低男生录取分数线或暗中采取了男生优先的措施,甚至发出了"拯救男孩"的呼声。这种敏感也许有其合理性,但为什么在男性集中的理工专业,却从未出现过"拯救女孩"的呼声呢?为什么在长达几个世纪的"无女性"的高等教育活动中,亦从未出现过"拯救女性计划"呢?此外,在访谈中,当我们谈及女教师的发展困境时,却常常听到一些声音说"不"。其理由是"女博士、女教授等人数越来越多,甚至对男性构成了威胁"。这些言论隐含的价值取向是:阳盛阴衰、男强女弱乃天经地义,反之,乃不可思议。由此可见,大学学人"不仅不去反思、批判大众文化对社会性别塑造所造成的偏见与误区,反而在社会'阴盛阳衰'的鼓噪声中,用双手捂住自己的眼睛,以'男女已如此平等','我什么也没有看见'的暧昧立场来摆脱自己应该承担的一份知识责任和社会道义"[2]。对此,我们理应对其发起诘难,并有理由责成大学关注女教师在教学、科研、管理这三个"主要领地"中的边缘地位,大学要尽快冲破"男高女低"的思维定式,不仅要对男性的发展保持着高度的"性别敏感",而且要对女性的发展保持着应有的"敏感"。

---

[1] 闫广芬:《大学与先进性别文化的建构》,《中华女子学院学报》2007年第5期。
[2] 王珺:《阅读高等教育——基于女性主义认识论的视角》,天津人民出版社2007年版,第93页。

总之，对高校教师平等发展原则的思考，既要跳出"男强女弱、男主女从"的窠臼，又不能只局限于追求形式上的男女平等这一简单的目标，更为重要的是去科学、合理地定义男女两性各自的价值，社会正义应当赋予或归还女教师的性别特征以文化价值。

第二节 全纳发展

"全纳"不是本研究创生的概念。女性主义哲学中即存在社会性别全纳这一概念，在我国译作"性属融容的女性主义"（Gender Inclusive Feminism）[1]。高校女教师发展中全纳思想的提出，来源于近年来我国全纳教育研究的灵感[2]，启迪于国内外一些教育研究者论及对女性的全纳观念[3]。全纳教育思想缘起于欧洲，发端于美国，西方文艺复兴以来高举的平等与自由是其价值基础。全纳教育是针对教育排斥的教育宣言[4]。其初衷是关注特殊教育领域中那些被排斥的残疾儿童，之后逐步延伸至弱势群体和全体儿童。自20世纪70年代以来，全纳教育逐渐成为全球教育领域讨论十分热烈的议题[5]。

虽然全纳教育的形成与特殊教育息息相关，但发展至今，已作为一种全新的理念，被视为21世纪教育发展的理想和重要趋势[6]，

---

[1] ［美］詹尼特·A. 克莱妮等：《女权主义哲学——问题、理论和应用》，李燕译，东方出版社2006年版，第676页。

[2] 吕寿伟：《排斥与全纳——全纳教育视野下的教育排斥研究》，《外国教育研究》2011年第9期。

[3] Rowan Leonie, *The Importance of the Act of Going: Towards Gender Inclusive Education*, Studies in Continuing Education, 1997, pp. 124–142.

[4] 吕寿伟：《排斥与全纳——全纳教育视野下的教育排斥研究》，《外国教育研究》2011年第9期。

[5] 邓猛、肖非：《全纳教育的哲学基础：批判与反思》，《经验研究与实验》2008年第5期。

[6] 丁勇：《全纳教育——当代教育发展的方向、内涵和启示》，《外国教育研究》2007年第8期。

其内涵早已超出了特殊教育的范畴,并逐渐延伸至各类需要被关怀的人群。高校女教师发展议题之所以引入全纳理念,主要源于两个方面的思考:一是源于对全纳的本意及其宗旨理解。全纳之意,仁者见仁,智者见智。我国学者基本上倾向于英国全纳教育专家托勒·布思(Tony Booth)的观点:"全纳教育是一种新的教育理念和教育过程。它容纳所有学生,反对歧视排斥,促进积极参与,注重集体合作,满足不同需求。"[1] 可见,全纳的本意即认可、接纳所有人,不排斥特殊群体或特殊事物。其宗旨是尊重、接纳和包容差异与多元,消除各个方面、一切形式的歧视,尊重所有人,尊重所有人的多样性,满足所有人的需求。从这个意义上看,全纳完全可以而且应该超越狭隘的以学校特殊教育为基点的观念,形成更广泛的全纳社会观,惠泽于各个领域需要关怀的人群。二是源于高校教师性别和谐发展的需要。与全纳教育的提出是因为教育排斥的存在一样,高校教师发展领域中全纳女性的提出也是因为漫长的高校教师发展历程中曾经出现过或当下仍然存在对女性的排斥、遗忘、冷漠或不以为然等现象。以全纳之镜来观照高校教师的性别发展,不难发现高等教育对女性的排斥呈现出多维的特点[2]:在时间上经历了历史的排斥与现实的排斥;在程度上经历了完全排斥与部分排斥;在内容上经历了学术能力、管理能力、精神气质与社会关系的排斥;在方式上经历了显性排斥和隐性排斥;在形态上经历了有形排斥与无形排斥;等等。上述对女教师的种种排斥,实际上可以概括为两点:一是对女性这个性别的排斥;二是对女性作为人的发展主题的排斥。值得欣喜的是,高等教育对女性的排斥终于可以在人权观念、平等观念成为人类的普遍共识和社会的共同追求的当下,

---

[1] 黄志成:《从终身教育、全民教育到全纳教育——国际教育思潮发展趋势探析》,《河北师范大学学报》(教育科学版)2003年第2期。
[2] 高等教育对女教师的多维排斥,笔者在论著《烛照之思——当代中国高校女教师发展研究》的第二章和第三章进行了详细的论证。

作为问题被提出来。不仅如此，建立性别平等和谐发展的高等教育，已成为 21 世纪世界高等教育努力的方向。因此，无论是从历史的视角还是现实的要求来看，高等教育都不应排斥（Exclusive）而应当全纳（Inclusive）女性，并将其发展融入到男女两性共享的发展之中。我们深信全纳理念引入高校女教师发展，必将对缩小高校教师发展的性别差异、促进和谐高校建设起到难以估量的作用。

一　全纳发展的基本含义

何为全纳？本书所指的全纳有两层含义：一是对被排斥于整体或某一范围之外的部分予以接纳；二是承认、尊重并包容接纳对象的多元性与独特性，并使之与其他部分相融合。何为全纳发展？即每个人都有发展的权利，每个人都有追求全面自由发展的权利。对高校而言，不仅不应歧视和排斥任何人的任何方面的发展，而且要创造优良的条件和环境，以适应不同性别教师和学生的不同需求，促进他们积极参与高等教育活动，进而逐渐实现所有人的全面自由发展。本研究的全纳发展，主要指不仅将女教师的发展纳入高等教育的发展和高校教师的发展之中，而且将女教师身为"人"和"教师"的发展主题纳入女教师发展的重点内容。在此过程中，尤其要尊重女教师独特的生理特征与生活范畴，接纳女教师独特的发展历史、生活经验、道德情感、认知方式，并以社会性别的视角审视各种社会意识和思维习惯，解构以男性为中心的话语体系，创造条件促进高校女教师全面自由的发展。总之，全纳不仅是一种包容、接纳和参与的态度与行为准则，也是一种强调民主、平等和尊重差异的价值取向。具体可以从以下几个方面来把握全纳发展的含义：

（一）全纳发展的分析基点是人权

全纳发展是以人权观为基点来分析发展的，认为发展是一种权利，任何团体和个人都不能被这种权利所排斥。尽管高等教育有许多议题，如内涵建设、提升质量等非常重要，但这既不应以牺牲个人的发展为代价，更不应以牺牲女性的发展为代价。因为性别导致其作为人和教师的重要发展内容受阻或排斥，就像因为种族和残疾等而受到排斥一样是违反人权的。然而，长期以来人们一直没有认识到这一点。虽然我国法律早已明文规定，"坚持男女平等基本国策，保障妇女儿童合法权益"，但现实表明，高校女教师是被排斥在一些重要的团体或事务之外的，这将极大地影响到这些女教师乃至女学生今后的发展。因此，全纳发展提出了要在教师发展观念、教师发展政策以及社会支持、高校环境等方面进行彻底的改变，树立男女两性共同发展、和谐发展的思想。

（二）全纳发展的价值追求为和谐

全纳发展将两性和谐发展作为自己的矢志追求。它主张为男女教师创造一种协调统一、互动相生的发展环境，形成两性之间彼此尊重、平等相处、协力互助、平衡和谐的伙伴关系；主张"大学必须站在时代的制高点上，冲破一切妨碍女性发展的思想观念，改变一切束缚女性发展的做法和规定，革除一切影响女性发展的体制弊端。在深刻认识和把握女性发展规律性的基础上，通过创新工作，建构起真正促进女性发展的文化体系，引领社会朝向科学的、和谐的目标迈进"[①]。但诸多研究表明，高校教师发展中以前存在现在依然存在性别不协调、不和谐的现象，女教师的发展滞后于男教师的发展是一种十分普遍的现象。高校教师性别之间发展不协调，如果说在高等教育大众化之前还难以对高等教育质量本身产生较大的消极作用的话，那么在当下注重内涵建设、提高质量为主要特征的高等教育时期，在高校女教师占据教师总数半壁江山的今天，这种不协调对高等教育人才培养质量的冲击是不言而喻的。因此，解决高等教育改革和发展中深层次的矛盾，进一步协调高校教师发展的性

---

① 闫广芬：《大学与先进性别文化的建构》，《中华女子学院学报》2007年第5期。

别关系亦是应然之择。协调高校教师发展的性别关系，坚持全纳发展原则很关键。坚持这一原则，不仅要将高校女教师的培养与发展自觉纳入高校教师发展的规划中去，而且要将高校女教师的培养与发展自觉纳入整个高等教育发展的规划中去。应该看到的是，这种"纳入"并不是单纯的某个方面，更不是停留在口号上，而是意味着高等教育资源配置模式和原则的变化。换言之，这种"全纳发展"原则体现了一种对高等教育性别发展的认识视野的变化和扩大，它不仅仅是从师资层面、学科发展层面去认识和评价高校女教师发展的地位和价值，而是要从整个高等教育乃至社会进步的宏观背景和视野中去认识和评价高校女教师发展的地位以及重要性。可见，强调全纳发展原则，就是强调从高等教育发展、人才培养的宏观背景和视野中去重新评价和确定教师发展的重要性，并根据历史的差距与现实的困境对不同性别的发展进行资源配置和投入。当然，高等教育这种对女教师发展的全纳绝不意味着轻视和放弃对男教师的培养和发展，更不是要无视高等教育和高校现阶段面临的困难，它作为一种思路和原则，只是强调和突出如何解决当前高等教育改革和发展中女教师边缘化的一种深层次的观念取向与政策取向等，而不仅仅是停留在高校女教师自身的设计和规划自身的改革和发展上。

（三）全纳发展的基本途径是包容

前文已述，全纳发展面向全体教师，关注每个教师的全面发展。对女教师而言，既要肯定她们作为人，作为完整的生命体，作为高校教师，与男性有着共同的发展诉求；又要肯定她们作为"女"人又有着与男教师不同的特征，她们有着自身的独特要求。因此，女教师发展的目标是要"找到自己恰当的位置，而不是被迫嵌套进一个不适合她天资发挥的模子里"[①]，最终与男性形成互

---

① ［美］玛格丽特·米德：《三个原始部落的性别与气质》，宋践等译，浙江人民出版社1988年版，第7页。

利双赢的伙伴关系,从而实现独立自主的两性和谐发展。要实现这一目标,基本途径是包容。即尊重和包容女教师独特的生理特征与生活范畴,使那些与女教师息息相关的概念,如家庭、养育、关怀、情感等,能获得客观公正的认识和评价,并能得到应有的发展。接纳和包容女教师独特的思维方式和工作方式,不是将生理性别差异作为排斥女教师与男教师相同的发展诉求的理由,而是创造条件满足其发展的特殊要求,促进其全面自由发展。此外,全纳发展还主张激励所有教师积极参与高等教育的一切事务,主张性别合作和相互帮助是推动高等教育发展的重要途径。

二 全纳发展的基本要求

(一) 全纳女教师的社会性发展诉求

社会性发展是指人的社会属性系统的不断完善和社会参与能力的逐步提高。高校女教师的社会性发展诉求至少体现在以下两个层面:其一,女教师的发展应以人的全面发展为价值取向。高校女教师首先是"人"。作为人的存在,女教师是自然存在、社会存在、精神存在的统一体。女教师又是高校教师,作为类存在物,高校教师是学术活动的主体,因此学术职业能力的发展亦是女教师发展的一个必要的组成部分。那么,从内容上看,女教师发展是其学术职业能力、社会性、精神性、个性的有机统一的发展[1];从实质上看,女教师的发展"是使人的世界和人的关系回归于人自身"[2],"从两性不平等的社会关系和社会地位中解放出来,恢复妇女作为人的尊严和独立人格,达到自由而全面的发展"[3];从目标上看,

---

[1] 禹旭才:《烛照之思——当代中国高校女教师发展研究》,兰州大学出版社2009年版,第42—44页。

[2] 《马克思恩格斯全集》第3卷,人民出版社1995年版,第189页。

[3] 李静之:《论妇女解放、妇女发展和妇女运动》,《妇女研究论丛》2003年第6期。

女教师发展最终是实现其自身的自主、全面、充分的发展。其二,女教师的发展应以生命的整体发展为价值追求。高校女教师的生命存在是整体的,因此其生存与发展的需要也是多方面、多层次的。如果将女教师的发展空间局限于家庭,将女教师的发展内容局限于母职和妻职,抑或将女教师的发展内容定位于做一个称职的"教书匠",都是不完整、不深刻的。因为它既与马克思关于人的全面发展理论相违背,又与当下高等教育对教师的新要求相背离[1]。

先避开在长达几个世纪的高等教育活动中,女性都以"不在场"的方式存在着,她们生存于"隐秘、喑哑的世界,远离高深的知识领域"[2]这一历史事实,谁又能够否认,在高度文明的当下,女教师作为一个群体的社会性别没有遭遇各种拒斥?谁又能够否认,女教师作为人、作为教师的发展诉求没有被忽视?否则,为什么同在象牙塔,"女性"学科受到轻视?女性总游离在核心集体的边缘[3]?为什么高校的高层决策依然是男性独语的常态[4]?为什么"贤妻良母"等传统女性特质在高校如此备受推崇、"女强人"称谓褒少贬多呢[5]?历史与现实的种种迹象,其实质都是将高校女教师局限在一个传统价值观所设定的领域,是对女性作为"人"、作为高校教师的资格和发展诉求的否定,是对女性广泛而深刻的生命的整体意义的忽略。在一定意义上就是让女教师放弃进取,放弃人之为人的正当发展要求,从而放弃人的发展所需要的一切主观能动性。这无疑制约着女教师的全面而自由的发展。因此,全纳女教师作为"人"、作为"高校教师"的社会性发展诉求,对高等教育具有十分紧迫而特殊的意义。

---

[1] 裴跃进:《现代教师发展基本内涵探究》,《中小学教师培训》2007年第2期。
[2] 禹旭才:《烛照之思——当代中国高校女教师发展研究》,兰州大学出版社2009年版,第57页。
[3] 同上书,第119—121页。
[4] 同上书,第122页。
[5] 同上书,第131页。

(二) 全纳女教师生命中的独特范畴

作为有性别的人，女教师既与男教师有着相同的发展诉求，又具有其特殊的发展要求。这种特殊性就特在女教师生命中独特的范畴或命题。对此，有研究者指出，全纳女性，就应全纳那些能够集中体现女性这一社会性别的核心内涵，它们是家庭、母性、关怀，以及女性主义认知理论所发现的与女性更为相关的思维方式[①]。具体而言，可以概括为以下两个方面：

其一，全纳女教师独特的生理现象。众所周知，女教师在生存和发展过程中必须面对与经历"五期"这一有别于男性的特殊生理现象。那么，女教师具有特殊的生理周期，是视为女教师发展的障碍，还是视为女教师发展本身所提出的独特需求？如果这个问题不能达成一致的意见，女教师的发展将会永远陷入波伏娃所指的那种困境："由于做人的使命与做男性的使命之间没有矛盾……而女性的情况则相反，她作为一个真正的人的地位和她做女性的使命之间存在深刻矛盾：她必须放弃自己的主权。"[②] 如果女性的生理特征，被视为了女教师发展的独特要求，为什么当下高校教师招聘中宁要"三分男"不要"七分女"？笔者认为，这种对女性文明排斥的实质是对女性生理特征的排斥。众所周知，女性因其独特的生理范畴和命题，集体被赋予了诸多消极和否定性的色彩。凯特·米利特在其《性政治》一书中，引用了一份以功能主义领袖塔尔科特·帕森斯的调查数据为基础、关于男性与女性属性的表格，其中与男性相关的11个概念中，9个是肯定性的，2个是否定性；与女性相关的20个概念中，14个是否定性的[③]。事实上，这份表格是完美的带有阶级

[①] 周小李：《社会性别视角下的教育传统及其超越》，博士学位论文，华中师范大学，2008年，第93页。

[②] ［法］西蒙娜·德·波伏娃：《第二性》，陶铁柱译，中国书籍出版社1998年版，第387页。

[③] ［美］凯特·米利特：《性政治》，宋文伟译，江苏人民出版社2000年版，第292—293页。

属性的一览表①。它与中国传统文化所建构的男女两性属性如出一辙:"在男性中心文化里,妇女的天性或女性气质比人的天性具有更多负面的含义。"② 那么,属性分配的依据何在? 追问到底,就是男女不同的生理特征。所以说,对女性这一社会性别的贬抑和排斥,就是对其生理特征的贬抑和排斥。由此可见,全纳女性与生俱来的生理特征,对促进高校女教师的全面发展,无疑具有特殊的意蕴。

其二,全纳女教师生育使命的社会意义。生育通常是女教师重要发展阶段遇到的第一个独特的瓶颈。人们却普遍认为,生育孩子是女性的天职,况且女教师在生育期间已经受到了学校的"照顾",生育一个孩子不足以影响女性自身的发展,等等。这些观点貌似无懈可击,但实际上却否定了女教师生育使命的社会意义。首先,生育应是男女两性共同的使命。生育总是在一定社会历史文化条件下进行的"生产他人生命"的活动,是一个与社会密切相关的问题。"不应当简单地只把女人当作从事劳动的人。因为她的生殖功能和她的生产功能同样重要。""在某些时候,生育后代的确比犁地更为有用。"③ 因此,生育及与此相关的养育,都是男女两性共同的使命。其次,不能"完全将妊娠等同于一项任务、一件工作,或服兵役之类的服务",生育"给女人生活所带来的干扰,比调整公民职业所带来的干扰更为严重",它"所涉及的不仅是女人的时间和体力,还有她的基本价值"④。最后,女教师生育期间享有的待遇,是女性应然的权利,非社会的一种"照顾"。这些问题如果社会不能从性别的视角加以识别并予以解决,就是对女性生育使命社会意义的否定。那么,高校两性的平等和谐发展只能是一个美好的"乌托邦"。

---

① [美]凯特·米利特:《性政治》,宋文伟译,江苏人民出版社2000年版,第292页。
② 王政:《越界——跨文化女权实践》,天津人民出版社2004年版,第80页。
③ [法]西蒙娜·德·波伏娃:《第二性》,陶铁柱译,中国书籍出版社1998年版,第63—64页。
④ 同上书,第64页。

总之，对女教师生命中独特性的排斥既有观念上的，也有现实中的。这就需要人们具有足够的批判意识与社会性别意识，冲破陈腐的性别观念，变对高校女教师独特范畴的排斥为全纳，为女教师全面发展卸下本不应承受的性别之累。

（三）全纳女教师的思维方式

与女教师的生理和情感特征一样，女教师的思维方式一直以来都未曾得到客观公正的评价。在西方传统文化中，定义女性通常是感性的、非逻辑性的。因此，女性的思维特征一直受到轻视和贬低，女性的经验被排斥在主流文化之外，所以女性在文化、观念上被认为是不适合做学术研究的。而在"中国的学术传统中，既没有形成西方那样的崇拜理性的观念，也没有形成尊重个人情感的人文关爱"①，但人们至今习以为常地认为：男性天生擅长逻辑思维和客观判断；女性天生感性有余而理性不足，因此同样得出女性不适合于学术的结论。这些在价值上是对女教师思维方式的贬损，继而是对女教师思维方式的排斥，最终导致女教师在专业化、科学研究乃至行政管理中的必然的弱势②。

首先，教师"专业化"中隐藏着对女教师思维方式的排斥。众所周知，"专业化生存"已经成为大学教师职业生活的高度概括③。但"专业化"中对男性思维的褒扬却很明显：其一，表现于"教师专业化"概念中。不仅关于"专业化"的讨论中，一开始就没有将女性考虑在内④，而且"教师专业化"概念明显表露出康

---

① 张晓明：《中国妇女参与高等教育研究》，博士学位论文，华中科技大学，2003年，第127页。
② 禹旭才：《烛照之思——当代中国高校女教师发展研究》，兰州大学出版社2009年版，第177—186页。
③ 王宝星：《大学教师的专业真诚：专业化视角》，《比较教育研究》2008年第1期。
④ 张惠、廖其发：《女性主义视野中的教师专业化》，《外国教育研究》2007年第9期。

德、笛卡尔哲学中"理性人"的含义。对此，女性主义者迪拉博夫（Dillabough）提出，近年来西方国家盛行的"教师专业化"概念中隐藏的性别关系，揭示了所谓的"现代教师"概念中的核心成分——理性和工具性中所隐含的男性至上权力及其对女性的贬抑和压迫，政府所认可的"教师专业化"概念，如"优秀的教师"（Competent teacher）或"标准教师"（Standard Teacher）都体现出私人领域（如情绪、体验等）不能影响公共领域的政治行为的理念[①]。其二，高校教师专业化的标准中蕴含着男性思维的价值倾向。有研究者在对传统教师专业化标准进行反思后指出，教师专业化模式强调技术理性，忽略了教师职业涉及人、人的感情及价值观念[②]。这种以理性与工具性为核心元素的教师专业标准，导致任何与"女性思维"相联系的特征的贬值，即女教师的教养性与情感性工作不是被忽视就是被认为不科学而遭排斥，"教学是理性的工具性观念背后隐含着性别的二分法"[③]。

其次，科学研究中隐藏着对女教师思维方式的排斥。女性不适合或不善于从事科学研究目前仍然是大学流行的一种不言而喻的论断。理由是女性思维与科学研究气质是相互排斥的，因为科学研究者必须摆脱主观情感的干扰，保持理性的头脑与客观的立场，而女教师则是情感型与直觉型的。这里需追问的是，高校女教师在科学研究中的弱势，究竟是女教师思维出了问题还是文化中关于男性、女性与科学的认知与信念出现了偏差？女性主义学者凯勒通过考察历史上关于科学特征的种种描述后发现，"科学的"与"男性的"之间存在着一种隐秘的对等关系。即"科学的＝客观的＝男性

[①] Joanne D., "Gender Politics and Conceptions of the Modern Teacher: Women, Identity and Professionalism." *British Journal of Sociology of Education*, 1999, pp. 373–393.

[②] 安玉海：《教师专业论》，载陈永明主编《现代教师论》，上海教育出版社1999年版，第176—179页。

[③] Joanne D., "Gender Politics and Conceptions of the Modern Teacher: Women, Identity and Professionalism." *British Journal of Sociology of Education*, 1999, pp. 373–393.

的",这种隐秘的对等关系通过"性隐喻"(Sexual Metaphor)的方式在日常语言的表达与有关知识的阐述中体现出来"[①]。但我们不难发现,"科学的=客观的"实质上是男性科学自我的描述与规定。因为几乎在所有的哲学中,男性总是被归于主动、理性、心智、客观的一方;而女性则是被归于被动、情感、肉体、主观的一方。这种两分法使科学的精神气质与男性思维特点基本上是同一的。因此,女教师由于从事科学学习与研究思维的先天不足,她们被排斥在科学活动之外自然是合理的了[②]。事实上,高校行政管理中也隐藏着对女教师思维方式的排斥,由于篇幅有限,这里不再展开。

可见,无论是在教师专业化的语境之下,还是在科学研究场域之中,都存在着男理性、女感性的二元对立观念,且总是给予理性以尊贵的地位。这种二分法的结果是女教师的思维方式被贬抑或被忽略。这显然对女教师的发展不利,为此,我们需要给予女教师的思维方式以客观公正的评价,这是全纳女教师思维方式的前提和基础。

当代女性主义学者柏兰吉(Belenky)等对女性思维方式进行了正面的研究,发现女性思维方式的重要特征是联结(Connection),并指出了这种思维方式的独特价值与优越性[③]。现代科学研究亦表明,所有知识的基础必须建构在活生生的社会经验上面。在认知和情感模式上,男性重理性,女性重感性,不是智力高低和个性好坏的区分,而是人性的多样化的表现,这种差异更有利于我们从多视角认识和解释世界。据美国科学家对全球13位顶尖级成功

[①] 唐斌:《科学及其教育中女性为何偏少——女性主义的诠释》,《煤炭高等教育》2003年第1期。
[②] 同上。
[③] Mary Field Belenky, Blythe McVicker Clinchy, etc., *Women's Ways of Knowing: The Development of Self, Voice, and Mind*, New York: Basic Books, 1986, p. 15.

女性的研究表明，女性的直觉往往能够带来比理性判断更准确的结论。事实上，由于女性特殊的经历和经验，在与自然的亲和、感受和认识方面有着与男性不同的特点，这更有利于让人的生命意识、情感意志、理想信念在理性探寻科学的奥秘中发挥其独特的作用。正是在现代科学知识与女性主义学术的影响下，部分女教师开始对高校忽视其特有的教学、科研及管理方式产生质疑，她们逐渐意识到：女性独特的思维方式和情感特征使她们在工作中具有独特的优势，发挥着独特的作用①；女性的耐心细致有利于她们教书育人，女性的执着敬业有利于她们献身科学②。

总之，高等教育活动，无论是教学、科研还是管理，都是理性与非理性的统一体。没有理性，无法展开高等教育活动，没有激情，高等教育活动宛如一潭死水。全纳女教师的社会性发展诉求、生命中的独特范畴及其思维方式，只是缩小高校教师发展性别差异的第一步，但这却是促进我国高校教师性别和谐发展、构建和谐高校的关键一步。

第三节 自主发展

前文已述，平等发展、全纳发展原则对于矫正高等教育发展历程中的性别歧视、缩小高校教师发展的性别差异无疑是必需的，但却不能承载高校女教师发展的终极目的。因为"自由的有意识的活动恰恰

---

① 俞湛明：《论中国高校女性领导者的工作优势》，载刘利群、张玲主编《第二届大学女校长国际论坛——沟通·合作·发展》（上），中国传媒大学出版社2005年版，第480页；谷晓红：《女性领导者与新时期"人性化"管理理念》，载刘利群、张莉莉主编《第二届大学女校长国际论坛——沟通·合作·发展》（下），中国传媒大学出版社2007年版，第154—156页。

② 陈力文：《重视女性人力资源开发，为创办高水平大学作贡献》，载刘利群、张莉莉主编《第二届大学女校长国际论坛——沟通·合作·发展》（下），中国传媒大学出版社2007年版，第274—278页。

就是人的类特性"①,"能动地、现实地使自己二重化"②;"人是他们自己的目的,而不是他人手段"。可见,自主发展是人固有的价值,应该受到尊重而不是被别人的意志所控制;不顾人的自主选择,甚至显性或隐性地要求人钻进一个既定的发展模型中,就是否认人的自主性,也就是把人当作手段,从而否定人自身。这说明人的发展归根结底是追求自主,自主发展才能充分展现人的能动性与主体性。因此,自主发展才是高校女教师发展的终极追求与理想境界。

一 自主发展的基本含义

自主发展是一种自由的活动状态,是指人们不被外界环境所左右,不被束缚在既定的生活方式之中,而是按照内心世界的需求,自由选择或自主决定自己的生活方式和发展模式。对高校女教师而言,自主发展是指其作为行为主体的系列事情,由女教师自己做主、自己来处理,不依赖于外在力量。不仅具有自由支配自身活动的意识,而且具有自行选择追求什么、放弃什么的权利和行动。它既是高校女教师追求独立人格而发自内心的一种内在动力和价值观念,更是一种勇于承担起社会赋予的使命和责任的自觉行动。这就决定了任何强加于女教师的角色、行为、气质的规定都是不合理的,都将阻碍女教师自由个性的形成,最终将阻碍女教师的发展。女教师争取平等发展、全纳发展的过程,只是争取自主发展过程中的一个必经阶段,在这一阶段中女教师的主体性将不断扩展,高校或社会的任务是给女教师创造制度、物质与精神等方面的条件,使女教师尽早实现自主发展的理想。

二 自主发展的基本要求

"个人的全面发展只有到了外部世界对个人才能的实际发展所

---

① 《马克思恩格斯选集》第 1 卷,人民出版社 2012 年版,第 56 页。
② 同上。

起的推动作用为个人本身所驾驭的时候，才不再是理想、职责等。"① 可见，在马克思看来，人的全面而自由的发展必须具备相应的外在条件。即没有高度发展的生产力，没有丰富的物质资料，每个人的全面而自由地发展是不可能的。同理，女性能否自主决定自身的发展方向与路径，以及能在多大程度上决定，也是由她所处的现实条件所决定的，只有当历史发展到一定阶段才有可能实现。历史已经表明：父权制社会，女性只能放弃自己的意志，压抑自己的本性，被动地听任自身进入已规定的生活方式。女性的活动与发展处于他主状态，几乎不太可能以主体的本性要求为准则。这里隐含的一个意思是，相对于男性，女性要实现自主发展，不仅需要一定的条件，而且其障碍要远远多于男性。因此，考察当下高校女教师能否实现自主发展，理论上应该从两个层面进行：一是高校女教师是否具有自主发展的能力，即她是否具备理解和作出独立选择发展内容、发展方式的能力；二是高校女教师是否具备不受限制的条件，即其能否按照自我意志和愿望、不受制约地选择自身发展的内容和自行发展的模式。换言之，高校女教师要实现自主发展，必须具备相应的内在条件与外在条件。

从女教师自身来说，首先是要求具有独立自主的精神。一方面，女教师应将自己作为一个独立、自立的社会主体，自己做自己的"救世主"，没有依赖外界、依附他人的心理。另一方面，女教师要有一种强烈的社会使命感，即对自身作为主体所应完成的社会使命和所应负的责任的自觉认同。而不仅仅是将自身的价值定位于单一的家庭，而且要勇于承担起社会赋予的使命和责任。其次是要求有独立自主的能力，主要包括独立生存能力与驾驭自我的能力。即女教师只有获得独立生存的能力、驾驭自身所处的社会关系的能力以及主宰自我精神世界的能力，才能从物质上、精神上真正摆脱依附

---

① 《马克思恩格斯全集》第 3 卷，人民出版社 1960 年版，第 330 页。

性地位，形成独立自主的个性，实现人格的独立。最后是要求有独立自主的行动。无论社会为其提供怎样宽松的环境，也无论女教师对独立自主发展的认识多么深刻，关键是要有促进自身发展的行动。比如，面对"家庭第一、事业第二"的传统女性发展观，女教师是保持沉默还是敢于发声。从表面上看，沉默或许只是一种应对方式，但从深层看，它体现的是女教师在当今社会文化中的一种处境，体现的是女教师对阻碍自身发展的陈腐观念的一种态度。因为发声的重要价值在于它是构成知识、社会实践、主体性、形成权利关系的方式。总之，以上三个方面是女教师实现自主发展的内在条件。令人欣喜的是，高校女教师的自主发展意识较之以前任何一个发展阶段都呈现出一种主体的自觉，尽管其发展还是初步的、浅层次的。也正是因为女教师自主发展的意识还不够充分，其独立自主能力和独立自主行动与女知识分子这一身份还不相匹配，围绕这一问题，我们专门用了一章的篇幅（第四章）做了一些探讨。因此，高校女教师自主发展的外在条件是我们本节思考的重中之重。

  从外在的社会现实来说，女教师实现自主发展与政治、经济、文化、观念等息息相关。毋庸置疑，当下女教师自由个性、自主发展的政治条件得到了较好的保障，但仅仅停留于此，是不彻底的。这正如波伏娃在她的《第二性》中曾指出的，妇女的彻底解放，除政治的和经济的条件以外，还有赖于男人和女人观念的改变、传统习俗的改变，有待于整个人类的改造。但与传统观念的决裂是比经济的变更更为艰难的过程。就当下高校女教师的自主发展而言，经济条件的改善与社会性别观念的更新是至关重要的。

  （一）生产力的高度发展是实现女教师自主发展的根本条件

  经济基础决定上层建筑。而生产力是一切社会存在和发展的最终决定力量，生产力的水平决定着任何社会其他方面的发展，也是男女平等和女性获得全面自主发展的最终决定力量。因为"人类始终只提出自己能够解决的任务，因为只要仔细考察就可以发现，任务本身,只有在解决它的物质条件已经存在或者至少是在它的形成过程中的时候,才会产生"[1]。我国还处于社会主义初级阶段,生产力水平相对落后且发展不平衡,是我国当前生产力发展水平的主要特征。这一特征仍然制约着高校女教师走向全面自主发展。这种制约主要表现在两个方面[2]:一是教育投资不足,高校办学经费紧张且分配不均,阻碍了女教师的自主发展;二是家庭收入不足导致家务劳动社会化程度低,从而阻碍着女教师的发展。对此,列宁早已指出,只有"大规模地开始把琐碎家务改造为社会主义大经济,那个地方和那个时候,才开始有真正的妇女解放"[3]。这一论断告诉我们,实现家务劳动社会化,是女性摆脱生存与发展困境的前提条件,"对高校女教师的发展具有更加特殊的意蕴"[4]。但我们的调查结果表明[5]:其一,高校中家务劳动社会化的程度是普遍偏低的;其二,经济上的压力是高校女教师家务劳动社会化程度低的重要原因。对女教师而言,职业生活和家庭生活如同一个跷跷板的两端,当职业生活向上腾升时,个人生活却向下跌落,成功的女性产生了新的欠缺感,她们面临着一种难以忍受的孤独、空虚和人格的分裂;她们处于"渴望发展"又"无法成功"的两难境地,受着"被撕成两半的折磨"。[6]

可见,高校女教师要想实现独立自主的发展,从根本上说有赖于我国生产力的高度发展。因为生产力高度发展的意义不仅在于给女教师的发展提供丰富的物质资料,提供大量的自由支配的时间,

---

[1] 《马克思恩格斯选集》第2卷,人民出版社2012年版,第3页。
[2] 禹旭才:《烛照之思——当代中国高校女教师发展研究》,兰州大学出版社2009年版,第166—167页。
[3] 《马克思恩格斯列宁斯大林论妇女》,人民出版社1978年版,第289页。
[4] 禹旭才:《烛照之思——当代中国高校女教师发展研究》,兰州大学出版社2009年版,第167页。
[5] 同上书,第167—168页。
[6] [美]约翰·奈斯比特等:《女性大趋势》,陈广等译,新华出版社1993年版,第50页。

更重要的意义还在于"生产力发展本身就是自然界和社会历史赋予人的各种天赋和潜能的发挥，是人的能力的不断丰富和提高，同时也是人的个性的丰富和发展"①。

（二）先进的社会性别观念是实现女教师自主发展的重要保障

先进的社会性别观念在此是相对于当今隐性运作的社会性别观念而言的。研究表明，隐性运作的社会性别观念是导致当下高校女教师发展滞后的深层原因②。所谓隐性运作的社会性别观念，是指传统的具有诱惑性的性别观念在当下的改版或翻版。其表现形式主要有三种：一是"贤妻良母"价值的强化；二是对传统女性特质的赞美；三是对成功女性的讥讽。它看似一首赞歌，实际上是把女性禁锢在单一、狭窄的家庭领域和传统的生活方式之中，这势必阻碍着高校女教师自主发展的进程。因此，坚持高校女教师自主发展原则，就必须做到以下三点：

1. 淡化"贤妻良母价值"

众所周知，"贤妻良母"是传统价值判断中女性至德的化身。尽管目前主流社会对现代高校女教师发展的理想期望是贤妻良母＋事业强者③，但其中隐含的是，事业强者必须建立在贤妻良母的基础上。笔者在调查中发现，绝大多数男教师包括男性领导持女性应"先做好母亲、妻子，再谈其他发展"的观点，女教师中也有相当一部分人认同此观点。显然，在女教师职业角色与家庭角色中，主流社会自觉不自觉地突出其妻子与母亲的家庭角色。此外，在许多

---

① 龚天平、王世楠：《论马克思人的全面发展的涵义及其实现之条件》，《华中理工大学学报》（社会科学版）1997年第1期。

② 禹旭才：《烛照之思——当代中国高校女教师发展研究》，兰州大学出版社2009年版，第168页。

③ 参见李兰芬《性别和谐视阈中的女性发展》，《苏州大学学报》（哲学社会科学版）2008年第3期；木晓萍：《"母亲价值"与女性发展》，《学术探索》2003年第10期；黄朝晖：《塑造新形势下高校女教师的"三性"形象》，《中国高等教育》2003年第10期。

高校一年一度的三八妇女节座谈会上，对女教师的希望往往少不了"贤内助"角色。笔者认为，有意无意在高校推崇"贤妻良母"价值，有对女性传统角色的认同和强化之嫌，在一定程度上引导着女性应无条件地扮演贤妻良母的角色。但波伏娃曾在揭露神化母性的实质时说："母职如今成了母性奴隶……对所有那些希望自由和独立的妇女，对那些想要自己谋生的妇女，对那些希望为自己而思考和想要拥有自己生活的妇女来说，母职是最危险的陷阱。"[1] 国内学者木晓萍对"母亲价值"的分析也意味深长。她指出，我们所歌颂的"母亲"的品质是被理想的社会价值规范铸造出来的美德。"母亲实际上是被压抑、被剥夺、被强加的，她需要克制，舍弃欲望，放弃要求"……意味着无我、牺牲与奉献。"母亲美德"是一种"极端的文化要求"，"母亲"是传统文化对女性的分离与异化，"母亲价值"是"文化对人性的异化"，"限制了女性的社会发展"[2]。而"贤妻"是男人最珍贵的财产，他为她骄傲，"就像为他的房子、土地和羊群感到骄傲一样"[3]。"男人渴望她可以带来宁静、秩序和稳定；他每天回到家时，她可以温柔地调节他的情绪和控制他得到的东西。"[4] 可见，"贤妻良母"角色恰恰是女性迈向真正自我的重负。

笔者认为，时下为女教师设计的"先贤妻良母再事业强者"的发展模式，依然没有摆脱将女性定位于辅助地位、家庭价值和弱者形象的窠臼，"贤妻良母"的价值定位丝毫没有在高度文明的高校弱化。试想，如果一边是学术职业的特殊要求，另一边是"贤妻良母"的价值规训，高校女教师将无异于要在两难中做出无奈

---

[1] [法] 西蒙娜·德·波伏娃：《第二性》，转引自 [美] 罗斯玛丽·帕特南·童《女性主义思潮导论》，艾晓明等译，华中师范大学出版社 2002 年版，第 281 页。
[2] 木晓萍：《"母亲价值"与女性发展》，《学术探索》2003 年第 10 期。
[3] [法] 西蒙娜·德·波伏娃：《第二性》，陶铁柱译，中国书籍出版社 1998 年版，第 205 页。
[4] 同上。

的选择!可见,女教师要走自主发展之路,时下人们亟待需要做的重要事情之一,就是要淡化"贤妻良母"价值观念,给其跨越内在家庭角色的限制以宽松的舆论环境和心理环境。

2. 理性看待女性特质

过分推崇传统的女性特质,同样将阻碍高校女教师自主发展原则的执行。首先,有研究表明,由于强大的主流话语对传统女性特质温柔、依赖、被动、感性大加推崇,使得"传统女性特质"不经意间也成为了当下高校女教师的群体无意识,乃至使她们丧失了价值的自觉判断,并按照"传统女性"特质铸就自己。[①] 其次,当今社会对"女人味"的推崇在一定程度上较过去更为裸露。主要表现在对身体"女人味"与言行"女人味"的过度赞赏。其结果是,使女性按照社会所期待的"女人味"、按照别人的标准来包装自己的身体乃至行为方式等。这样,"由于不断处于男性目光注视之下,她们被迫经常体验她们被缚其中的真实身体和她们不懈努力试图接近的理想身体之间的差别"[②]。高校女教师虽然大多具有较理性的审美标准,但在主流话语"女人味"的反复轰炸下,再理性的女性也可能会把相当一部分精力和时间分散到对身体的内在性关注之中。长此以往,将会把女教师存在的意义逐渐引向身体,从而忽略了人之为人的广泛而深刻的意义。笔者认为,社会批判是高校一种必要的职能。因此,高校有理由更有责任理性看待并引导社会理性看待传统的女性特质,逐渐引领女性走出而不是禁锢在一种传统的生活方式之中,进而加快高校女教师自主发展的进程。

3. 消解"女强人"的反讽意蕴

人们常常给事业有成尤其是那些身居要职或具有博士学位的女

[①] 禹旭才:《烛照之思——当代中国高校女教师发展研究》,兰州大学出版社2009年版,第102—109页。

[②] [法]皮埃尔·布尔迪厄:《男性统治》,刘晖译,海天出版社2002年版,第91页。

教师冠以"女强人"的称号。但正如英国伊文斯（Harriet Evans）博士所言："中国人爱把事业成功的女人叫作女强人，却又认为这些成功女人缺少女人味，这对女性是一种压迫。"① 孙杰通过对大学"女强人"称谓褒贬意蕴的调查，结果显示：接受调查的87位（男、女）管理者中，43.7%的人认为"女强人"是贬义，只有11.5%的人认为"女强人"是褒义；接受调查的女性中，49.0%的人认为"女强人"是贬义，只有6%的人认为是褒义。② 另外，有学者在成都几所著名大学调查时发现，一些高校中流传着一种怪论："高校三种性别"③，即把"女博士"当作与男人、女人并列的"第三性别"，其实质是对"女博士"的反讽与异化。由此可见，"女强人"看似是一首赞歌，实际上却褒少贬多，反讽之意不言而喻。

总之，对"女强人"的不当渲染，势必造成不良的社会认知心理和高校女性的认识误区。④ 尤其是在高等教育的实践迫切需要女性投身于教育事业的今天，生活在高度文明的象牙塔中的高级知识分子更不必残留着那份不该保存的传统，对事业成功的"女强人"的排斥与反讽，必须消解。

概言之，从女教师发展的最终目标看，任何一种女性生存和发展模式的标准化，都与独立自主发展的理念相悖，自主决定、自我选择适合自身发展的目标与途径才是女教师发展的终极追求。

---

① 艾华、李银河：《关于女性主义的对话》，《社会学研究》2001年第4期。
② 孙杰：《高校女性管理者地位状况研究——以A大学为例》，硕士学位论文，南京师范大学，2007年，第27页。
③ 李小芳、王勤：《女博士：因智慧而美丽——破译"第三性别说"》，《中国青年研究》2008年第5期。
④ 赵琳琳：《当代中国妇女社会地位的文化与教育反思》，《广州大学学报》2001年第9期。

第六章

高校女教师发展的路径选择

在前面的章节中,我们已经就高校女教师发展的价值追求、主要内容、基本原则等问题进行了诠释和论证。本章将秉承从人的发展高度思考女教师的全面发展、从性别的视角审视女教师的全面发展、从现实的维度激励女教师自主发展的价值追求,遵循平等发展、全纳发展、自主发展的基本原则,紧紧围绕如何进一步促进高校女教师全面自由发展这个主题,深入探讨其发展的具体路径。基于历史上高校教师发展的性别异步差[①]与高校女教师发展的现实困境[②]的思考,本书认为必须从满足"实用性社会性别利益"、实现"战略性社会性别利益"、实现"自我赋权"三方面同时努力。

第一节 满足"实用性社会性别利益"

一 "实用性社会性别利益"的内涵

"实用性社会性别利益"(Practical Gender Needs)是著名的妇女发展专家卡罗琳·摩塞(Caroline O. N. Moser)在分析妇女的需

[①] 禹旭才:《烛照之思——当代中国高校女教师发展研究》,兰州大学出版社2009年版,第79页。

[②] 禹旭才:《高校女教师的发展困境:社会性别视角的审视》,《教育科学》2012年第5期。

要与利益时提出来的概念。根据摩塞的分析框架，社会性别是一种权利关系结构，不同的社会性别具有不同的利益和需求。实用性社会性别利益，即在现有的社会性别分工条件下，由两性角色所产生的生活、工作上的迫切需求。这些利益和需求来自两性现存的生产与再生产角色，这些利益的满足不挑战现存的两性关系格局，亦不会改变女性的从属地位，只是促使两性有效地完成并继续现存角色要求。所以，又称之为现实的社会性别利益。

二 满足"实用性社会性别利益"的必要性

根据摩塞的社会性别分析框架，高校教师因性别、扮演的角色不同，使得男女教师在发展过程中自然具有不同的利益和需求。相对男教师而言，因理论、历史与现实"三重障碍"[①]的制约，女教师在发展过程中的独特利益和需求长期受损或被漠视，客观上导致了女教师的发展落后于男性。因此，相对于高校男教师而言，女教师"实用性社会性别利益"的满足显得尤为迫切。

（一）高校教师发展理论忽略了女教师的"实用性社会性别利益"

理论是行为的先导，高校女教师在发展过程中的特殊利益和需求，首先需要在理论上进行论证。但从高校教师发展的理论研究来看，研究成果主要集中在教师发展的概念与内容、教师职业发展、教师教育、教师发展策略等方面，并且大多是从一般的、抽象的教师层面上来讨论其发展的。[②] 换言之，在高校教师发展研究领域，女教师的特殊利益和需求还远未引起人们的普遍关注，主流的教师发展研究还远未将性别因素作为一个主要的分析范畴和内容来对待。诚然，这种抽象的、一般层面的教师发展理论研究，对我国高

---

① 禹旭才：《烛照之思——当代中国高校女教师发展研究》，兰州大学出版社2009年版，第147页。
② 同上书，第148页。

校教师的整体发展、对教师教育与管理部门工作的开展等具有普遍的指导意义，但它在一定程度上只突出了教师的同质性，即在某种程度上误将女教师的生活、工作经验和特点等同于男教师，误认为男教师发展中的利益和需求与女教师等同。这在客观上导致了女教师的实用性社会性别利益被遮蔽或边缘化。从高校女教师发展研究来看，其呈现的特点有二：一是理论研究少，具体问题研究较多。如女教师的队伍结构问题、女教师的参政问题、女教师的形象问题、女教师发展与高校"扩招"以及高等教育全球化的关系问题等，学者们主要从社会转型时期女教师发展中所存问题的原因、解决的途径等维度进行讨论与争鸣。二是在已有的为数不多的理论研究中，一方面缺乏从人的发展高度来审思，较少关注发展是女教师作为人的基本权利与生命的内在需要这一本体性的问题，因而较少从人的全面发展的高度来构建女教师的发展内容。另一方面对女教师的社会性别利益进行系统研究的成果也比较少。因此，女教师发展社会性别利益研究的缺失势必导致实践中女教师的性别利益受损。这就要求我们超越已有的教师发展研究框架，给予高校教师发展中的性别问题应有的学术关怀，引导女教师走出做人与做女人的困境，走向全面自由的发展。

（二）高等教育对"她们"的疏离遗忘了女教师的"实用性社会性别利益"

众所周知，在长达几个世纪的早期高等教育活动中，世界各国都存在一种共同的现象："她们"基本上都是高等教育活动中的"缺席者"，生存于隐秘、喑哑的世界，远离高深的知识领域。直到19世纪中叶，瑞士、英国、法国、德国等国才相继以各种形式向女性开放了高等教育系统，女教师进入大学则是更为晚近的事情。在中国，直到20世纪20年代初，才有极个别的大学出现了女教师。一直到三四十年代，大学女教师的人数虽有所增加，学科分布也相对广泛，但相对于男性而言，高校女教师仍然处于一种

"失语"状态①。教师发展的性别差异亦是非常明显的,女教师的发展环境比男教师要恶劣得多,女教师遭遇的性别歧视随处可见②。随着历史的演进,教师职业虽然从社会的"边缘"走向了"中心",女教师队伍亦由弱变强,但因高等教育从一开始就作为知识权力的重要领域排斥女性的参与,至今高等教育中的教授作为高深学问的传授者和研究者,与教师的"教学者"身份又有着本质的区别,而女性进入教授行列要远远难于成为一名教师,这些最终导致女教师经验在知识理性的客观、理智、逻辑、科层和目标导向面前一无是处。简言之,大学在接纳女教师的同时,迟迟未赋予她们"主体"的身份和"话语"的资格,她们在高等教育的话语系统中,仅具有被支配、被言说的客体性意义。可想而知,在这样一种背景下,高校女教师的性别利益和需求从何谈起?这就从历史的角度,凸显了高校女教师实用性社会化性别利益满足的紧迫性。

(三)女教师的身心特征要求满足其"实用性社会性别利益"

相对于男性,高校女教师首先是一个具有特殊的生育使命的群体。生育通常是女教师重要发展阶段遇到的第一个独特的问题。现实已经证明,女性生育一个孩子,与起点相同的男性相比,其发展一般将落后4—5年。但至今人们大多认为,生育孩子是女性的天职,对现代社会的高校女教师而言,生育一个孩子不足以影响其自身的发展。因此,这是一个貌似不是问题实际上却一直困扰着女教师发展而未曾得到合理解决的问题。此外,高校女教师比男性面临着更多的事业与家庭的两难选择。一方面,高校女教师大多具有较强的自我实现价值取向。研究表明,人受教育程度愈高,则对自己的期望值愈高,发掘自己的潜力和创造力的愿望也愈强烈。我们在

---

① 禹旭才:《烛照之思——当代中国高校女教师发展研究》,兰州大学出版社2009年版,第66页。
② 同上书,第67页。

调查中发现，高校女教师大多希望通过自身的努力来证明自身的价值。如44%的女教师认为努力工作的目的是为了体现自我价值。但另一方面，高校女教师又不得不具有较强的家庭利益价值取向。因为传统社会对女性家庭角色的期待远高于对其社会角色的期待，身为社会人，高校女教师亦深受传统文化观念的影响，往往会自觉不自觉地将重心倾向于家庭、孩子，这使得她们难以像男教师那样潜心投入教学和研究。其结果是在竞争激烈、需要大量时间与精力投入的学术组织中，女教师的竞争力逐渐丧失。通常情况下，她们不得不蜷缩于学术底层，忍受落后于男性的尴尬。正是因为女教师作为一个社会人的追求和她作为女性的使命之间存在深刻的矛盾，使得她必须放弃自己的主权。因此，要保障女教师作为人和作为女性的价值的全面实现，就必须满足她们的"实用性社会性别利益"。

三 满足"实用性社会性别利益"的主要途径

诚然，高校女教师"实用性社会性别利益"的满足，需要全社会和高等教育系统共同创造条件。但总体而言，学校是女教师安身立命的场所，高等教育系统是高校女教师发展的特殊空间，女教师的发展离不开高等教育活动；女教师通过参与高等教育活动促进自身的发展，女教师的发展既是高等教育发展的重要体现又是促进高等教育发展的重要力量。因此，高校为女教师发展创造条件，主动、积极寻求改善女教师发展条件的对策，满足其"实用性社会性别利益"，不仅具有特别的意义，而且是理所应当的事情。鉴于以上思考，本章仅把镜头聚焦于女教师发展的特殊空间，立足于高校这一特殊主体，就如何满足高校女教师发展的"实用性社会性别利益"做一些探讨。

思考高校如何创造条件满足女教师的"实用性社会性别利益"有多种视角。我们曾经尝试过在性别敏感理念框架下就高校教师教育、组织机构设立、政策实施等具体层面，做了一些有益的探讨①。诚然，具体措施层面的探讨具有可操作性，易见成效，但它不可能涵盖所有的主题。全国人大常委会副委员长、全国妇联主席陈至立在促进女性高层次人才成长工作座谈会上强调，要充分认识高层次女性人才成长的重要性和紧迫性，为女性人才成长创造更好的环境。② 2012年3月2日，在北京举行的第三届"女性领导力与创新力"高峰论坛上，人民日报社社长张研农亦提出"女性人才成长需要更好的环境"，等等。这说明了三个方面的问题：一是高层次女性的发展与其所处的环境息息相关；二是当前我国女性人才的成长环境面临严峻挑战；三是为女性人才成长创造更好的环境应提上各领域的议事日程。高校女教师作为女性群体中的佼佼者，作为推动高等教育发展的生力军，其成长和发展环境同样还存在很大的改进空间。按照教师发展生态取向的观点，学校是女教师发展的主要环境，同事是其专业生活的主要合作伙伴，学校对教师的专业等方面的发展具有重要意义和作用。因此，本研究拟从高校应如何改进和优化女教师的成长与发展环境这一视角，从校园心理环境、校园工作环境、校园学习环境、校园生活环境四个方面来探讨满足其"实用性社会性别利益"的具体路径，从而为高校女教师实现全面自由发展创造更好的条件。

（一）创设一种鼓励高校女教师发展的校园心理环境

所谓校园心理环境，主要是指女教师在对高校环境内化、整合的基础上，表现出来的对其心理、行为产生实际影响的环境因素，即被反映到高校女教师心理世界中并以观念形式表现出来的环境。校园心理环境包括了"软环境"和"硬环境"两个方面，"软环

---

① 禹旭才：《烛照之思——当代中国高校女教师发展研究》，兰州大学出版社2009年版，第215—232页。

② 陈至立：《在促进女性高层次人才成长工作座谈会上提出为女性人才成长创造更好环境》，《中国教育报》2009年11月26日第1版。

境"主要是指大学无处不在的观念、文化、人与人之间的关系，及其文明程度等对女教师的心理、行为产生的影响；"硬环境"主要是指校园里看得见、摸得着的有形条件对女教师的心理、行为的影响。但现实和诸多研究成果都表明，相对于"硬环境"，高校的"软环境"已形成了影响高校女教师发展的特殊的"场"。因此，这里主要从"软环境"建设这一切入点来探讨高校之应为和能为。

1. 树立一种性别敏感发展的观念

所谓性别敏感发展观，简言之，就是一种新的女性发展观。其核心思想是：我们既要看到女性作为"人"的发展的一般性，又要看到女性作为"女人"的发展的独特性。真正认可女性发展的完整图景是"人"的属性与"女性"的属性的有机统一，切实避免只见"人"不见"女"和只见"女"不见"人"的对"女人"完整图景进行割裂的发展模式。换言之，我们既要从人的高度强调女教师作为"人"、作为"整体生命"发展与男性共同的权利与需求，引领女教师全面发展，又要从性别的视角关怀女教师发展的独特问题和独特需求，实现女教师独立自主发展。显然，这种发展理念既有利于高校女教师摆脱边缘化的危机，又有利于她们走出做"人"还是做"女人"的性别困境。具体而言，性别敏感发展观念的主要内涵可概括为四个方面[①]，前文已有相关论述，这里不再赘述。性别敏感发展观的终极追求是实现独立自主的两性和谐发展。其根本诉求是从人的全面发展的高度思考女教师的发展、从性别的视角审视女教师的发展。如果性别敏感发展观念能够真正在大学校园里树立起来，流传开去，那么女教师对"女强人"的称呼将不再望而却步，学人对"女强男弱"的家庭将不再另眼相看，高校女教师也将不再背负本不该有的性别之累。

[①] 禹旭才：《烛照之思——当代中国高校女教师发展研究》，兰州大学出版社2009年版，第195页。

2. 构建一种性别和谐发展的校园文化

构建性别和谐发展的校园文化之要义：一是要崇尚并确立两性和谐发展的教育理念；二是将促进女性发展的重大举措纳入学校发展的重要议题。性别和谐发展的校园文化与大学精神一样，是学校发展中最为宝贵的资源，是促进教师乃至学生性别和谐发展不可或缺的土壤。尤其是在女教师发展还明显滞后于男性的当下，大学更要有构建一种性别和谐发展的校园文化的紧迫感与使命感。

首先，要高屋建瓴地宣传解读男女平等基本国策。一方面，要坚持不懈地宣传男女平等的基本国策。如早在1995年的第四次世界妇女大会上，中国政府就把实现男女平等作为了促进社会发展进步的一项基本国策。2005年，修订后的《中华人民共和国妇女权益保障法》首次把男女平等基本国策以法律条文形式固定下来。2012年，男女平等基本国策被写进党的十八大报告，并明确其为执政党的追求。但不能据此就认为今天再来宣传"男女平等"已经过时了。这是因为在人类历史上，"男尊女卑"等封建礼教对人们影响得太久太深，它不仅束缚着男性也束缚着女性，不仅束缚着普通人，同样也束缚着象牙塔内的知识分子。这种思想的长期存在，早已成为一种强大的观念力量，这种意识形态为女性弱势的现状进行辩护，为两性的不平等发展提供某种合理性的证明。因此，高校要彻底转变这种观念，同样既需要巨大的勇气，也需要漫长的时日。因此，宣传男女平等基本国策还在路上。另一方面，要高屋建瓴地解读好男女平等基本国策的相关内涵。《台州日报》在"普及男女平等国策基本知识一览"中，指出男女平等基本国策的内涵主要包括六个方面：在承认和尊重性别差异的前提下追求男女平等；将保障妇女实现发展的权利放到突出位置；给予妇女必要的政策倾斜与保障；重视妇女在整个经济社会发展中的地位和作用；鼓励妇女在与男性的合作与协调发展中实现平等；从社会协调发展的高度来认识和解决妇女发展与男女平等问题。[①] 可见，男女平等国策的内涵是十分丰富的，应该说其精髓与我们前文中所论述的性别敏感发展观的核心思想是高度吻合的。但高校知识分子中究竟有多少人真正明白了这项基本国策的内涵呢？我们在某高校随机对20名教师（12男、8女）做了一个简单的访谈，结果显示14人认为男女平等即"男女同一"或"男女等同"，无一人能全面、准确把握以上"男女平等"的核心思想。这从一个侧面说明，即便是高级知识分子也存在对男女平等国策的理解不全面、不准确甚至出现偏差等现象，这也难怪在现实中，女性的发展权总是被打折扣。由此可见，从法律上的男女平等走向事实上的男女平等没有想象中的那么容易，正确解读男女平等政策亦十分必要。

其次，要全面宣传女教师在深化高等教育改革中的重要作用。随着各国高等教育之间竞争的日趋激烈，师资队伍的质量和水平势必成为全球关注的焦点。据教育部2013年教育数据统计显示，我国普通高等学校专任教师总数为1496865人，其中女教师为714450人，占专任教师总数的47.75%。[②] 可以说，女教师的综合素质与发展水平，在一定程度上决定了我国高校教师的整体发展水平，决定了高校学生的培养质量，也决定了我国高等教育在国际竞争中的地位。此外，还要大力宣传优秀女教师的杰出成绩和贡献。不可否认，在高校能脱颖而出的女教师本来就凤毛麟角，但越是因为杰出女性少，我们就越要带着放大镜去找优秀代表来进行宣传，这既能让女教师找到在群体中应有的自信，又能让广大师生熟知女性的成绩和贡献；既能在一定程度上纠正人们对高校女教师的一些偏见，又对高校女教师是一种极大的鼓舞。

最后，引导师生从应有的高度来认识女教师的发展。一是要从

---

① 彭洁：《男女平等基本国策知识一览》，《台州日报》2015年3月15日第3版。
② 中华人民共和国教育部（http://www.moe.gov.cn/s78/A03/moe）。

人的高度来关照女教师的发展。大学应有良好的社会性别意识，从人的基本权利出发，来确定促进高校女教师发展要做的事情，关注高校女教师作为主体的人应该发展什么、如何发展。因此，针对高校普遍流行的不利于女教师发展的观点，大学一定要保持清醒的头脑，履行好社会批判与精神生产这一必要的职能，不仅要利用各种载体和机会，对种种不合时宜的女性观进行分析批判，重构先进的有利于女性整体发展的发展观，而且要充分利用高校的各方资源，校正高校知识分子队伍中两性倾斜的天平，让女教师最大限度地实现作为一个社会人的完整价值，塑造完美的女性人格魅力，最终实现高校两性共同发展。二是要从建设和谐高校的高度来思考女教师的发展。将女教师的发展权放到突出位置，并从高校和谐发展的高度来认识和解决女教师在发展中遇到的问题，率先告别陈腐观念，树立积极的女性形象，增强女教师的被认同感，为女教师的进一步发展创设积极向上的校园心理环境。

3. 形成一种支持女性发展的校园氛围

这里支持的主体主要是指高校的校领导和相关职能部门的领导。支持的内容主要有两个方面：一是心理上的支持，因为学校领导的鼓励与建议以及有影响力的组织和个人的支持是促进女教师进一步发展的十分重要的因素[1]。二是行动上的支持，如特殊情况下允许女教师带小孩进课堂或当女教师遇突发情况导致上课迟到、调课或请假时表示理解和关心等。只有当女教师体会到管理层的支持策略时，她们才会积极地利用它；相反，如果女教师体会到管理层"皱眉"时，就不愿或不敢利用它。

总之，高校需要尽力在全校范围内形成一种共识：女教师的发展权就是人的发展权、女教师的发展就是高等教育的发展。虽然一

---

[1] 潘慧玲主编：《教育议题的性别视野》，台湾师范大学出版社2000年版，第6页。

所高校不需要为每一个人的充分发展负责,但却有责任通过创造良好的校园心理环境,让女教师获得进一步发展。而这种支持女性发展的校园心理环境,能让女教师获得被尊重、被认同、被支持的积极情感体验,减轻外界压力对其身心的冲击,从而卸下沉重的思想包袱,朝着自己的人生目标努力前行。

(二) 创设一种支持高校女教师发展的校园工作环境

马来西亚马华妇女组署理主席拿汀巴杜卡周美芬指出:"私人界应跟随公共领域的做法,为女性提供友善的工作环境。"[①] 可见,为高校女教师的发展创造支持性的工作环境是十分必要的。工作环境是相对于工作主体而言的,高校校园工作环境是相对于高校教师而言的。广义的校园工作环境,既包括围绕校园的大气、水、土壤、植物、动物、微生物等物质环境,也包括观念、制度、行为准则等非物质环境。狭义的校园工作环境,仅指在学校风气、领导风格、管理方式、同事关系、规章制度、学术氛围、和谐程度等的共同作用下,高校教师能隐约感触到的各种具体工作环境。所谓支持性,是指这种环境能给女教师一种被男性接纳、受男性欢迎且易于合作等友善的心理暗示。通常情况下,高校教师的主要工作可以粗线条地归纳为教学、科研与管理三个重要组成部分。实践中,这三大块工作往往又相互交织很难彻底分清边界。为了研究的方便,本书亦将女教师的校园工作环境具体化为教学工作环境、科研工作环境与管理工作环境。

1. 为女教师创造一种支持性的教学工作环境

高校女教师大量集聚在教学岗位[②③]。"女教师倾向于将她们的

---

① 《私人界应效法 提供女性友善工作环境》(http://www.mca.org.my/cn/2007-09-03)。

② Quina, K., "Breaking the Glass ceiling in Higher Education." In Collins, L. H. & K, Quina (eds). *Career strategies for women in academe: arming Athena*, Thousand Oaks, Calif: Sage Publications, 1998, pp. 215–216.

③ 中华人民共和国教育部网站(http://www.moe.edu.cn/edoas/website)。

教学工作作为她们所有工作中最重要的。"① 可见，支持性的教学工作环境对激发女教师教学热情、提升教学质量具有特别的意义。那么，女教师的教学工作环境究竟如何呢？

第一，她们独特的经验和方式常常被认为是偏差。长期以来，"社会的物质生产是按照男性的生存方式发展的，从而在人的生存方式、心理结构、价值取向上更加适合男性的发展"②。具体到高等教育教学中，就是把男性的教学模式当作女教师效仿的范式，女教师的独特经验与方式不仅得不到关注，反而常常被认为是偏差或不成熟的。如有人把高校中存在的一些问题，如满堂灌、随堂考勤、划定考试范围、把大学生当小学生等"归功"于女教师，女教师在不经意中就拥有了这些问题的"专利"，并表示出"随着高校女教师人数的增多会影响高等教育的质量"的担忧③。现实中，若女教师对学生关心、爱护、耐心、细致，会被认为是母性的本能；若对学生严格要求、依规行事、泼辣、大方，会被认为是办事没方法、缺少女人味；若追求民主、平等的师生关系，遇事先征求学生意见，会被评价为优柔寡断，缺乏主见，干不成大事。而这些如若表现在男教师身上，则会更多地被认为是仁慈、有爱心、办事讲原则、教学有艺术等。另外，有研究表明，家长对女教师的印象是"发展机会几乎很小"、"特别古板"、"专业教育程度不够高"等；家长和学生都期望女教师"漂亮、活泼、温文尔雅、有气质"等④。可见，社会普遍认定"女教师"不如"男教师"。此外，男

---

① 张晓明：《妇女参与高等教育研究》，博士学位论文，华中科技大学教育科学研究院，2003 年，第 48 页。
② 何萍：《恩格斯的两种生产理论与妇女解放的观念变革》，《武汉大学学报》（哲社版）1995 年第 5 期。
③ 何肖先、刘晓明：《知识女性涌向高校评议》，《妇女研究论丛》1996 年第 1 期；刘晓明：《高校文科教师女性化探析》，《光明日报》1995 年 12 月 13 日第 3 版。
④ 李斌辉：《女教师专业发展：基于社会性别理论的分析》，《教育评论》2009 年第 2 期。

教师如执着于教学，往往被认为是淡泊名利，相反女教师潜心于教学，却被认为是只能搞教学；男教师教学工作中如果出了一点小差错，往往会被认为是客观原因所致，而一旦女教师出了一点问题，就众说纷纭。一言以蔽之，"女人就是不行"。

可见，女教师的教学能力常受到学校、社会的怀疑，且很容易成为高等教育中难以解决的问题的"替罪羊"。因此，从整体上看，缺乏一种对女教师重视、扶持和鼓励等的正向的舆论氛围。正如W. F. 费鲁多所说的，"社会不强调女性在智能和领导能力方面有较高的成就愿望"。这一切的一切弄得女教师在教学中同样进退两难、如履薄冰。

第二，她们大多聚集在公共基础课教学领域。我们在调查中发现：男、女教师担任的课程上存在明显的差异，即课程层次越高，女性的课时越少；尤其是在担任研究生课程、指导硕士生与博士生方面，女教师明显少于男教师。[1] 此外，在高校的思想政治理论课和公共外语课教学中，女教师占了绝对的优势[2]。如湖南某大学外国语学院共有在岗教师158人（男性34人、女性124人），其中公共外语课部69人，女性为61人，该院的34名男教师中仅8人在担任公共课教学。从教育部网站上公布的数据看，普通高校专任女教师占教师总数的比例由2004年的42.7%上升到2013年的46.24%。[3] 女教师担任公共课（基础课）的比例一直比男教师高，由2004年的48%上升到2006年的49.5%，其中担任公共课的女教师占女教师总人数的32.2%，而担任公共课的男教师只占其总数的26.3%[4]。可见，女教师更多的是担任公共课和基础课。虽然

---

[1] 禹旭才：《烛照之思——当代中国高校女教师发展研究》，兰州大学出版社2009年版，第93—94页。
[2] 裔昭印主编：《社会转型与都市知识女性》，中国社会科学出版社2005年版，第84页。
[3] 中华人民共和国教育部（http://www.moe.gov.cn/s78/A03/moe）。
[4] 中华人民共和国教育部网站（http://www.moe.edu.cn/edoas/website）。

笔者并不认为公共课与基础课的地位低于专业课与研究生课程，但业内却已形成了一种心照不宣的共识：专业课教师的地位高于公共课教师；担任硕士、博士生课程教师的地位高于本科生课程教师的地位。

第三，她们是教学系（教研室）被戏谑的对象。相对而言，教学系或教研室是高校女教师出入频繁、进行工作交流尤其是教学工作交流最重要的场所，也是女教师专业发展的一种重要资源。正如哈默斯里所说："教研室中的信息交换能够帮助教师保护其职业认同感，并且帮助他们对于教学过程中的遭遇的控制。"然而，我们稍加留心就会发现，无论是在教研室、教学系，还是在学院教师聚集的场所，女教师经常是被戏谑甚至嘲笑的对象，也是这些场合主要的卫生事务承担者。此外，男教师往往更多地占用教学系的办公设备及图书资料，更多地拥有各种信息等。可见，教学系对于男女教师而言，其性质也是不一样的。对女教师而言，既难以构成一个排除学生的独立空间，也难以从这里获得应有的自信。

第四，她们认为最重要的教学工作难以得到外界的认同。我们在访谈中问道"您认为教学和科研哪个更重要？您在哪方面投入的时间和精力更多一些"时，有超过2/3的女教师认为，从现实来看，科研的效益明显高于教学，但她们从内心深处却认为教学比科研重要，且花在备课、批阅作业、答疑等方面的时间远远超过科学研究的时间。这印证了"女教师倾向于将她们的教学工作作为她们所有工作中最重要的"[1]观点。但10位受访的男教师中，几乎无一例外地认同"科研比教学更重要"的观点。其中，有4位男性很执着地认为："大学教师可以不上课，但必须搞科研。"

围绕以上种种现象，本书课题组进行了更深一步的访谈。访谈

---

[1] 张晓明：《妇女参与高等教育研究》，博士学位论文，华中科技大学教育科学研究院，2003年，第48页。

的问题是"女教师为何大多集中在教学岗位"、"女教师为何大多聚集在公共课（基础课）教学领域"、"女教师在教学中存在共性的特点吗"等等，调研的对象共计20人，主要是高校相关职能部门的领导和分管教学的校领导、女教师的男同事等。让我们感到诧异的是，几乎一致认为：一是因为女教师喜欢教学，二是因为女性不太适合科研和行政只好去教学；女教师集聚在公共基础课领域的主要原因是基础课难度较小，专业性不强，比较适合女性；女教师教学中的共性是对学生很关心，但有时原则性不强、比较好说话、顺从学生，有时没有处理好教学与家庭事务的关系（如带小孩进教室、开会）等。显然，通过以上观点，不难发现，女教师在高校教学中的尴尬处境，归根结底是女教师本身出了问题，女性对教学工作的高度重视和潜心付出既未被认可，更缺乏支持性环境，相反，教学中存在普遍问题却很容易归"功"于女教师。

从理论上说，既然女教师大部分奋斗在教学岗位，主流观点又认为女教师相对更适合于教学，那么在教学工作环境中，女教师的主动性和优势是最容易展示的。然而，有研究者指出：在学校教学工作中，"女教师亦成为被严格控制的对象，女教师没有权力决定其教学活动的目的，只是被动执行别人制定的目标；校领导在考虑学校政策时更多听取男教师的意见，女教师既无权影响学校中的事务，也无权影响教室中的事务。在教学评价中，女教师常常处于被压抑的处境，评价过程对女教师来说就是一种性别体验的过程……女教师常常感到她们必须遵照某种样式来行事，评价过程实际上变成了一种对女教师的控制"[1]。因此，高校需要想办法为女教师改变这种不太友善的教学环境。

其一，在专业知识和教学能力上充分信任女教师，切实为她们

---

[1] 李斌辉：《女教师专业发展：基于社会性别理论的分析》，《教育评论》2009年第2期。

在教学中脱颖而出创造良好的条件。其二,要改变"男性擅长科研、女性擅长教学"的刻板角色定位,鼓励女性大胆从事科研,鼓励男性体面从事教学。其三,要为女教师进入专业课教学、硕士生和博士生教学积极创造便利条件。其四,确定教学在高校工作中应有的地位。英国学者戴维在《学问的中心》中指出,科研和教学的分化导致了在大学中把教师分成一等公民和二等公民……必须建立新的大学组织形式以努力重新确立教学和研究不可分割的信念。[①]

2. 为女教师创造一种支持性的科研工作环境

2011年科技部和全国妇联联合发布的《关于加强女性科技人才队伍建设的意见》中指出,女性科技人才队伍是国家科技人才队伍的重要组成部分,促进女性在科学和技术领域的参与和发展,是社会进步的重要内容和标志,也是国家科学技术人才工作的重要任务。应该说,高校女性科研人才是整个女性科技人才队伍的重要组成部分。但赵媛等通过对2000—2012年国家社科基金项目中女性主持人的状况进行统计分析,发现女性主持人占项目总量的比例仅为24.38%[②],自然科学基金项目虽然没有做过统计,但可以肯定的是女性主持人比例会更低。我们近期对湖南某大学2010—2014年的国家自然科学基金项目和社会科学基金项目进行了一个初步的统计,其中:国家自然科学基金共计224项,女性主持的为32项,占总数的14.2%;社会科学基金共计55项,女性主持的仅9项,占总数的16.3%。诚然,从纵向看高校女教师科研实力近年来呈上升趋势,但从横向看依然远远落后于男性。面对现阶段高校教师科研能力发展状况性别比例严重失衡的环境,高校需要想办法

[①] 王承旭等编译:《高等教育新论——多学科的研究》,浙江教育出版社1988年版,第58页。

[②] 赵媛、敬少丽:《以制度为引领 创建女性参与科研的良好环境》,《中国妇女报》2014年12月9日第B1版。

为女教师创造一种支持性的环境。

其一,最大限度地利用好宏观层面的科研政策,即充分利用好国家(地方)现有的针对女性科研工作者的激励政策。我国近年来对知识女性的发展给予了高度重视。如2011年科技部和全国妇联联合发布的《关于加强女性科技人才队伍建设的意见》[①],明确要求积极推动女性科学技术人才的发展并将其纳入国家和地方政府发展规划、纳入行业人才发展规划;对科研院所、高等学校女性科技人才比例的增长、女性生育后回归科研项目、高级专家自愿选择退休年龄等方面作出了突破性和保障性的规定。并从2011年开始,国家自然科学基金将青年基金项目女性申请人的年龄放宽到40周岁,而青年男性申请人仍要求是35岁,等等。此外,教育部将"女性高层次人才成长规律和发展对策研究"列入社会科学重大课题攻关项目;并探索设立"鼓励支持理工科女生发展的专项计划",以及在高等院校中合作建立性别研究学科基地等;国科协指导全国学会成立女性科技团体,学会年会期间开辟女性论坛,同时要求采取措施增加科协所属各全国学会、理事会领导层中的女性比例等。可见,国家、部委层面不仅意识到了培养和发展女性科技人才的重要性,而且在相关政策和规定方面采取了相应的促进女性科技人员的成长和发展的具体举措。那么,高校针对一直以来男性主导科研、女性处于科研的边缘和底层的状况,一方面应把宏观层面的政策用够用足而不是停留在一些原则性的要求和规定上;另一方面是在我国现行的科学技术政策的相关要求和规定下,率先从学校层面出台相应的配套政策与上级部门政策对接,尽快实施具体的、可操作的、有利于促进女教师科研能力发展的措施。

其二,为女教师搭建支持性的科研工作平台。在一定程度上可以说,科研滞后是高校女教师发展落后于男性的关键因素。要使女

---

① 百度百科(http://baike.baidu.com/view/6944446.htm)。

教师的科研能力得到更快的发展，缩小高校科研领域的性别差异，必须为女教师搭建友善的科研工作平台。一是有针对性地为女教师设立专门的科研项目和基金。这种做法在国外早已有之。如欧盟各成员国大学通过设立专门项目、基金以及各种奖励等来促进女性在科研领域的发展，并为女教师启动了多层次的名师导引工程[①]；因此，我国高校可根据各自的情况，设立一些专门的计划以支持更多的女教师从事科研工作，以逐步缩小科研领域的性别差异，消除科研领域中的性别偏见和性别歧视。二是为年轻女教师尽早获得"研究者"资质提供绿色通道。年轻女教师通常学历高、志向大、时间充裕，对科学研究充满着热情和期待。但也正因为她们年轻，刚刚走向工作岗位，学术资源缺乏，在申报科研项目时往往缺乏"研究者"的资质。因此，高校应帮助她们尽快进入专业生活，尽早获得"研究者"的资质。对此，欧盟各成员国大学早在21世纪初就设立了专门项目、奖学金以及各种奖励等来促进女性在科研领域的发展。如奥地利许多大学启动了《国际研究与发展项目》，一方面着眼于因生育而中断职业后刚回到教学科研岗位的女性的发展，另一方面着眼于那些正在为获取各种学术资格的女性的发展，即资助那些年轻的优秀女教师用3年时间到国内外知名大学去深造从而获得更高的资质等[②]。三是为女教师撑起一个广阔的专业空间。必要的学术专业空间和人际网络是影响女教师专业发展、科研水平乃至日常生活的重要背景。如学科专业网络可以促进成员间的相互切磋、掌握本学科的最新动态、形成新的教育观念等；校内外各种学术团体，能为女教师提供一个广阔的专业空间。总之，学科、院系、校内校外等平台共同撑起了教师的社会背景，培育着教

[①] Pellert, A., "Gender Equity and Higher Education Reform in Austria." In Mary, A. D. S (ed.). *Women, Universities, and Change Gender Equality in The European and The United States*, New York: Plagrave Macmillan, 2007, p. 68.

[②] Ibid., p. 67.

师的学术能力以及持久的专业身份。相反，缺乏这样的空间和平台，教师便难以形成其学术品质。但事实证明，由于种种原因，女教师参与各种学术交流的机会远远少于男教师，这不仅使得女教师的学术资源、社会资源远远少于男教师，而且意味着相当一部分女教师没有真正进入学科或专业领域，进而让女教师更加难以进入科研的中心。[1] 可见，搭建支持性的科研工作平台是高校实现女教师"实用性社会性别利益"的重要内容。

3. 为女教师创造一种支持性的管理工作环境

与科研能力一样，管理能力也是女教师身为人和高校教师发展的重要内容。女教师管理能力的发展，同样需要一种友善的环境。众所周知，高校的管理工作主要由两部分组成：一是学术管理；二是行政管理。那么，在管理工作中，高校女教师的参与度如何呢？她们的工作环境又是怎样的呢？

其一，学术管理层充满着浓郁的男性色彩。有研究成果表明，长期以来，在教育领域性别比年龄、经验、出身和能力更能影响一个人所承担的领导职务。这主要是因为一些传统的性别观念总是挥之不去。"女校长管不住年长的学生尤其是男生、女性感情太丰富、女性体力不支，难以胜任行政职务、男性憎恨女性老板等。"[2] 正是在这些观念的左右下，男性自然成了学术领域的中心和领袖。针对这种现象，主流观点给出的解释是，能否进入学术领域的中心与性别没有关系，而是看你是否具有进入学术中心的能力和资本。但客观的事实是，尽管进入大学的女性数量已接近半壁江山，但能够进入学术管理中心的女性只是凤毛麟角。主要原因如下[3]：（1）随着

---

[1] 禹旭才：《烛照之思——当代中国高校女教师发展研究》，兰州大学出版社2009年版，第119页。

[2] 李六珍：《美国女性在高等教育中的地位探析》，《妇女研究论丛》1993年第4期。

[3] 禹旭才：《烛照之思——当代中国高校女教师发展研究》，兰州大学出版社2009年版，第93—97页。

职称、学历的升高，女性人数骤然减少；（2）博导与学科带头人是当今大学一个十分具有话语权的群体，但女博导、女学术带头人等可谓是寥若晨星；（3）高校的学术委员会、教学指导委员会、职称工作领导小组等在大学把持着种种学术权力，但在这些委员会中女性却常常呈现出"作为点缀，或者无"[1]的客观事实。可见，高校的学术管理环境刚性有余，柔性不足，女性的诉求很容易被遮蔽，女性的声音可能被男性淹没。有研究者一针见血地指出，"我国学术圈基本上是一个男性的世界，学术文化反映出较强的男权特征，女性很难进入由男性主导的这一环境"[2]。

其二，行政管理层女性权力职务虚化。当前，描述女干部现状时，有这样一种说法："副职多，正职少；虚职多，实职少；群团部门多，党政主干线和经济主战场少；机关党委书记和纪检组长多，正副职领导干部少。"[3] 这在一定程度上反映了高校女教师从事行政管理的尴尬处境。尽管我国中组部、教育部亦多次强调各个高校领导班子中至少要有一名女性领导，但从整体上看，在高校的中高层管理者中，女性的人数还十分有限，女性的话语权还很不充分，在某种程度上男性独语仍然是一种世界性现象。2007年的调查结果显示，我国大学校长中女性仅占4.5%[4]；张明芸教授的调查显示，东北三省100多所高校的校级领导中，女性仅占5.49%，而且没有一名正校级干部，有女校级干部的高校不足一半；我们2009年的统计结果显示，湖南省13所普通高校校级领导中，女性仅占4.4%，正处级干部中，女性不足11%；笔者所在的高校，女教师总数已接近

---

[1] 罗萍、魏国英等：《不要"文明的"性别歧视》，《中国高等教育》2004年第5期。

[2] 张莉莉：《象牙之塔的女性：在困难中前行》，《中华女子学院学报》2008年第1期。

[3] 赵文静：《中国女性领导者发展中的问题及对策研究》，硕士学位论文，黑龙江大学，2010年，第21页。

[4] 杨雪梅：《中国大学校长素质调查》，《人民日报》2007年8月24日第4版。

教师总数的50%，但学校74名正处级干部中，女性仅5人，占正处级干部总数的6.7%，且5人中有3人担任学院党委书记。可见，当前我国高校的行政管理环境中，女性的话语权十分微弱，职务普遍虚化。这不仅与高等教育的快速发展不相适应，更与女教师在高等教育中所发挥的重要作用不相吻合。其结果一方面因缺少足够数量的女性代言人，导致管理决策过程中女性声音微弱；另一方面因决策时女性视角的缺失，又容易导致决策过程中女性利益被忽视，不利于女性获得公平发展的环境。因此，高校需要努力采取措施，为女教师管理能力的发展创造一种友善的环境。

首先，承认女教师在高校管理环境中的不利处境。

一是要认识到女教师在观念上的不利处境。尽管我们有信心相信在未来的管理岗位上，性别角色将越来越淡化，然而在"男尊女卑"观念根深蒂固的中国社会，人们总是习以为常地认为，管理工作、领导职务是男性的专属，女性完全没有必要进入这一领地，即便闯进了这一领域也理所当然地做助手，当配角。文化程度不高的行业残留着以上的传统观念还可以理解，而承载着引领社会前进方向重任的大学应该率先打破传统观念的坚冰，树立管理工作不是男性的专利的观点。二是要认识到女教师在实践中的不利处境。据笔者所知，某大学在推行处级干部改革时明文规定："女性年满51岁不再提拔，年满53岁退居二线，而男性是年满53岁不再提拔，年满56岁退居二线。"更有甚者，有高校在选拔女干部时规定，45岁以后即不再提名为候选人，其理由是：女性工作能力有限，女性家务事多，女性提拔很慢，将来会成为单位的包袱，等等。[①] 此外，我们分别在某大学9个学院的教师中做过如下问题的访谈："你希望你的上级是女性吗？"选择"希望"的为

[①] 祝平燕、莫文斌：《社会性别视野中的女性发展——对湖北高校知识女性专业发展现状的调查分析》，《湖北社会科学》2004年第12期。

12.5%，选择"不希望"的为61.5%。以上现象都表明，女教师要在管理职位上谋求进一步的发展，要在以男性为主导的管理环境中发挥自身的优势，既无法逾越"玻璃天花板"的瓶颈，也必须在各种平衡中行走，而男性却鲜有这些方面的难题。

其次，落实国家层面培养选拔女干部的政策法规。

改革开放以来，为了促进女性在社会管理中发挥更大的作用，我国政府相继出台了一系列促进女性领导者培养和选拔的制度和政策。如"早在1995年，就制定了到2000年实现各级党政领导班子都要有女性的目标。要求地、县党委和政府部门要有一半以上的领导班子至少配备一名女性领导者，且担任党政领导班子正职的女性领导者数量要有所增加；女职工比较集中的行业、部门以及企业单位，要多选配一些女性领导者"；《国家人权行动计划（2009—2010）》也明确指出，"全面实现《中国女性发展纲要（2001—2010）》规定的目标，促进女性在各方面享有与男子平等的权利，保障女性合法权益，切实提高女性参与管理国家和社会事务的水平；各级人大、政协和人民政府领导成员中都要有1名以上的女性……提高女性在各级各类国家机关公务员中的比例，在女性比较集中的部门、行业管理层中女性的数量要与女职工比例相适应"[1]。高校目前不仅算得上是女性较为集中的部门，更是优秀女性云集的领域。根据国家上述相关政策，高校女教师的参政比例应该高于而不是低于其他部门。但研究者纷纷指出，高校女教师的参政比例不仅与其占高校教师总数的比例很不相称，而且还普遍低于其他部门。这就说明高校在落实国家有关女性领导干部培养选拔的政策上还需加大力度，为女教师进一步深度参与学校管理创造一个良好的政策环境。与此同时，随着时代的转变，高校组织管理中同样需要

---

[1] 赵文静：《中国女性领导者发展中的问题及对策研究》，硕士学位论文，黑龙江大学，2010年，第19页。

女性的特质。正如亨利·明茨伯格在《关于管理的十个冥想》中所说的:"组织需要照顾和关爱,需要持续稳定的关怀。关爱是一种更女性化的方式,虽然我看到很多优秀的男性 CEO 正在逐步采用这种方式,但是,女性还是更有优势。"的确,女性管理者具有"直觉力强、亲和力强、表达力强、协调力强等优势"[①]。因此,高校在遴选管理干部时,既要充分用好国家层面的相关政策,又要改变重"色"轻"能"的观念。同时凸显重"能"轻"色"、全能女性等选拔原则,充分认识到女性在高校管理工作中的优势,并为其优势的发挥创造相应的条件。

最后,强化高层领导的社会性别意识。

大学高层领导的社会性别意识在一定程度上决定了女教师能在多大程度上参与学校管理。因此,强化高层领导的社会性别意识,显得尤为重要。从现实看,因长期受到传统女性观的影响,部分校领导没有从应有的高度来认识培养、发展女干部的意义,既对女干部的培养缺乏长远的战略眼光,又将国家使用女干部的政策停留在纸上。这实际上是大学高层领导社会性别意识的集体缺失,也突出了强化我国大学高层领导社会性别意识的紧迫性。从国际经验来看,通过训练决策层的性别意识来推动实用性社会性别利益的实现是一种较有成效的方法。如欧盟就一直注重培训各成员国大学高层决策者的社会性别意识,可以说其成员国大学正在从或者说已经从平等对待、积极行动过渡到了性别敏感阶段,并大大推进了大学女教师的发展。如在各成员国提名的科学委员会中,女性至少占 40%;在"研究计划和发展框架"决策委员会中,女性至少占 40%。[②] 我国高校决策层大多为男性,传统的男性中心主义难免使他们对社会性别意识产生抵触情绪,这更加凸显了在高层培训中,应高度关注社会

---

① 曾双喜:《女性怎样提升领导力》,《HR 经理人》2012 年第 2 期。
② Mary, A. D. S., *Women, Universities, and Change Gender Equality in the European and the United States*, New York: Plagrave Macmillan, 2007, pp. 11–13.

性别意识的培养。只有决策层具有应有的性别敏感意识,并将其上升为高校的一种组织原则(在许多西方国家社会性别早已实现)时,女教师的特殊利益才有可能在高等教育系统内得以顺利实现。

总之,大学的高层领导必须具备足够的社会性别意识,真正认识到在消弭两性不平等的诉求里,大学承载着推进女性解放与发展的特殊使命,认识到女教师担负着大学改革与发展的重任,自觉对女教师在高等教育中的各种弱势地位予以高度关注。

(三) 创设一种支持高校女教师发展的学习环境

当今社会赋予了教师更多的权利和责任,高等教育的转型发展对高校教师发展提出了更高的要求和期望。这就决定了女教师必须顺应时代的潮流,走开放式的发展之路;决定了女教师必须坚持不断地学习和研究,以提高自身教学能力和学术研究水平。这就要求高校为女教师提供一种支持性的学习环境。所谓支持性的学习环境,简言之,就是一种鼓励女性学习而不是反对、崇尚女性学习而不是讥讽的氛围,以及创造满足女教师学习的良好条件等。具体来说,需要从以下三个方面努力:

1. 鼓励女教师扩大知识面并为其创造条件

女教师不仅大多担负着教学和科研工作,还要完成琐碎家庭事务,因此很容易导致其知识面狭窄,知识更新速度缓慢。如有研究显示,在信息全球化浪潮汹涌而至的今天,高校女教师却表现出信息素养知识匮乏、信息技术应用能力薄弱等[1]不足。这就要求高校在实践中紧紧围绕提升高校女教师综合素养这一目标来开展相关工作:其一,采取业余女校、读书班、研讨班、专题报告等形式,对她们进行党的基本路线教育、中国特色的社会主义理论教育、社会主义市场经济理论教育和国情教育等,以增强其必需的政治素养;其二,

---

[1] 禹旭才、刘怡希:《高校女教师的信息素养:问题与对策》,《当代教育理论与实践》2015年第5期。

聘请网络素养好、精通计算机操作的专家为女教师做讲座，丰富其相关知识，提升其信息技术运用能力；其三，组织女教师进行励志学习，帮助其树立与时俱进的学习理念，掌握网络时代便捷的学习方法等。通过这些活动，使她们牢固树立正确的理想信念和价值观，明确人生奋斗目标，练就高校教师必需的知识素养，把握好职业身份和家庭身份的天平，增强自身发展的紧迫感和社会发展的责任感，为其走向全面发展做好基础知识和价值引导的铺垫。

2. 鼓励女教师提升专业能力并为其搭建平台

教育性、学术性和创新性是高校女教师的职业属性[①]。这就意味着高校女教师不仅要掌握相关的学科知识，而且要不断研究高深知识，不仅要能够以更新的知识教授学生，而且能以孜孜不倦的探索精神感染学生。尽管高校女教师大多具有高学历、高成就动机，能创造性地开展工作，但因其入职后不久大多要完成生育养育这一特殊使命，不得不中断其教职和科研，因此在专业发展和自身提高方面都面临着诸多挑战。如果放任女教师在激烈的竞争环境中自由发展，那么女教师滞后于男性发展的局面将永远难有改变。因此，高校需要特别关注女教师的发展问题，有计划、有目标地为其返职后搭建一个良好的提升专业能力的学习平台，弥补其输在发展起跑线上的不足。一方面，高校应创造有助于女教师专业学习的制度环境，比如，制定关于女教师的培训与晋升制度、制定并落实女教师专业学习的激励制度、提供便捷的学习项目基金申请制度等，以加快其专业学习和发展的进程。另一方面，在实践中培养和提升女教师的专业能力。比如，针对女教师与社会、企业联系较少等现状，组织女教师参加社会实践活动，实行到企业和相关职能部门兼职等制度，使其专业知识真正地转化为生产力，同时也可增加她们与社

---

① 邹宏秋：《高校女教师职业认同与性别认同的和谐路径探析》，《现代教育科学》2010 年第 6 期。

会联系的机会，改善其知识结构，增强其解决实践问题的能力，为高校女教师走向全面发展打下坚实的专业理论与实践基础。

3. 鼓励女教师定期访学、留学并为其提供制度保障

众所周知，随着高等教育国际化浪潮的到来，通过学术交流来促进自己的学习和研究已经越来越成为促进教师发展的一个重要渠道。因此，定期访学、留学、参加各种学术会议、加入各种学术团体、经常拥有一个相对稳定的学术交流群等，是高校教师建立学术网络的主要途径，也是高校教师扩大自身学术影响的一个必不可少的平台。但在出国留学、国内访学、参加学术会议、参加学术团体等方面，女教师的机会却远远少于男性。① 此外，高校女教师的交往具有明显的"'专业个人主义'的特点，一间教室就像是一个有城墙和护城河的城堡，教师自身从不出去，而她们的同事又羞于进来"②。如果女教师长此以往疏于学术交往，势必丢失许多学习良机，同时导致其学术网络比男性狭窄，从而游离于学术团体的边缘，这不仅会影响其广泛的社会关系的建立与自身的发展，还将影响到高等教育质量的提升。对此，我国高校有必要学习西方发达国家的一些做法，从以下三个方面采取措施：一是为因生育而中断职业后刚回到教学、科研或管理岗位的女性提供学习的机会；二是为那些正在为获取各种学术资格（如考博、评职称等）的女性提供访学、留学的平台；三是为一般意义上的女教师尤其是中年女教师创设一些短期的、专题的培训等。我们在访谈中发现，多数中年女教师似乎处于一个"夹心层"的真空状态，年龄比她们大的职业期望逐渐下降，压力逐渐减小，年轻的女教师偶尔还可以享受到学校改革中出台的一些新政策（如访学、留学、青年课题申报等，大多有年龄限制），但中年女教师的事业还处于上升期，她们大多

---

① 禹旭才：《烛照之思——当代中国高校女教师发展研究》，兰州大学出版社2009年版，第96—101页。

② 马晓凤：《在交往中发展》，《中小学教师培训》2004年第2期。

明显感受到在政策扶植、职称职务晋升等问题上遭遇瓶颈。但这一年龄层的女教师无论是在教学、科研方面还是在管理方面都有了相对丰富的积累,大多是奋斗在教学科研一线的骨干,因此高校应采取有针对性的措施,确保她们及时更新知识、紧跟学科与社会的发展步伐。总之,"在一个紧密联结在一起的集体内,即使是一个最年轻的、最没有经验的教师也会比任何一个有经验和有才干却与教育集体背道而驰的教师能做出更多的工作"①。

(四) 创设一种支持高校女教师发展的校园生活环境

生活环境既是高校女教师生存的基本条件,也是影响其发展到何种程度的核心要素。广义的生活环境,是指与人类生活密切相关的各种自然条件和社会条件的总体,它由自然环境和社会环境中的物质环境组成。狭义的生活环境,是指人学习、工作、居住的地方及其一切物质条件的总和。本书所指的生活环境是狭义上的,是相对于前文中的心理环境、工作环境与学习环境而言的,是指围绕着高校女教师并会对其身体、心理、工作和学习产生重要影响的外界条件,主要包括学校生活环境和家庭生活环境两个方面。

1. 为女教师发展提供一种支持性的学校生活环境

所谓支持性的学校生活环境,即指能兼顾女教师教学、科研、管理工作和生育养育的具有女性特点的生活条件和环境。韩国总统朴槿惠在"第17届女性经济人之日纪念仪式"上强调:"政府将提供符合女性特征的针对性支援,为女性创造更好的生活工作环境,避免职业断层"②。可见,为女性发展提供必要的有针对性的支援和更好的生活环境,已逐渐为发达国家所重视。这其中的根本原因是女性不仅要做好本职工作,还要兼顾好家庭。应该说随着经济的快速发展和国家对教育事业的越来越重视,我国高校教师的生

---

① 傅道春:《教师成长与发展》,教育科学出版社2001年版,第160页。
② 《朴槿惠政府:为女性创造更好工作环境 避免职场断层》(http://www.tw-wtn.com/Life/67_ 192649.html)。

活环境日趋舒适和优越。如高校自然环境越来越怡人,人文环境越来越和谐;教学楼基本上配备了教师休息室,博士、教授基本上配备了工作室等。但不可否认的是,很少有高校从女性的特点出发,为其创造有针对性的生活环境。主要表现在以下三个方面:其一,她们集聚在相对拥挤的办公区。在高校,能够有独立工作室的通常有三个群体:一是高端人才,如两院院士、长江学者等;二是教授或博士;三是处级以上领导干部。而这三个群体中,女性都微乎其微。往往女性密集的地方,便是最拥挤的地方。如某大学外国语学院大学英语部(62女、7男),平均17人挤在一间50平方米左右的办公室。其二,她们通常没有必要的私密空间,如哺乳期的女教师在课间喂奶时,有时不得不站在教室外的走廊上或躲进洗手间。其三,她们看似简单的要求难以满足。如我们在调查中发现,女教师大多期待学校能够在洗手间装上一块简单的穿衣镜;住在校外处于孕期的女教师非常期待有一张简易的小床供她们中午稍做休息、期待教师休息室配备微波炉、开水等,但这些看似简单的需要却迟迟没有完全得到解决。如果高校能够站在女性的角度对其工作环境做一些思考,就可以按照为教授、博士改善工作条件的思路,酌情为女教师群体提供一个更为方便的生活条件。也许在一些人看来这些是区区小事,但对女性而言是事关身体、心理和发展的大事。这不是因为女教师矫情,而是因为她们承担着生育、养育孩子等更多的独特的社会责任。总之,给女教师提供一种有针对性的物质性工作环境是一所高校必要而高明的投资。

2. 为女教师发展提供一种支持性的家庭生活环境

高校女教师的发展,既需要支持性的学校生活环境,更离不开支持性的家庭生活环境。家庭生活环境看似与女教师的发展相去甚远,实际上在一定程度上决定着女教师发展的方向和速度。我们的调查显示,高校女教师认为最幸福的事排在前三位的分别是:家人健康(69.6%)、家庭和睦(66.2%)、孩子有进步(36.3%)。在我们身边,家庭环境越和美,女教师的发展则越顺畅的现象很普遍。因为美满和谐的家庭环境,能够为女教师营造一个安逸舒适的港湾,帮助其舒缓压力、舒展心情,调整生活节奏,为女教师全身心投入工作、创造辉煌提供坚强的后盾。相反,不和谐的家庭环境则会导致或加速女教师的职业低迷状态,阻碍其正常发展。然而,支持性的家庭环境不是天上掉下来的,也不单纯是女教师的主观努力就可以达成的,而是需要许多客观方面的条件。本书课题组对5位大家公认的事业发展顺畅(教授职称且担任副处级或正处级领导职务)且先后被评为学校"和谐家庭"的女教师进行了访谈,发现这5个家庭具有4个共同的特点:(1)家庭整体经济收入相对较高,双方家庭负担不重;(2)孩子3岁前要么请了保姆,要么由相对年轻的爷爷奶奶照看;(3)男主人相对较为民主,"男主外女主内"观念相对淡薄,且坚持在一定程度上分担一些家务;(4)双方争执较少。同时我们也访谈了3位年龄、学历、毕业学校与前5位不相上下、大家公认发展得不太顺畅(老讲师)的女教师,发现这3个家庭也具有4个共同点:(1)家庭经济状况一直比较拮据,双方父母都要负担;(2)小孩一生下来就是自己带;(3)男主人主要忙于工作和生计,较少分担家务劳动;(4)男主人"男主外女主内"的思想很突出。以上两种类型的家庭环境能在一定程度上说明三个问题:一是女教师的发展离不开支持性的家庭环境;二是家庭事务的牵绊是影响女教师发展的重要因素;三是和美家庭环境的形成与经济状况、家务劳动的多少以及男主人的观念和承担家务等息息相关。因此,高校在帮助女教师获得支持性的家庭环境方面,亦存在可为的空间。

一方面,引导人们调整"性别角色"期待。

一直以来,对女性的期待都重在家庭角色。然而对女性家庭角色的过分期待,在客观上将难以为女性社会角色的发展或者说女性社会价值的实现提供一种支持性的家庭环境。季铭靖的研究表明:

"浙江大学女教师中89%的人表示曾经或正在经历着家庭和事业的冲突，其中青年女教师又较为明显。多数青年女教师初涉高校工作岗位时，一个极为突出又具普遍性的问题就是青年女教师的生育期与事业发展关键期的重叠与冲突。"[1] 尽管在不同职业发展阶段，女教师所面临的问题和困境各有不同，但有两大冲突是带有普遍性的："第一，是发展阶段上升趋势与生育、承担家庭责任的冲突；另一方面，生育时间也使女性与同等条件男性相比，延长了晋升级别和职称的时间。"[2] 高校从来都是传播文明、社会批判的领头羊，理应引领社会调整严重倾斜"家庭"的女性角色。所谓调整性别角色期待，实际上是指要降低对女性家庭角色的期待，提升对男性家庭角色的期待。对女性家庭角色的期望值不降低，一方面会给女教师造成无形的心理压力，另一方面又会为男性规避家庭角色提供合理的解释，在客观上形成女教师发展道路上的障碍。这就要求高校率先开展尊重女性、关心女性发展的性别平等宣传，率先跨越传统性别定位的藩篱。现实中不难发现，不少大学教师对"男主外、女主内"的传统藩篱严防死守，更不用说进行理性的批判。更有甚者，还有不少女教师，披着现代知识分子的华丽外衣，骨子里却流动着传统的血液。如当她们发现身边一些女同事为事业努力拼搏而不小心疏忽了家庭时，同样会加入指责的行列。因此，无论是基于现实的需要还是顺应高等教育国际化的潮流，高校应引导社会解构角色定型的观念和"男主外、女主内"的分工模式，倡导男女教师平等分担家务，批判女性的价值在家庭、男性的价值在社会等陈腐观念，为女教师的全面发展卸下沉重的家庭包袱，形成一种支持性的家庭角色环境。

---

[1] 季铭靖：《研究型大学女教师职业发展探析》，硕士学位论文，浙江大学，2014年，第20页。

[2] 宋娱：《高校女性高层次人才的职业发展——以北京市为例》，《沈阳师范大学学报》（社会科学版）2011年第4期。

另一方面，实施"家校合作"策略。

所谓实施"家校合作"策略，其目的在于帮助女教师找到社会价值和家庭价值双赢的结合点。英、美、欧盟等国家正在形成这种趋势。如美国斯坦福大学的"最佳实践"策略、奥地利各大学为女教师提供免费钟点工服务政策等，都是家校合作策略的具体措施。根据我国的国情，促进高校女教师事业与家庭双赢的建议有：

其一，将女教师从琐碎的家务劳动中解放出来。据2001年全国妇联、国家统计局联合发布的中国妇女社会地位调查报告，中国妇女的社会地位虽然有所提高，但女性承担家务劳动的格局仍未改变，85%以上的家务劳动主要由妻子承担，虽然高达87.9%的女性衷心希望"男人应该承担一半家务"，但现实却难如其愿。[①] 我们的调查结果表明，仅家务一项（不包括教养小孩等），57.1%的女教师平均每天要花1—3个小时，15.1%的女教师平均每天要花3小时以上。另外，有研究表明，70%的女教师认为繁重的家务劳动是影响她们专心学术研究的最主要因素，只有10%左右的女教师认为自己可以平衡好家务与工作的矛盾[②]。可见，烦琐的家务导致女教师时间分割、精力分散，自身发展不得不大打折扣。因此，在整个社会家务劳动社会化程度还严重偏低的情形下，高校可以实施"家校合作"策略，帮助确有困难的女教师卸下包袱，轻装上阵，潜心投入教学和科研。具体来说，可以从以下四个方面着手：（1）适度提供免费钟点工服务；（2）酌情提供幼儿寄宿服务；（3）适当减少处于孕期、哺乳期的女教师工作量；（4）逐步构建"弹性工作制"等。有条件的高校可根据实际情况，效仿"国家为促进旅游消费鼓励弹

---

① 熊敏：《现代女性的两难境地 社会地位有待提高》（http://baby.ce.cn/qt/201108/19/t20110819-22632080.shtml）。

② 季铭靖：《研究型大学女教师职业发展探析》，硕士学位论文，浙江大学，2014年，第32页。

性作息"① 一样，依法优化调整高校的相关规章制度，为有困难的女教师提供有弹性的工作环境。

其二，指导女教师平衡社会角色与家庭角色的责任。从理论上讲，身为高级知识分子的高校女教师，不仅是培养高级人才的生力军，而且是勇当挣脱传统女性观念、力推女性解放的先驱。但我们的调查结果显示，半数以上的女教师依然没有摆脱女性充当家庭的主角和社会的配角的传统心态，男教师对传统分工模式的认同度比女性更高。② 在实践中亦不难发现，不少女教师主体意识与女性意识薄弱，自我认识受外界束缚，自我价值的实现倾向于依赖家庭，难以审时度势地确定自身的奋斗目标，难以真正认清自己的历史使命和社会责任，很难明确自身承担的每个社会角色所涵盖的责任与义务，很少考量哪些事情该做与不做，以及多做与少做之间的关系。这一方面说明高校女教师仍然缺乏支持实现其社会角色的环境，另一方面说明女教师本身难以把握其家庭角色和社会角色的责任。因此，高校应以实际行动践行马克思主义关于人的全面发展理念，引导女教师自觉树立主体意识，适度平衡好教师、研究者、管理者以及贤妻良母等多重角色，合理捋清角色的层次与主次，为自身的全面发展谋求一个支持性的家庭环境。

第二节 实现"战略性社会性别利益"

一 "战略性社会性别利益"的内涵

所谓"战略性社会性别利益"，是相对于"实用性社会性别利益"而言的。它是指以改变女性从属地位、实现性别平等为目标

---

① 《国办：鼓励有条件单位夏季休周末两天半短假》（http://www.chinanews.com/gn/2015/08-11/7460041.shtml）。
② 禹旭才：《烛照之思——当代中国高校女教师发展研究》，兰州大学出版社2009年版，第103页。

而需要实现的利益和需求，也称为"战略性社会性别需求"。它与劳动、权力和资源控制相关，包括诸如法律、权利、同工同酬和女性对资源控制等方面。因此，实现女教师战略性社会性别利益包括促进女教师参与高等学校政策制度制定、进入高校高层决策、分享各种教学研究资源等。可见，实现"战略性社会性别利益"，是在比"实用性社会性别需求"更高的层面上为女教师的发展提供制度、政策和资源保障，其实质是倡导在性别平等的框架下满足女教师的现实需求，进而实现两性的全面和谐发展。

二 实现"战略性社会性别利益"的必要性

回眸历史，高校女教师的发展，走过了近100年的历程。为什么在男女平等政策实施了半个多世纪的中国，女性占据高校教师总人数半壁江山的今天，女教师依然明显远离高校的"内圈"？[①] 笔者认为，要根治这一顽疾，如果仅依靠满足女教师的"实用性社会性别利益"，还只是停留在治标的层面；要从根本上消除高等教育界的性别"跛足"发展现象，必然要挑战高等教育领域现存的社会性别格局，因此实现女教师的"战略性社会性别利益"，无论在理论上还是实践上都是十分必要的。

（一）实现战略性社会性别利益是实现21世纪我国高等教育性别平等目标的现实要求[②]

追求性别平等是人类社会进步与发展的重要表征，也是21世纪世界高等教育致力实现的目标。2001年8月，中国传媒大学成功主办了题为"新世纪高等教育发展战略"第一届"大学女校长国际论坛"，共有来自8个国家和地区的近100名大学女校长参加了此次论坛，她们以特殊的视角，从战略的高度探讨了世界高等教

[①] 禹旭才：《烛照之思——当代中国高校女教师发展研究》，兰州大学出版社2009年版，第119页。

[②] 同上书，第18—19页。

育的发展趋向。2004年，中国传媒大学又成功举办了题为"沟通·合作·发展"的第二届"大学女校长国际论坛"，来自21个国家和地区的150余位大学女校长以及数十位男校长对高等教育领域的女性发展问题等进行了深入的探讨。2006年，题为"和谐世界文化多样——大学与媒介的责任"的第三届"大学女校长国际论坛"再次于北京举行，围绕"大学女校长与女性领导力"等四个主题进行讨论。由此可见，将女性发展与高等教育发展、社会可持续发展紧密联系在一起，注重高等教育领域中女性的进一步发展，注重建立男女两性和谐发展的高等教育，已成为21世纪世界高等教育努力的方向。

  我国政府历来重视高等教育的发展，重视女性在高等教育改革与发展中的重要作用。"为了进一步促进妇女平等参与高等教育发展，国家把妇女的教育纳入了中国妇女发展纲要的指标体系，把妇女教育的主要目标列入国家的教育与发展规划，要求在国家人才发展战略中体现男女平等原则，逐步提高女性集中的部门、行业管理层中的女性比例，教育、科技、文化等部门领导班子中，要配备女干部，在课程、教育内容和教学方法改革中，把社会新的意识纳入教师培训课程。"[①] 应该说，中国高校女教师正面临着一个前所未有的发展机遇。但我们也应清醒地看到："中国妇女参与高等教育的水平还不平衡。女性所占的比例总体偏低，结构性失衡状况还未得到有效的改善。"[②] 高校女教师在高等教育中明显处于劣势和边缘地带，其发展状况远远落后于男性。由此可见，为女教师的进一步发展创造条件、搭建平台，推动高等教育的发展，还是一项未竟的事业。

  如何排除女性有效参与高等教育的各种障碍，如何推动女性进一步发展，如何实现高等教育领域的性别和谐，如何以实际行动引

[①] 刘利群、张玲主编：《第二届大学女校长国际论坛》，中国传媒大学出版社2005年版，第2页。

[②] 同上书，第3页。

导社会走向两性和谐等,既是我国高等教育自身要进一步回答的问题,也是全社会亟待反思的问题。本书认为,仅仅停留在现有的社会性别分工框架内,不挑战现存的两性关系格局,女教师发展中遭遇的障碍难以彻底清除,性别和谐的高等教育亦难以实现。因此,实现高校女教师"战略性社会性别利益",是高等教育致力于男女平等目标实现的现实要求。

(二) 实现战略性社会性别利益是推动 21 世纪我国高等教育转型发展的必然选择

"发端于 20 世纪 80 年代的改革开放,标志着我国进入社会历史的转型时期。改革开放以来,我国的政治、经济、科技及其他社会领域经历了重大变革,也就是说制约我国高等教育发展的社会因素发生了重大变化。与之相适应,我国高等教育也在进行整体性的变革,例如,近年来我国高校内部正在进行的人事分配制度改革等就属于正在进行的整体性变革的一部分。这在给高校教师发展带来前所未有的机遇的同时,也必然对高校教师的发展提出更高的要求。"[1] 然而,与男教师不同的是,高校女教师在应对高校转型发展而实现自身的转型和发展的过程中,却陷入了种种困惑。事实证明,因为这些困惑的存在,已经导致女教师在某些方面的发展水平与男性的鸿沟呈加大的趋势。而要消解这些困惑,既不是女教师单方面努力就可以为之的,也不是遵循"修修补补"的思路就可以解决的。然而女教师作为推动高等教育发展的巨大的人力资源,她们的发展水平,将在很大程度上影响着整个高等教育的发展进程。因此,我们必须高度关注高校女教师的利益诉求与发展趋势。那么,面对高校女教师发展中存在的问题,我们不仅应从理论、历史与现实等多个维度深入分析问题存在的重要原因,从理论上论证高

---

[1] 禹旭才:《烛照之思——当代中国高校女教师发展研究》,兰州大学出版社 2009 年版,第 19—20 页。

校女教师应该如何发展,更要从实践上提出促进高校女教师进一步发展的对策。这同样需要我们突破"修修补补"的思路,从更高层面、更深层次挖掘问题的症结。笔者认为,实现高校女教师"战略性社会性别利益",不失为一剂良药。

(三) 实现战略性社会性别利益是促进女性走向全面发展的根本诉求

人类社会发展的历史在一定意义上是一部人不断追求全面自由发展的历史。换言之,生产力水平越高、社会越发展,对社会成员的发展要求就越全面。高校女教师作为女性中一个具有代表性的群体,她们的生存与发展状况以这样或那样的方式反映着时代的变迁与社会的文明与进步,也在一定程度上左右着一流大学的建设前景。因此,关注高校女教师的全面发展,便是关注人的全面发展;关注时代与社会的发展,亦必须高度关注高校女教师的全面发展。简言之,从人的高度促进高校女教师走向全面发展已成为我们必须关注的一个重要的时代课题。

人们通常想当然地认为,女性专家(Women Professionals)若会在某个领域获得成功,那就是在大学里。[1] 然而高等教育中的性别不平等发展却无处不在,如在高级职称、高级职务及核心团体梯队中,女教师没有被充分代表,她们大多集聚在低水平、低地位、低职称的岗位上。[2] "在高等学校中层管理者中,男性大约以5∶1胜出女性;在高层管理中,男性至少以 20∶1 胜出女性。"[3] 20年过去了,这种结果依然十分普遍。让人担忧的是,这一问题还

---

[1] Acker, S., "Creating careers: Women teachers at work." In S. Acker (ed.). *Gendered Education: Sociological reflections on women, teaching and feminism*, Philadelphia: Open University Press, 1994, p. 125.

[2] Pritchard, R., "Gender inequality in British and German universities." *Compare*, Vol. 3, No. 5, May 2007.

[3] Luke, C., *Globalization and women in academia: North/West-South/East*, Mahwah, New Jersey: Lawrence Erlbaum Associates, 2001, p. 4.

远未得到主流学术界的关注,在他们看来,"进入了高等教育机构从事科研或教学的女性已经与性别偏见无缘,因此无须受到关注了"[①]。事实上,女教师发展的历史性的滞后不仅是女性的失败,也是男性的失败,是高等教育的失败,更是整个人类文明的失败。要真正实现高等教育的内涵式发展必须努力使女教师充分发展,必须根治高等教育领域这种久远、普遍而隐性的性别偏见与性别歧视,进而为女教师的全面发展扫除前进的障碍,这就需要从观念、制度、政策等深层次层面,满足高校女教师的战略性性别需求。

三 实现"战略性社会性别利益"的主要途径

如果说大学作为高校女教师发展的特殊空间,在满足其"实用性社会性别利益"上,担负着特殊的使命,那么在实现女教师"战略性社会性别利益"上,除了大学要勇于担当外,社会亦应有更大的作为。因为女教师的发展不仅仅是女性自身的问题,更是一个社会的问题、历史的问题。女教师以其自身的特质默默地为高等教育的发展乃至社会的发展奉献着自己的力量。正是从这个意义上说,促进两性平等并赋予妇女权利是内在的本质的而非功利性的目标。[②] 因此,应将女性"战略性社会性别利益"全面纳入我国政治、经济与文化制度建设中。本书主要从社会、政府的视角,从经济收入、性别政策、性别文化三个方面提出建议。

(一) 解构现有的经济收入格局

经济基础决定上层建筑,这是一条颠扑不破的真理。众所周知,在农业社会,无论中国还是西欧,男性的地位都远远高于女

[①] Cass, B. & M. Dawson, *Why so few? women academics in Australian universities*, Sydney: Sydney University Press, 1983, p. xi.

[②] Naila Kabeer, "Gender equality and women's empowerment: A critical analysis of the third millennium development goal." *Gender & Development*, Vol. 9, No. 3, March 2005.

性，最根本的原因在于男性是家庭最主要的劳动力，是家庭经济收入的主要创造者。可见，经济收入在很大程度上决定了一个人在家庭和社会中的地位。因此，寻求高校女教师"战略性性别利益"的满足，首先有必要从经济的视角，通过对工资收入等相关领域的现状、发展趋势、政策和项目等进行调查、调整与改进，以使女教师和男性能平等受益，最终实现经济收入的社会性别平等。也许有人会说，当下高校奉行的是市场经济的平等竞争规则，多劳多得、优劳优酬，竞争的结果是"男高女低"，只能说明女教师要么劳动量少，要么工作质量不高，那社会和高校何罪之有？诚然，在市场经济条件下，平等竞争在经济领域是一种必然的选择。但问题的关键是如果我们忽略了平等竞争前的历史遗留问题和现实社会中的新问题，所谓的平等竞争事实上还是男性主导下的不平等的竞争。早在 1980 年，联合国哥本哈根大会就提到："妇女从事了世界上 2/3 至 3/4 的劳动量，生产了 45% 的世界食物，但她们仅获得 10% 的世界收入，仅拥有 10% 的世界财富。"[1] 无独有偶，世界银行的一项研究亦表明，在过去的 10 年中，妇女的工资每年大约增长 1%，但妇女的工资仍只有男子工资的 60%—70%。[2] 据联合国调查，除澳大利亚、加拿大和美国外，所有国家妇女的劳作时间都比男性长。在发展中国家，妇女平均每天劳动 12—18 小时，而男子则平均为 8—12 小时。[3] 那么，在男女平等政策实施了半个多世纪的中国，在高度文明的象牙塔内，经济收入的性别情况究竟如何呢？

1. 经济收入男高女低

据 2001 年全国妇联、国家统计局联合发布的中国妇女社会地位

---

[1] Marilyn French, *The War against Women*, Random House Value Publishing, 1995, p. 30.

[2] 第四次世界妇女大会"95 北京非政府组织妇女论坛丛书编委会"编：《95 北京非政府组织妇女论坛国外论文选》，中国妇女出版社 1998 年版，第 112 页。

[3] 同上书，第 78 页。

调查报告，女性的收入只占男性的七成，且这种收入差距仍然在扩大。[①] 2012年到2013年，山西省妇联开展了省内第三期妇女社会地位调查。调查结果显示：无论城乡在经济收入上都存在着明显的性别差异；且在业女性与男性的收入差距呈扩大趋势。从人均年收入看，女性收入明显低于男性，且性别收入差异在城市和农村同样存在。从山西省的情况看，男性年人均收入为16214.24元，女性为10889.99元，女性收入是男性的67.2%。其中：城市男性年人均收入为21616元，城市女性年人均收入为16153.22元，女性收入是男性的74.7%；农村男性年人均收入为11138.08元，农村女性年人均收入为4922.24元，女性收入是农村的44.2%。[②] 还有研究者指出，我国妇女越来越多地参与到社会财富的创造过程中，总体上越来越富有，但是她们的收入却越来越不如男性。20年前，农村妇女的收入是男性的79%；如今这一比例降到56%。在城市，这一比例由78%降到67%[③]。可见，经济收入的男高女低现象，既是普遍的也是久远的。这种现象在客观上将导致女性的家庭地位和社会地位均低于男性。

这种状况在当今的高校同样普遍存在。总体而言，男性的工资普遍比女性高，收入高的岗位普遍被男性拥有。比拉德在考察具有博士学位授予权的院校时发现：在全职教授、副教授、助理教授、督导（Instructor）和讲师等职称级别，女性的工资分别比正常水平低10.6%、6.4%、10.0%、11.1%和13.5%；维特的跟踪研究指出，这种工资差异逐步扩大，男性工资在他们的职业生涯中一直持续增长，而女性的工资则在她们工作时间达到25年后停止增长。[④]

[①] 熊敏：《现代女性的两难境地　社会地位有待提高》，（http://baby.ce.cn/qt/201108/19/t20110819-22632080.shtml）。
[②] 美报报道：《中国女性地位发展不均》，《参考消息》2012年6月22日第1版。
[③] 同上。
[④] ［瑞典］T. 胡森、T. N. 波斯尔斯韦特：《教育大百科全书（2）》，高洪源译，西南师范大学出版社2002年版，第540页。

美国最近的研究表明:"高校女教师的实际工资仍然比男性低,这种差距在最近 15 年持续不变;在研究型大学,同为最高级别的教授,女性只能拿到男性薪酬的 90%。"① 诚然,我国早已实行了男女同工同酬的政策,从国家统一下发的工资表上看,男女教师的工资待遇的确没有差别,但如果我们深入考察,便会发现即便是条件相当的高校男、女教师,其实际收入也是存在较大差异的。②③ 笔者随机抽取了湖南科技大学 2014 年与 2009 年"教学科研关键岗教师"数据,做一个简单的性别分析:该校 2014 年度专任教师共计 1560 人,其中男性 1004 人,女性 556 人,女性占专任教师总数的 35.6%;本年度聘上了学校关键岗位的总人数为 252 人,其中女教师仅 20 人,男性占关键岗位总数的 92.1%,女性仅占关键岗位总数的 7.93%。④ 该校 2009 年度专任教师共计 1605 人,其中男性 1026 人,女性 579 人,女性为专任教师总数的 36.0%,该年度全校聘上了学校关键岗位的教师共计 427 人,其中女教师仅 40 人,男性占关键岗位总数的 90.6%,女性仅占关键岗位总数的 9.4%。从学校关键岗位数看,女性从 2009 年的 9.4% 降到了 2014 年的 7.93%,男性从 90.6% 升到了 92.07%。关键岗位与非关键岗位的工资差距是很大的。以 2009 年为例,最高的关键岗位津贴是 5.5 万元,最低的关键岗位津贴是 2.1 万元,而最高的非关键岗位津贴

---

① Glazer, R. J., "Gender Equality in the American Research University: Renewing the Agenda for Women's Rights." In Mary Ann Danowitz Sagaria (ed.). *Women, Universities, and Change Gender Equality in The European and The United States*, New York: Plagrave Macmillan, 2007, p. 168.

② Spencer, D. A., "Teachers Work in Historical and Social Context." In Virginia Richardson (ed.). *Handbook of research on teaching*, 4th edition, American Educational Research Association, 2002, pp. 803 - 825.

③ 禹旭才:《烛照之思——当代中国高校女教师发展研究》,兰州大学出版社 2009 年版,第 128 页。

④ 湖南科技大学人事处:《1 年度校聘教学科研关键岗位情况公示》(http://www.hnust.cn/affiche/edit/UploadFile/.2014.xls)。

只有1.6万元,最低的非关键岗位仅为6000元。并且津贴在3万—5.5万元之间99人中,女教师仅1人。[①] 事实上,2014年,随着学校工资制度的进一步改革,关键岗位和非关键岗位之间的差距较以前更大了。凡是聘上关键岗位的,其津贴最低档为8.75万元,而没有评上关键岗位的,其津贴最高档都达不到6万元,大多在5万元以下。可见,从实际工资收入看,女教师的实际平均工资远远低于男教师,而且岗位津贴越高,女性越少甚至呈现无女性的现象。2014年与2009年相比,经过5年的发展,工资的性别差异不是缩小了而是拉大了。据我们掌握的情况,类似这种现象在其他高校也不少见。那么,究竟是什么原因导致的呢?

2. 男高女低的归因分析

首先,女教师的学术资格偏低。所谓学术资格,主要是指学历、职称以及担任硕士生、博士生导师的情况等。在高校,学历的高低、职称的高低以及是否具备硕士生、博士生导师资格等,既是学界公认的一种高校教师学术地位的标志,又在很大程度上制约着女教师的就职岗位与学校津贴的等级。因为高校实施人事制度和工资制度改革后,几乎所有高校的岗位津贴都是有层级的,而每一个层级对学历、职称及其工作业绩都是有明确的要求的。从职称状况看,总体呈现出男高女低的特点。具体言之,初级、中级职称女高于男;副高、正高职称女低于男,尤其是正高职称男性所占百分比远远高于女性。如2013年教育数据统计所示:"女教师占教师总数的47.73%;男女教师总人数比为1.09∶1;男女教授比为2.46∶1;男女博士生导师比为5.56∶1;男女硕士生导师比为2.01∶1;男女教师博士比为1.96∶1。"[②] 此外,女教师职称晋升的速度比男教师

---

① 湖南科技大学人事处:《1年度校聘教学科研关键岗位情况公示》(http://www.hnust.cn/affiche/edit/UploadFile/.200901485927407.xls)。

② 中华人民共和国教育部:《2013年教育数据统计》(http://www.moe.gov.cn/s78/A03/moe_560/s8492/s8493/index_1.html)。

慢。"女教师从讲师升为副教授，平均比男性晚3年；女教师从副教授升为教授，平均时间晚2年。"① 性别差距显而易见。但相对于职称与研究生指导教师的性别差异，教师学历的性别差异是最小的。这一方面说明近年来女教师的学历提升较快，这在一定程度上是高校提高了教师的学历要求以及高校内部人事、工资制度改革而引发的激烈竞争使然；另一方面学历相对职务和职称而言是一个自制性因素，即主要通过女教师自身的努力和付出就可以提升。因此，相比之下，女教师要获得较高的岗位津贴，自身学术资格偏低是重要的影响因素之一。

其次，女教师的发展资源偏少。由于历史和现实的原因，女教师占有的发展资源较少，导致大部分女教师在高校竞争力不足。这里的资源既包括校园里的办公资源，也包括校园外的人脉资源、学术资源以及校园内外高层次的发展平台等。在校园里行走，稍加留意就会发现，办公条件大气上档次、科研设备先进等场所，大多是男性的身影；顶尖级学术会议、核心期刊上的无数名字中，女性寥寥无几；青年骨干教师、学科带头人、21世纪"121"人才等各级各类优秀人才中，女性寥若晨星。另有学者指出，在整个学术生涯中，男性科学家发表的论文几乎是女性的两倍。② 目前在我国，"973"首席科学家中女性仅占4.6%，863计划中没有女性，"长江学者"中，女性仅占3.9%。③ 这一切的一切，都说明女教师的学术资源、社会资源等远远少于男性，从而在一定程度上导致女教师的收入低于男性。

最后，女教师的工作相对贬值。这主要是由重科研轻教学的实际状况而导致的。英国学者戴维在《学问的中心》中指出，科研

---

① 禹旭才：《烛照之思——当代中国高校女教师发展研究》，兰州大学出版社2009年版，第89—91页。
② 操秀英：《媒体评论：是什么导致了男女科学家论文数量的差异》，《科技日报》2007年8月21日第1版。
③ 施远涛、陈雪玲：《性别差异视角下女性科技人员科研产出之链探究——基于湖北省的实证调查》，《中华女子学院学报》2011年第4期。

和教学的分化导致了在大学中把教师分成一等公民和二等公民……必须建立新的大学组织形式以努力重新确立教学和研究不可分割的信念。① 不可否认，我国历史上缺乏为学术而学术的传统。经世致用成为多数人的最高追求。这一方面体现在国家、社会对大学进行排名时，科学研究的各项内容（如论文的多少、科研经费的多少等）总是被列入最重要的指标，与教学相关的指标主要是教师的数量以及教授、博士的比例等；另一方面体现在大学各项考评制度中。一般情况下，教师的职称评聘与职务晋升，科研成果都是重点考察项目，关键时刻教学工作则被置于了次要甚至不重要的尴尬。这里要说明的问题是，因为历史与现实的种种原因，女教师往往不成比例地聚集在教学部门，她们科研立项的数量等级以及著作、论文的发表等，都远远落后于男教师。这就意味着女教师的学术权力、能力和地位都低于男性！她们"自然"处于发展中的劣势。由此可见，女教师在科研"尊贵"于教学的事实面前，其教学工作的相对贬值便不言而喻了。

此外，由于受传统观念的影响，部分女教师甘愿选择牺牲自身去支持丈夫工作，由于无法对自身发展投入足够的时间与精力，女教师很难在机遇来临时与男性具有同等的竞争力。另外，高校对女教师的培养还存在一定的偏见，政府对高校的各种性别隔离缺乏有效的监督和制约机制。我们的调查结果显示，有60.9%的教师认同社会对女性有偏见，有59.3%的人认为社会对女教师培养、选拔不力。

3. 解构经济收入男高女低格局的建议

诚然，导致经济收入男高女低的原因是多方面的，要优化经济收入的性别结构也是一项系统工程。当前，政府和高校可以从以下

---

① 王承绪等编译：《高等教育新论——多学科的研究》，浙江教育出版社1988年版，第58页。

三个方面入手。

首先,直接补贴女教师不付酬劳动[①]的社会价值。所谓不付酬劳动(Unpaid-work),其实就是我们日常生活中所说的家务劳动,主要是指生儿育女的再生产活动和做饭、洗衣、照顾老人和病人、打扫卫生等家务活动。不付酬劳动是任何家庭都不可或缺的。目前,无论是官方文件还是主流观点,都认为家庭妇女是"没有工作"的女性,理由是她们做家庭私事,没有直接创造现金,没有生产效益,也没有相应的劳动部门为其支付劳动报酬。正是因为家务劳动没有现金报酬而被严重贬低,已成为女性经济地位和社会地位低微的重要原因。高校女教师尽管不是纯粹的家庭主妇,但不付酬劳动却是她们工作的重要组成部分。仅家务一项,57.1%的女教师平均每天要花1—3小时,15.1%的女教师平均每天要花费3小时以上。[②] 另外,有研究者指出,在经济发展的全球化进程中,家务劳动明显束缚女性的发展,但作为全球化理论指导的经济增长概念体系却不包括家务劳动,这对于女性来说是极为不公的[③]。因此,政府应直接将女教师家务劳动的价值纳入工资补贴。即"从客观上承认女性知识分子承担家务劳动的社会价值"[④]。这种做法英国政府已经开始实施,他们不仅给合格的保姆提供合法注册,而且保姆工资由政府与聘用人共同支付,孩子出生享受政府补贴,婴幼儿每月都能得到一定数额的补贴;此外,加拿大国家统计局1996年人口普查时注明,工作时间的计算包括没有报酬的家务劳

[①] 庄平:《全球化与不付酬劳动》(http://marxistphilosophy.org)。
[②] 禹旭才:《烛照之思——当代中国高校女教师发展研究》,兰州大学出版社2009年版,第141页。
[③] 王毅平:《社会性别理论:男女平等新视角》,《东岳论丛》2001年第4期。
[④] 朱巧菊:《高校女知识分子发展状况调研与女工工作对策研究》,《工会论坛》2005年第5期。

动及伺候病人。① 这种做法，既让女教师的家庭劳动价值得到了一定的体现，又为女教师将更多的时间和精力投入到教学、研究和管理中提供了坚强的后盾，同时亦间接地提高了女教师的实际工资。笔者认为，我国高校在相应的配套设施（如"托儿所"、"托老所"、"派送中心"、"家政服务公司"）还不齐全、不规范的情况下，在女教师的经济状况还不宽裕的条件下，政府可以考虑给职业女性提供相应的补贴，以保障她们能请得起保姆，进而为女教师投入更多的时间和精力到教学、科研工作中提供有力的外在保障。

其次，间接补偿女教师生育的社会价值。即从国家层面指导学校在出台相关政策时，考虑到女教师的生育特点和角色要求，给予其生育的社会价值以适当的补偿。具体设想包括：一是适度减轻生育女教师的教学、科研负担。即政府可以明文规定高校在定岗定编、核定教学工作量和科研任务时，应考虑孕期、哺乳期女教师的特殊性，采取适当减免工作量和科研任务等方法。即"为了解决女性知识分子的双重角色矛盾，学校要在必须完成的教学工作量、必须发表的科研成果量等方面实行男女有别的规定，也就是说对女性的要求略低于男性"②。事实上，这也不是中国的特色，如美国斯坦福大学针对男女教师在孩童照顾方面不平衡的分工这一事实，从 2004 年起，要求各学院采用"最佳实践"政策，策略之一便是减少女教师的工作量、延长家庭事假等。③ 二是适当降低生育女教师评聘要求。即在职称评聘、评优评先工作中，对正处于孕期、哺乳期的女教师，

---

① 刘莉、李慧英：《公共政策决策与社会性别意识》，《山西大学学报》2003 年第 3 期。

② 朱巧菊：《高校女知识分子发展状况调研与女工工作对策研究》，《工会论坛》2005 年第 5 期。

③ Glazer, R. J., "Gender Equality in the American Research University: Renewing the Agenda for Women's Rights." In Mary Ann Danowitz Sagaria (ed.). *Women, Universities, and Change Gender Equality in The European and The United States*, New York: Plagrave Macmillan, 2007, p. 173.

可以考虑适当降低某些要求等。众所周知,许多高校在职称评定、科研立项中,特殊学科与特殊专业在政策上有一定的倾斜,但很少听说过对生育中的女性有政策倾斜的做法。三是为在读女博士提供生育保险。女博士毕业后大多跨入了高校教师的行列。现行政策下,不少女博士为了深造和工作不得不推迟生育或不敢生育,还有不少优秀年轻女性为了生育不得不推迟深造或放弃深造,这无论是对下一代的培养还是对女教师自身的发展都是不利的。如果能够为在读女博士提供生育保障,如提供生育保险基金、产假和相关待遇补贴等,就在很大程度上为女博士解除了深造与生育的矛盾,这既有利于人的生产,又有利于她们毕业后轻装上阵参与高校竞争。

最后,建章立法,确保女教师的经济权利。在市场经济大潮中,女教师的经济权利需要各级政府和高校在制度上给予保障:(1)进一步完善《女职工劳动保护特别规定》等法律法规,对侵犯妇女劳动权益的行为(如男女有别的退休规定、男女有别的干部晋升制度等),要坚决依法治理。(2)高校要进一步落实女教师劳动保护政策,把女教师特殊劳动保护条款纳入学校财政专项,如女性两癌筛查等资金保障。(3)保障女教师能够平等获得论文发表、著作出版、科研基金、杰出人才项目等经济资源和相关权利。(4)保障女教师能够享有与男性平等参与工作量分配、核算,教学科研制度制定等经济决策的机会和途径。(5)加大对教学工作的投入,确保女教师教学工作应有的价值,缩小收入的性别差异。以湖南科技大学2015年的校聘关键岗为例来证明这是行之有效的办法。该校2015年度校聘关键岗共计266人,其中男性232人,占关键岗总数的87.2%;女性34人,占关键岗总数的12.7%,尽管12位二级、一级教授中,还是没有一个女性[①],但女教师占关键岗的比例较2009年(9.4%)

---

① 湖南科技大学人事处:《1年度校聘教学科研关键岗位情况公示》(http://rsc.hnust.cn/tzgg/61036.htm)。

增加了 3.3 个百分比，较 2014 年（7.93%）增加了 4.77%，这是近 6 年来一次巨大的进步。笔者仔细分析后发现，主要有两个方面的原因：一是该校加大了对教学的投入，课时费由 29 元/节增加到了 54 元/节；二是关键岗聘任的条件由以前的主要看科研业绩（统称为关键岗），改成了教学关键岗（侧重教学业绩）和科研关键岗（侧重科研业绩）两种关键岗。这种政策的改变，一是在客观上普遍提高了女教师的收入（因为女教师大多聚集在教学岗位），二是让教学业绩突出（科研条件一般）的部分女教师有了上关键岗的机会。这在一定程度上缩小了工资收入的性别差异。

（二）制定并实施学术界的社会性别敏感政策

寻求高校女教师战略性性别利益的满足，政策上的保障是关键。因为无论是学术权力的保障还是行政权力的参与，政策的导向和保护都是一个最有力度的前置性条件，没有政策的保障，要满足高校女教师战略性性别利益，恐怕只是一种空想。因此，必须通过对教学、科研与行政管理等领域的相关政策（包括设计、执行、跟踪、评估）和项目、计划等进行调整与改进，以使两性平等受益。可能同样有人会说，当下高校奉行的是平等竞争的游戏规则，竞争的结果是让女教师处于底层与边缘，社会何罪之有？这种观点看似有合理之处，但问题的关键是在历史与社会制造的性别发展鸿沟没有跨越之前，所谓的平等竞争事实上就是一句空话，起点的不平等很难有终点的平等。因此，在实施平等竞争这一游戏规则之前，无论是社会还是高校都应该承认因历史、社会因素造成的女教师竞争力处于弱势的现实，本着"矫枉"的理念，站在"女性也是发展的主体"的高度，通过政策的重新制定或调整或改进等来缩短两性之间的差距。这既是尊重历史的态度，更是现实的内在要求。这就要求社会不仅应该为女性过去所遭遇的不公正待遇给予应有的补偿，清除阻碍当下女性发展的各种障碍，更要为当下女性的快速成长和发展铺设好社会经济和政策支持的康庄大道。基于高校女教师发展普遍落后于男性的事实,那么国家在反弱势的政策中,必须增强社会性别敏感政策。换言之,就是要制定学术界的社会性别敏感政策。

所谓社会性别敏感政策,其内涵主要概括为四个方面:第一,政策的宗旨和目标的性别敏感。主要指制定政策时,既要能从人的高度保障女教师与男性共同的发展权利与需求,又要从性别的视角考虑到女教师在发展过程中所面临的独特问题及其独特的需求。第二,政策实施的性别敏感。主要指政策运用于实践时,当性别差异妨碍男女两性平等发展实现的时候重视性别差异,反之则忽视性别差异。第三,政策主体的性别敏感。主要指要求制定政策的主体(社会、高校的决策部门和权威人士)和执行政策的主体(包括女教师自身)都具有性别平等意识。第四,性别敏感政策是在汲取无视性别差异政策和凸显性别差异政策之合理因子的基础上,重构一种有助于女教师消除故有的、新生的或将要产生的歧视或不利、帮助女性逾越发展"边缘化"现实困境、实现两性和谐发展的理想政策。政府身为高等教育领域公共政策的制定者,有责任站在促进社会和谐发展的高度,通过高等教育相关政策的制定,创造公平的社会环境,为高校教师提供公平的发展条件,为处于发展弱势的女教师群体提供应有的政策支持。鉴于以上思考,需要从以下三个方面努力。

1. 全面评估高等教育领域的性别政策

全面了解并评估高等教育领域的性别政策现状,是政府制定学术界社会性别敏感政策的前提。尽管我国一直在致力于实现各个领域、各个阶层男女平等,但不同领域的女性所遇到的具体困难是不一样的。这就需要政府从宏观层面,依托专门的或相关的机构,组织专门的人员,针对高等教育领域中的政策进行性别分析。一是要全面了解我国高校各项指标(如职称、职务、科研成果等)的性别平等状况,以及发达国家推动高校性别平等的新趋势,从而找到我国高校公共政策的性别盲点或误区；二是要分析公共政策中的显性内容，看各项政策的实施，男女是否平等受益；三是要审视其中的隐性内容，尤其审视那些看似中性、没有明显歧视女性，但在操作过程中却损害了女教师权益的内容。根据评估结果，为进一步制定新政策或对已有政策的调整和改进提出建议和依据。如芬兰国会根据相关部门的研究发现，其《大学教授任命法案》（Act on the Appointment of Professors and Associate Professors in Universities）（Act 856/1991）的实施有益于男性、不利于女性，据此便在1997年颁布了《新大学教授任命法案》，对教授任命制度进行了修改，如"废除了男性相对人数不多的副教授范畴，即副教授直接升为了教授"[1]。可见，芬兰对高校教师职称的性别状况的深入关注值得我们深思和借鉴。

2. 制定高等教育领域的性别敏感指标

联合国教科文组织为了推动全球女性在媒介组织中的平等发展，先后历时三年组织了一大批国际专家共同讨论制定了媒体性别敏感指标[2]，这对促进女性在媒体中的平等发展无疑具有里程碑的意义。笔者认为，我国可以借鉴联合国教科文组织的良策，尝试制定高等教育领域的性别敏感指标。所谓高等教育性别敏感指标，是专门为高等教育组织制定的一套关于性别发展的评价指标。其目的是引导高等教育组织在高等教育的教学、科研和管理事务，及其相关政策的制定和实施中体现社会性别敏感意识、力争性别平等，要求高等教育组织依据和应用这些指标来最大限度地促进其所有成员的全面发展。高等教育领域的性别敏感指标可以粗分为教师和学生两个部分，也可以细分为教师、学生和行政人员三个部分。关于教

---

[1] Husu, L., "Women in Universities in Finland: Relative Advances and Continuing Contraditions." In Mary Ann Danowitz Sagaria (ed.). *Women, Universities, and Change Gender Equality in The European and The United States*, New York: Plagrave Macmillan, 2007, p. 90.

[2] 王琴：《媒体性别敏感指标：传媒人应遵循的守则》，《中国妇女报》2015年2月3日第B2版。

师性别敏感评估指标，至少可以涉及以下八个方面：学术决策层中的性别平衡；行政决策层的性别平衡；教学工作及工作条件中的性别平等；科研工作及工作条件中的性别平等；管理工作及工作条件中的性别平等；继续教育和培训中的性别平衡；学术交流中的性别平衡；工资收入中的性别平衡；等等。每个方面还可以继续给出具体而细致的评价指标。这些指标体系既可以由政府组织相关职能部门和专家来研讨制定，也可以放权给各高校自行开发和实施。这些性别敏感指标推出后，要逐渐在全国范围内推广，使其充分执行、恰当利用，并根据实施情况，要求高校定期提交并向社会公开其性别敏感发展结果报告。这意味着政府不仅要通过评估发现问题，基于问题制定性别敏感指标，而且要善于通过国家行动、计划来促成问题得以解决。如澳大利亚早在1986年就通过了"平权法案"（女性平等权利），要求高等教育机构开发、实施、评价平权法案项目，且每年向平权法案署（Affirmative Action Agency）报告其在性别平等方面的新政及其实施、反馈的数据和陈述。[①] 可见，我国政府可以根据国情，进一步采取相应的措施，缩小发展中的性别差异，促进高校女教师走向全面发展。

3. 适度实施必要的性别敏感政策

高校女教师战略性社会性别利益的实现，必须依托切实可行的性别敏感政策。这里的性别敏感政策主要包括两个方面：一是针对历史对女性的不公而落下的发展鸿沟，有必要适度实施"过渡性的保护政策"[②]。二是针对现实中女教师普遍面临的独特问题和需求，适时出台新政，为女教师的全面发展保驾护航。因前者已基本达成共识，我们在以前的研究中也做过一些探讨，故本书只就后者

---

① Affirmative Action Agency, "Higher Education Compliance Project B." *Affirmative Action Research Projects*, Vol. 9, No. 3, Sydney 1986.

② 禹旭才：《烛照之思——当代中国高校女教师发展研究》，兰州大学出版社2009年版，第221—222页。

做一些思考。

首先，构建高校性别敏感政策模式。

构建高校性别敏感政策模式，首先必须全面审视高校现行的政策模式。从性别的视角，高校现行的各种政策可以归纳为三种模式。(1) 性别中立政策模式。即所谓的与性别无涉的政策模式。具体来说，就是政策制定者把男女两性假定为无差别的群体，没有考虑到女性因性别差异而在现实中遭到的种种不利，既忽略了制定政策时女性的"起点低"，又忽略了政策实施导致的女性"结果差"等。即便政策对男女两性产生不同的影响，也认为不是政策的错，亦无须采取任何纠正性别偏见的措施。根据我们的观察和访谈，绝大多数人都未曾察觉到该模式的不足，反而认为性别中立政策模式是高校应该追随的。但我们深知，任何一项政策尤其是涉及实践改革的政策，价值的绝对中立是不可能的。正如有学者所言："任何一个试图阅读奥斯本和盖布勒写的《改革政府》的人如果认为这是本中性的、科学的书籍，他就发现自己读书时会遇到很大的困难。改革的语言常常具有相当大的说服性，很多人会依靠所意指或声称的两方面内容的联系增强其说服力。"[①] 因此，所谓的性别中立政策模式，实际上是忽略了整体格局中性别利益群体的差异，忽视了女性的独特性导致其在整体格局中的劣势，其结果势必阻碍女教师的发展。(2) 性别平等政策模式。即基于男女拥有平等的基本权利，因此男女两性完全应该受到相同的政策对待。在社会生活中应以同一尺度、同一标准来"平等"地、"公平"地要求男性和女性。例如，女教师在怀孕期间，其教学与科研任务的下限与男教师是等同的，如果没有完成规定的工作量，就不能取得全额津贴。这种看似"平等"的制度模式，其实质是一种性别盲视，是将观念上的"男女平等"

[①] [英] 克里斯托弗·波利特等：《公共管理改革》，夏镇平译，上海译文出版社2003年版，第17页。

误认为"男女等同"或"男女平均",是一种男性中心主义的,因而是不平等的。[①](3)性别歧视政策模式。简言之,即歧视女性政策模式。即政策的制定者认识到了两性的差异,但这种认识基于"男强女弱"、"男主外、女主内"等传统性别观念。从理论上说,性别歧视政策不可能在我国高校生存。第一,因为我国在新中国成立初期就建立了以性别平等为核心的公共政策,经过半个多世纪的努力,保障女性权益、促进女性发展的法律体系也已经基本形成。第二,关注和推进妇女与社会的协调发展,不仅是我国历代领导集体所重点关注的,更是21世纪性别公正的主要议题。第三,大学历来是文明的高地,把握着社会发展的方向,并以追求真理和社会批判为其精神要旨。然而随着社会的变迁,有些政策是需要改写和完善的,如"男60女55"的退休年龄政策;有些政策是由激烈的竞争引起、需要引导和纠正的,如某大学明文规定"男56女53"的中层干部退职政策、"男53女51"的中层干部不再提拔政策等。可见,在高校实践中,性别歧视政策仍然以各种形式存在,在很多情况下还冠以"照顾女性"的美名。其实质是一种以名正言顺的手段损害女教师的正当权利和机会的政策模式。总之,以上三种政策模式都不利于缩小"男强女弱"的性别发展鸿沟,都不利于女教师尽快摆脱边缘地位,与高等教育追求的和谐发展目标背道而驰。

所谓性别敏感政策模式,即决策者在审视性别中立、性别平等、性别歧视政策模式的基础上,敏锐地认识到传统社会性别结构产生的性别差异,以弥补历史和社会对女性的不公和消除女性发展中所遭遇的现实困境为目的,重构一种有助于男女两性共同进步、和谐发展的政策模式。这种政策模式"不是通过帮助妇女适应社会现状,而是试图通过改变根深蒂固的社会性别结构来改变社会秩

---

① 禹旭才:《烛照之思——当代中国高校女教师发展研究》,兰州大学出版社2009年版,第124页。

序，不是将男女两性纳入固定的范式，而是使社会系统更具灵活性以适应不同类型的人群需要"[1]。构建性别敏感的政策模式，需要具备以下几个条件：

第一，增强决策者的性别敏感意识。即决策者在制定政策方案时，应充分考虑该政策对男女两性造成的不同影响，尤其要敏锐地观察到对女性的不利之处。只有当决策层既具有了应有的性别敏感意识，又掌握了性别分析的方法，性别敏感政策模式才有可能形成。此观点已在前文中进行过论述，这里不再赘述。

第二，改变决策主体的性别结构。即改变决策主体男性化的状况，增加女性决策者，以达到决策时全面考虑男女两性的不同需求。这主要源于当前高校决策主体结构中呈现女干部"既数量少又地位低"的局面。教育部所属的71所高等院校中，校级女干部只占同级干部的8.6%，大学女校长只有3位[2]；上海市8所高校中校级领导男性为88.89%，女性为11.11%；院（系）级领导男性为82.06%，女性为17.94%[3]。可见，高校的核心权力岗位几乎完全由男性掌控，职务级别越高女性越少。女干部这种"既少又低"的现状，既不利于作为女性利益的代言人来提出女性的特殊需求和利益，又无力抵制对女性不利的政策出台。改变决策主体的性别结构包括两个方面：其一，提升女性决策者的比例。根据联合国方面的有关研究，任何一个群体的代表要在决策层达到30%以上，才可能对公共政策产生实际影响力。[4] 韩国全球政策委员会早

---

[1] 刘丽珍、朱立言：《社会性别视角下的公共政策分析》，《兰州学刊》2007年第8期。

[2] 顾秀莲：《国际妇女运动的发展与中国的男女平等基本国策》，《外交学院学报》2005年第5期。

[3] 高耀明等：《高校女教师的生存状态分析——以上海市为例》，《高等教育研究》2008年第8期。

[4] 刘丽珍、朱立言：《社会性别视角下的公共政策分析》，《兰州学刊》2007年第8期。

在1995年就提出，2005年妇女在各级政府委员会中的比例要达到30%。而我国高校中层及其以上女干部远远达不到这个比例，因此需根据实际情况明确各层级领导岗位上女性的比例，逐年接近30%。其二，增加女性决策者的核心职位。如果决策层核心职位中女性缺席，就有可能会造成公共政策中的性别盲点。只有确保两性共同参与决策，才有可能将性别群体的不同诉求表达出来，使女性群体的合法利益在整体上不被遗忘。这是性别和谐的核心一环，从而确保女性正当权利的实现。

第三，建立性别敏感政策奖惩制度。让各层次的决策者对社会性别平等结果负责，可以通过建立各高校、各部门的性别统计数据库，以了解性别结构状态，确保各个层面中社会性别平衡。主要领导的工作绩效和社会性别平等绩效挂钩，从而使决策者逐渐达成性别自觉，使性别敏感政策模式不断走向完善。

其次，设立促进性别平等的组织机构。

促进性别平等的组织机构是落实国家宏观层面性别平等政策的重要保障。但当前"我国性别平等政策的制定与实施之间存在偏差"[1]。即性别平等的准则从国家元政策进入具体政策之后，或者说具体部门或组织在执行元政策时，通常呈现出弱化性别平等、强化性别偏见的趋向。应该说我国国家层面的元政策是较为全面而系统的，但监管、评估落实这些元政策的部门和措施是不足的。因此，政府有必要设立促进性别平等的专门组织机构，一方面积极推动有关性别平等的法律和政策的出台，另一方面全程监测、评估性别平等法律和政策的执行情况。这种做法在西方国家已成常态。如欧盟各国大学的"平权工作委员会"就不是一个象征性的组织，而是各大学立法的核心机构，且有权参与各种与性别平等相关的工

---

[1] 刘丽珍、朱立言：《社会性别视角下的公共政策分析》，《兰州学刊》2007年第8期。

作程序。① 又如奥地利在《联邦政府平等机会法案》中规定，任何一所大学都必须有一个专门的组织机构来负责协调性别平等对待与发展，以促进女性发展并加强性别研究。② 再如美国，针对2005年1月萨默斯"在科学与数学顶级团队中女性人数偏少可能归结于男女天生的差异"的言论，哈佛大学又组建了两个专门工作小组。一个是"女教师专门工作组"（Task Force on Women Faculty），致力于将更多的女性推举到领导岗位；一个是"科学与工程领域女性专门工作组"（Task Force on Women in Science and Engineering），致力于消除该领域女性取得成功的障碍。③ 根据我国高校的实际情况，政府可以从以下几个方面入手：第一，设立国家层面的性别平等机构，负责起草独立的有关女性发展的国家规划，促进有关性别平等的法律和政策的出台或完善。第二，设立省级、地市级的性别平等机构，负责促进所辖区域性别平等政策和方案的落实和监督。第三，要求各高校设立性别平等组织机构，一是研究各领域的性别平等及走向，为相关职能部门和国家提供推进性别平等的第一手资料和建议；二是发现本单位的问题，并及时反馈到大学的内圈，使问题尽快得以解决。如负责定期公布学生、教师的性别分布数据，工作条件的性别统计数据，资源分享的性别统计数据，各层次的职称职务的性别统计数据，薪酬与各种奖励及科研立项的性别差异等。斯坦福大学各学院都设立了由高级行政人员和教师代表组成的负责性别公正的机构④。事实上，欧

---

① Pellert, A., "Gender Equity and Higher Education Reform in Austria." In Mary, A. D. S (ed.). *Women, Universities, and Change Gender Equality in The European and The United States*, New York: Plagrave Macmillan, 2007, pp. 66 - 67.

② Ibid., p. 67.

③ Glazer, R. J., "Gender Equality in the American Research University: Renewing the Agenda for Women's Rights." In Mary Ann Danowitz Sagaria (ed.). *Women, Universities, and Change Gender Equality in The European and The United States*, New York: Plagrave Macmillan, 2007, p. 168.

④ Ibid., p. 170.

盟各国都有这一规定，且大学都设有类似的机构。在这些机构的努力下，成绩亦十分显著。例如：芬兰在 20 世纪 80 年代早期，女性博士的比例是 22%，但到 90 年代末飞速增长到了 40%，在 2004 年将近 50%[1]；在美国各大学和院校的校长中，女性已达 21%，在研究型/具有博士学位授予权的大学校长中，女性达 13%，尽管他（她）们还不满意[2]。这显然有利于女教师加快其发展进程。

最后，出台支持女性发展的国家计划。

一是从行政权力的角度出台支持女性发展的国家计划。这主要是着眼于女教师参政总体比例及其进入核心职位比例的保护，促进女教师管理能力的发展。对此，我国可以借鉴国际上的一些做法。如欧盟是从国家层面明文规定：在各成员国提名的科学委员会中，女性至少达 40%；在对"研究与发展计划"进行评估和监管的委员会中，女性至少达 40%[3]。韩国政府亦启动了"提高女教授主要行政职务参与率方案"[4]；法国、美国等许多高校也实施了"积极的歧视"政策，以确保政治领域性别平等的真正实现[5]。鉴于我国高校权力集中于男性的现状，要纠正这种性别差异，建立真正的性别平等，借鉴西方发达国家的做法，在高校领导干部的选拔、聘用

---

[1] Husu, L., "Women in Universities in Finland: Relative Advances and Continuing Contraditions." In Mary Ann Danowitz Sagaria (ed.). *Women, Universities, and Change Gender Equality in The European and The United States*, New York: Plagrave Macmillan, 2007, p. 89.

[2] Glazer, R. J., "Gender Equality in the American Research University: Renewing the Agenda for Women's Rights." In Mary, Ann Danowitz Sagaria (ed.). *Women, Universities, and Change Gender Equality in The European and The United States*, New York: Plagrave Macmillan, 2007, p. 172.

[3] Rees, T., "Pushing the Gender Equality Agenda Forward in the European Union." In Mary, A. D. S (ed.). *Women, Universities, and Change Gender Equality in The European and The United States*, New York: Plagrave Macmillan, 2007, pp. 11 – 12.

[4] 魏国英等：《教育：性别维度的审视》，学林出版社 2007 年版，第 20—23 页。

[5] 刘利群、张玲主编：《第二届大学女校长国际论坛》，中国传媒大学出版社 2005 年版，第 55 页。

的过程中，出台一些国家层面的计划，适当设定女教师的比例下限，是十分必要的。二是从学术地位的角度出台支持女性发展的国家计划。这主要是着眼于对女教师科研项目和学术平台的保护，促进女教师学术能力的发展。这需要政府和高校不仅要意识到女教师的科研劣势，而且要善于通过国家行动、计划来促成问题得以解决。其一，可以借鉴欧盟成员国的做法。欧盟各大学为了促进女教师在科学研究方面更快地发展，不仅专门为女教师设立了一些研究项目，还为其启动了多层次的名师导引工程[1]，以便为女教师搭建各种学术网络，帮助她们尽早进入专业生活，科学规划职业生涯。其二，可以重点学习芬兰的经验。芬兰政府很早就将学术界的性别差异问题提上了议事日程。在其实施的第一份"国家行动计划"（the First National Action Plan）（1980—1985）中强调，"在众多的问题中，亟须解决的是学术女性遇到的障碍"[2]。1982年，芬兰教育部就颁发了一份指导性意见，至今仍坚持实施的有：（1）在科学决策团体中逐年增加女性代表，在科研津贴分配中提高女性的份额；（2）加大培养女性研究生导师的力度；（3）将女性研究纳入大学课程；（4）专门设立女性研究基金；（5）将留学女教师抚养孩子的费用计入工资津贴；（6）通过平等延长夫妻双方已聘教学与科研岗位的任期，来补偿夫妻双方的产假；（7）搜集更多有关高等教育性别研究的统计数据。[3] 2001年，为了进一步推动学术界的性别平等，芬兰科学院（隶属教育部，为研究提供经费支持和

---

[1] Pellert, A., "Gender Equity and Higher Education Reform in Austria." In Mary, A. D. S (ed.). *Women, Universities, and Change Gender Equality in The European and The United States*, New York: Plagrave Macmillan, 2007, p. 68.

[2] Husu, L., "Women in Universities in Finland: Relative Advances and Continuing Contraditions." In Mary Ann Danowitz Sagaria (ed.). *Women, Universities, and Change Gender Equality in The European and The United States*, New York: Plagrave Macmillan, 2007, p. 95.

[3] Ibid., pp. 98 – 99.

制定科学研究政策的专门机构）颁布了一项内容十分丰富的"平等计划"（Equity Plan）。① 由此可见，芬兰政府对性别平等问题的重视程度。我国政府同样可以在科研与教学领域，充分考虑女教师的特殊角色及责任，"设立多种形式的专项研究基金、特别培训基金与女性科学组织或工作机构，为女性学者的职业发展，提供更好的教育和培训机会；同时，在现有的研究基金和奖励评价中，充分重视对女性学者的支持和鼓励"②。既对女性的家庭角色给予认可和补偿，又对女性学者给予适当的物质和精神鼓励，通过出台系列支持女性发展的政策和计划，来实现女教师的战略性社会性别利益。

总之，高校女教师战略性社会性别利益的实现，需要更好的政策环境，需要适度实施性别敏感政策，只有在政策上保障了高校女教师应有的行政地位和学术权利，女教师逾越学术界的"边缘化"和"性别迷思"的困境才有可能。

（三）构建"女性也是主体"的性别文化

西蒙·德·波伏娃早在《第二性》中就提出："在生理、心理或经济上，没有任何命运能决定人类女性在社会的表面现象。决定这种介于男性与阉人之间的所谓具有女性气质的人们的，是整个的文明。"③ 在波伏娃看来，真正能摆布女人的是社会存在，是整个文明，说到底就是先于女性存在的性别文化。凯特·米利特在《性政治》中指出："两性间的许多差异实际上是文化性的而不是生物性的。"④ 换言之，是社会性别文化造就了女性的从属地位。那何为性别文化？是指社会对两性及其相互关系的观点和看法以及

---

① Academy of Finland：*Equality Plan*（http：//www.aka.fi/eng）。
② 王乐：《女科学家更需良好政策环境》，《文汇报》2010年6月28日第011版。
③ [法]西蒙娜·德·波伏娃：《第二性》，陶铁柱译，中国书籍出版社1998年版，第56页。
④ [美]凯特·米利特：《性政治》，宋文伟译，江苏人民出版社2000年版，第37页。

与之相适应的性别规范和制度体系。"性别文化是作为文化形态存在着的男女两性生存方式及所创造的物质和精神财富，它包括迄今为止整个人类发展过程中的性别意识、道德观念、理想追求、价值标准、审美情趣、行为方式、风俗习惯等等。"① 显然，女性的心理状态与性别文化密不可分，女性的发展与性别文化紧密相联。"女性也是主体"的性别文化是相对于"男性是主体"、女性是"他者"或"客体"而提出来的。可以说，中西方几千年源远流长的性别文化中，女性都是作为"客体"而被群体建构的。

1. "她"是"客体"的性别文化严重制约着女性的发展

我们先来梳理一下西方性别文化中的女性形象：柏拉图提出"女的比男的弱一些"②，女人是被"欲望、快乐和苦恼"驾驭的下等人③；康德说，女人"作为个人无法维护她们的公民权利和事物，如同她们没有打仗的权利一样；她们只能通过一个代表来实施"④。卢梭认为，妇女的天职就是服从男人意志，妇女要把全部精力用来管理家务，"大自然既然是委她以生男育女的责任，她就应当向对方负责抚育孩子"⑤。托马斯·阿奎那也说："女性是成长得很快的杂草，她们是不完全的人类。"⑥ 叔本华同样认为："女人的存在基本上仅仅是为了人类的繁殖。"⑦ 英国杰出的浪漫主义诗人拜伦在洞察和同情女性的苦难的同时，对女性却抱有很深的偏

---

① 刘晓辉：《当代中国女性发展探析》，博士学位论文，山东大学，2010 年，第 163 页。
② [古希腊] 柏拉图：《理想国》，郭斌和、张竹明译，商务印书馆 2002 年版，第 187 页。
③ 同上书，第 151 页。
④ [法] 皮埃尔·布尔迪厄：《男性统治》，刘晖译，海天出版社 2002 年版，第 110 页。
⑤ [法] 卢梭：《爱弥儿》，李平沤译，商务印书馆 2003 年版，第 532 页。
⑥ 杨凤：《当代中国女性发展研究》，博士学位论文，中山大学，2006 年，第 60 页。
⑦ [美] 海斯：《危险的性》，孙爱华等译，上海人民出版社 1989 年版，第 176 页。

见:"女人身上叫人可怕的东西,就是女人是祸水。我们既不能与她们共同生活,又不能没有她们而生活。"① 难怪,霍克海曼在概括西方哲学时说:"从古希腊哲学到德国唯心主义哲学坚持认为,妇女不是完全成熟和有责任感的存在……男人是完美的存在,女人则是受挫的男人,低劣的男人。"② 后现代女性主义也指出:"女性从资产阶级自由解放中,没有得到过什么益处,自由主义和启蒙主义的话语,从洛克到康德,从来都没有把女性包括在内。"③ 可见,在西方哲学中,女性从来就是"客体"和"第二性"。

中国女性,在新中国成立前也遭受着同样的命运,她们从来就是通过父亲的女儿、丈夫的妻子、孩子的母亲这个"他者"身份而存在的。如女人通常被称为太太、妻子、老婆、贱内、内子、家里的、屋里的、家属、孩儿他娘、那口子、婆娘等。圣人孔子说,"唯女子与小人为难养也"。孟子一方面倡导"富贵不能淫,贫贱不能移,威武不能屈"的"大丈夫"的理想人格,另一方面又批评"以顺为正者,妾妇之道也"。中国最后一个儒者梁漱溟先生说,"天给妇女的一个任务或使命是生孩子,她的任务在身体而不在大脑"。新中国成立后,"时代不同了,男女都一样"的主流话语,使中国妇女走上了一条进入男人世界、学做男人的解放之路,结果是成功的女性只是模仿"男人"的成功,更多的女性却是在学做男人的道路上丢失了自己。

通过对性别文化的简单梳理,不难发现,无论在东方还是在西方,无论是以人为研究的哲学还是以人的活动为中心的文学作品,对女性形象和地位的塑造都有着惊人的"同构性":女性都是作为一

---

① [日]鹤见佑辅:《拜伦传》,陈秋凡译,湖南文艺出版社1981年版,第116页。
② [德]霍克海曼:《霍克海曼文集:文明批判》,曹卫东编译,上海远东出版社2004年版,第239页。
③ 李银河:《女性权力的崛起》,文化艺术出版社2003年版,第180页。

个屈从于男性的群体被建构，要么是男性消费的绝对客体，要么是完全的生育工具，要么是被侮辱的祸水和妾妇。真正的"她"是不为人所知的，因为女性从来都不是她自己。"定义和区分女人的参照物是男人，而定义和区分男人的参照物却不是女人，她是附属的，是同主要者（The Essential）相对立的次要者（The Inessential），他是主体（The Subject）是绝对（The Absolute），而她则是他者（The Other）。"[①] 显而易见，几千年以来一直盛行的性别文化是女性屈尊为"第二性"的文化，是从属于男人的"客体"与"他者"文化。一方面，主流社会从经济、政治、文化等各个方面，以"社会化"的各种规范强化这种性别文化，从而深深地规约着女性的思想和行为；另一方面，女性也无意识地从心理上认可和接受这种屈从地位，进而认为女性的"客体"状态是先天的，也是合情合理的。

诚然，随着世界经济文化的融合和人类意识的觉醒，沉默了几千年的女性开始追问自我的存在，但她们还未曾来得及回答为什么反叛封建家庭而出走的娜拉、僭越男权社会的花木兰，最终都在以男人的评判标准和规范的语境下泯灭了自我时，又面临着"男女都一样"的"铁姑娘"以及既上得厅堂又下得厨房的"现代女性"的角色困境。结果她们发现，尽管纯粹的"女性客体"的腐朽性别文化开始逐渐淡出历史的舞台，但取而代之的多元性别文化亦大多与女性是"第二性"的落后性别文化有着千丝万缕的联系。并且，已存的多元性别文化中的负面因素严重制约着高校女教师的自我形象认同及其主体意识与女性意识的发展[②]，仍然难以给当今女性一种强有力的明确导向。因此，在一定意义上可以说，要促进女教师的发展，关键是要促进其精神性发展；要促进女教师的精神性

---

① ［法］西蒙娜·德·波伏娃：《第二性》，陶铁柱译，中国书籍出版社1998年版，第11页。

② 禹旭才：《烛照之思——当代中国高校女教师发展研究》，兰州大学出版社2009年版，第170—176页。

发展，就必须促进性别文化的发展。当务之急就是要构建一种"女性也是主体"的性别文化。

2. "她也是主体"是"他/她是主体"的文化超越

"女性也是主体"性别文化构想的提出，主要源于三个方面的思考。首先是源于对每个个体权利尊重的一种直觉：男人、女人都是人，既然男人是主体，女人当然也是主体。因为男女平等价值观的体现，一个很重要的方面是指男女两性作为人在社会和家庭中应该受到同样的尊重和对待，而不应该存在基于性别的偏见和歧视。① 其次是源于马克思对男女性别关系深刻论述的领会。在马克思看来，某一历史时期的发展总是可以由妇女走向自由的程度来确定，因为在女人和男人、女性和男性的关系中，最鲜明不过地表现出人性对兽性的胜利，"把妇女当作共同淫欲的掳获物和婢女来对待，这表现了人在对待自身方面的无限退化，因为这种关系的秘密在男人对女人的关系上，以及在对直接的、自然的类关系的理解方式上，都毫不含糊地、确凿无疑地、明显地、露骨地表现出来"②。而男女关系是平等的，"每个女子属于每个男子，同样，每个男子也属于每个女子"③。最后，是源于对性别和谐的一种文化期待。

"她也是主体"不同于"他是主体"，也不同于"她是主体"。"他是主体"的传统性别文化，构建的是单一的"男性"主体，排斥或忽略了女性。"她是主体"的性别文化，是现代女权主义重构的以白人中产阶级女性为核心的大写的"女人"，造成了双重忽略：一是对女性内部差异性的忽略；二是对男性的忽略。可见，"他是主体"和"她是主体"都是对另一主体的消解，是对两性合

---

① 谭琳：《男女平等的理论内涵与社会推动：基于中国现实的讨论》，《妇女研究论丛》2002年第6期。
② 《马克思恩格斯全集》第3卷，人民出版社2002年版，第296页。
③ 《马克思恩格斯选集》第4卷，人民出版社1995年版，第27页。

作伙伴关系的否定,在本质上都无法走出二元对立的困境,从而不利于社会问题的解决。"她也是主体"的性别观念着眼于以人为中心来审视两性的存在方式,并不是消解主体,而是在认同"男性主体"情况下,也同样认同"女性主体";既是对女性主义理论"女性主体性"的追求,更重要的是将主体性放大到男女两性中。这就要求我们既要摒弃男性中心主义又要摒弃女性中心主义,在全社会弘扬两性的主体性,建设一种"女性也是发展的主体"的性别文化,承认和尊重两性平等的主体性地位,尊重两性作为人的权利,而不是顾此失彼、厚此薄彼。这既是高校女教师战略性社会性别利益满足的深切呼唤,也是建设和谐社会的必然要求。

3. "她也是主体"性别文化构建的主要路径

第一,敢于解构传统和男性文化。人类的历史基本上可看成是一部男性的历史,男性以自身经验和话语创造了知识、价值及伦理标准,女性则生活在失声状态。她们是父权制规限和言说的客体和性对象。[1] 因此,要改写女性"第二性"和"客体"文化,首先要敢于解构传统文化和男性文化。具体路径有三:(1)解构现有的知识体系。这是因为"艺术、科学、贸易、国家和宗教等是男性创造的,具有男性的特征,在维持和不断更新中需要男性力量,需要依赖男人的能量、感觉和理智,结果形成文化价值的男性标准。占主导地位的价值规范和价值标准也不是中立的、消除性别对立的,而是具有男性特征"[2]。可见,现有的知识体系从产生到发展都是以男权文化为基础的,因吞噬了女性的历史、缺失了女性的经验,必然导致残缺甚至偏颇,因此要进行必要的解构。(2)解构现有性别文化的话语体系。性别文化是由话语建构的。现有性别文化看似多元,女教师自由选择度很大,但稍加考察就会发现,无

---

[1] 刘春香:《当代中国女大学生的主体性建构探析——基于女性主义教育视角》,硕士学位论文,华中师范大学,2010年,第5页。

[2] 秦美珠:《女性主义的马克思主义》,重庆出版社2008年版,第289页。

论你认同哪种观点，你都面临掉入陷阱的可能。这是因为现有的性别文化话语主要是由男性这一单一的社会主体建构的。（3）解构现存性别文化"单一主体"的思维定式。前文已述，无论是男性主体还是女性主体，都无法摆脱对另一主体的消解，都不利于两性伙伴关系的建立。要建构"女性也是发展的主体"的性别文化，必须以多元共存的主体间性的思路来取代单主体的僵化模式。

第二，重新定义生育和理家文化。有权力命名世界，是高校女教师有权力影响现实的前提条件。无论是哲学家还是思想家，大凡论及女性这一主题时，几乎无一例外地会涉及女性的生育角色。可见，生育文化是性别文化的重要组成部分。遗憾的是，传统生育文化总是难以逃离"卑贱、累赘、工具"等负面色彩，女性因此也注定了从属的地位和他者的身份。这对女性是极大的不公！因此，生育文化必须重新命名。生育是社会行为，生育活动是社会发展的关键，因此生育行为是高尚的，是妇女对社会的巨大贡献，那么女性因此所必需的条件和待遇都是社会应尽的义务。与生育文化关系密切的理家文化也需要重新命名。谁规定"妇女的天职就是服从男人意志，妇女要把全部精力用来管理家务"？又是谁说"要先做好贤妻良母再谈事业发展"？会理家只是女性的一种能力，尽心理家只是女性负有的责任，全心理家只是女性的一种选择。理家岂能让女性失去社会大舞台，又岂能因此让女性失去发展的机会？我们不能要求事业有成的女性必须先理好一个家，我们也不能理所当然地认为事业成功的男人就可以不管家。理家不是女性的专利，与女性身份不存在天然的联系；男性也可以相妻教女，家庭责任应该由家庭成员共同背负。

第三，理性汲取传统文化和西方文化。构建"她也是主体"的性别文化，一方面需要对传统性别文化的批判继承与合理延续，继承女性在几千年的文明发展史中，通过自身的活动而形成的独特的优秀品质；另一方面又要批判地吸收西方女性主义理论的营养。

因为"不同文化之间的交流过去已被多次证明是人类文明发展的里程碑"①,而"女性主义是世界性的。其目的旨在把妇女从一切形式的压迫中解放出来,并促进各国妇女之间的团结。女性主义又是民族的,旨在结合各个国家具体的文化和经济条件考虑妇女解放的重点和策略"②。总之,无论是传统文化还是西方女性主义理论,在汲取其理论成果的过程中,都应秉持"拿来主义"的态度,坚持去粗取精的原则,以提取其营养成分,以丰盈"她也是主体"的性别文化的思想。

一言以蔽之,以"她也是主体"的独到视角,肯定和尊重性别平等的主体性地位,捍卫女性作为人的权利,这既是高校女教师战略性社会性别利益满足的深切呼唤,更是建设和谐社会的必然要求。

第三节 实现"自我赋权"

一 "自我赋权"的内涵

赋权与自我赋权的内涵,我们曾经做过一些探讨③。但为了研究的需要,我们不得不重提这一概念,并在此基础上做一些补充和更深入的论证。赋权,即赋予权力,是指个人或群体挑战现存的权力关系,重新获得自己在社会生活和家庭中应有权力的过程④;也有研究者将其定义为"一个改变的过程,在其中那些被否认有选

---

① [英]罗素:《一个自由人的崇拜》,胡品清译,时代文艺出版社1988年版,第8页。
② 鲍晓兰:《西方女性主义研究评介》,生活·读书·新知三联书店1995年版,第19页。
③ 禹旭才:《烛照之思——当代中国高校女教师发展研究》,兰州大学出版社2009年版,第233页。
④ 谭兢常、信春鹰:《英汉妇女与法律词汇释义》,中国对外翻译出版公司1995年版,第100页。

择能力的人获得了这一能力"①。将赋权与女性联系起来,缘于女性主义者在研究妇女发展问题的过程中,逐渐认识到妇女要想从发展中受益,要获得教育和其他发展机会方面与男子的平等地位,不能单靠社会来保护,更重要的是将妇女动员和组织起来,赋权于妇女,使妇女掌握自己生活的权利,成为发展的主体。"它的兴盛主要源于改变妇女弱势境遇的路径转换带来的巨大成功,因其改变机制走出了既有单纯的外部力量的植入,而更多从女性的本位出发,注重对她们的性别意识、人力资本等的内部力量挖掘。"② 至今,许多西方国家已经超越经济领域的传统思路,而是通过赋权于女性来解决妇女社会地位低下,进而加速女性发展的步伐。1995年世界妇女大会《北京宣言》中亦强调:"赋予妇女权力和她们在平等基础上参加社会所有领域,包括参加决策进程和掌握权力的机会,是实现社会平等、发展与和平的基础。"③ 此处的自我赋权,是相对于上文提出的从外部给女性植入力量而言的,强调的是女性内部力量萌生,是指高校女教师个体或群体自觉挑战教师发展现存的格局,主动认识并努力获得在家庭和社会生活中与男性平等的权利与权力的过程,具体包括两个层面的含义。一是女教师对自己在家庭和社会应有权利与权力的重新认识;二是在形成平等权利意识的基础上,通过主动积累与提升内在资本(蕴含于女性自身中的各种生产知识与技能以及人类再生产的知识与技能的存量综合④),去改变自身的命运,走向全面自由发展。换言之,自我赋权,是高校

---

① [美]瓦伦迪娜·M. 莫甘达姆、[美]鲁西·桑福特娃、毕小青:《测量妇女赋权——妇女的参与以及她们在公民、政治、社会、经济和文化领域内的权利》,《国际社会科学杂志》(中文版)2006年第2期。
② 韩央迪:《以自我改变为特征的妇女赋权项目的路径探索》,《中华女子学院学报》2008年第2期。
③ 第四次世界妇女大会"95北京非政府组织论坛丛书委员会":《第四次妇女大会重要文献汇编》,中国妇女出版社1998年版,第161页。
④ 袁迎菊:《女教师人力资本合力配置与研究型大学建设》,《黑龙江高教研究》2009年第6期。

女教师以最大限度克服自身与外界的障碍或限制，不断挖掘自己的潜力，以此来增加自己在所处系统中的控制力，最终走上自我发展、自我实现的平等之路。

二 "自我赋权"的必要性

（一）自我赋权是消除女教师发展困境的必由之路

"对女人来说，除了谋求自身解放，别无他途。"[①] 同理，高校女教师的发展也是由内因与外因共同活动的结果，且内因在发展过程中起了决定性作用。前文我们从满足高校女教师实用性社会性别需求的视角，论证了高等教育系统担负着改善和优化女教师心理环境、工作环境、学习环境和生活环境的特殊使命；从满足战略性社会性别需求的视角，论证了社会和政府应该从解构现有的经济收入格局、实施性别敏感政策以及构建"她也是主体"的性别文化等方面，来促进女教师全面发展。但如果只是一味地强调外在的努力与支持，却忽略了高校女教师内部力量的萌生，那就是捡了芝麻，丢了西瓜，那就是本末倒置。因为无论高等教育系统外的大环境与系统内的小环境多么怡人，要转化为个人发展的资本或平台，最终将落脚到高校女教师自身的行动。否则，纵然有了各种利益的实现，女教师的发展困境依然难以改变。从这个意义上说，高校女教师的发展，更多的是她们在教育教学过程中自发自觉的自我决策和自我赋权的结果。因此，自我赋权是推动高校女教师发展的根本动力，是逾越其发展困境的必由之路。

（二）自我赋权是改写高校女教师主体意识发展被动性的神笔

主体意识是指女教师作为主体对自己在社会中（高等教育中）的地位、作用和价值的自觉意识，并能自觉地履行自己的历史使

---

① ［法］西蒙娜·德·波伏娃：《第二性》，陶铁柱译，中国书籍出版社1998年版，第755页。

命、社会责任、人生义务，能清醒地认识自身的特点，进而最大限度地实现自己的需要和价值。① 可见，主体意识是促进高校女教师进一步完善与发展的巨大的精神生产力。"但从整体上看，高校女教师主体意识的发展还没有跨越被动性与表层性的藩篱。"②

被动性之所以存在，诚然与中国传统文化中缺乏一种女性主体意识成长的机制和内容、与中国近代女教师在获得解放与发展的过程中缺乏确认自身的机会和经历息息相关③，还有两个不可忽略的原因：一是部分女教师依然将自身的价值依附在家庭中，对自身独立存在的价值缺乏必要的认识。我们在调查中发现，虽然从工作动机、职业规划与职业忧虑来看，高校女教师的自我实现意识得到了一定程度的发展，然一旦到具体的情境中，她们便将自我实现摆到了远远落后于"家庭实现"或"丈夫、孩子实现"的后面④。二是部分女教师缺乏应有的进取意识。这主要表现在不少女教师不仅自己认同"干得好不如嫁得好"⑤ 的传统观点，甚至屈从于婚姻的压力和自身情感的脆弱而放弃对理想和成功的应有追求，更让人不可思议的是，她们还振振有词地以此落后消极的观点去"教育"其女学生。可见，我国高校女教师的主体意识虽然是在问题的压力下萌发的，但被困境惊醒的她们，往往只是关注已经外显的问题的解决，还远未从思想认识的深处真正建立起自觉的主体意识。然而，随着市场竞争机制向高校的引入，女教师在客观上已经面临"不自强，必自亡"的尴尬境地⑥，近年来随着全国高校人事制度

---

① 禹旭才：《烛照之思——当代中国高校女教师发展研究》，兰州大学出版社2009年版，第186页。
② 同上书，第187页。
③ 同上书，第186—187页。
④ 同上书，第102—110页。
⑤ 同上书，第102页。
⑥ 李小江：《50年，我们走到了哪里？——中国妇女解放与发展历程回顾》，《浙江学刊》2000年第1期。

和分配制度改革的深入，女教师群体更是普遍面临着困境[①]。然而无论是要成功应对现实演绎的困境还是从认识的深处去关注那些暂时还未显露的问题，基本的逻辑起点都应该是在外部环境发生改变的条件下自我赋权，并努力练就自我赋权的资本。

（三）自我赋权是弥补女教师女性意识发展滞后性的杀手锏

女性意识的发展是女教师确立主体意识、丰富个性，从而进一步发展的主要步骤和必要内容。高校女教师女性意识的觉醒较之以前任何一个发展阶段都呈现出一种主体的自觉。但总体上还是滞后的。这是高校女教师在发展过程中难以摆脱性别困境的一个十分重要的深层次的内在根源。高校女教师女性意识滞后主要体现在两个方面：一是数量上的滞后。从现实情况看，只有部分女性，准确地说只有少部分女性对自身的地位、价值以及独特的权利与需求有着较清醒的认识和较强烈的反应，而没有形成女教师群体意识的整体提高。据笔者观察，她们一部分是站在学术前沿，曾受到过西方女性主义思想熏陶的研究者，一部分是对其生存和发展困境深有体会，或是在竞争中受到较大冲击的高校女性管理者和一线教师，还远没有形成高校女教师群体权利意识的全面提高。我们在调查中亦发现，许多高校女教师对自身应有的权利受损现象（如产期的奖金或津贴学校没有发放、青年教师专项科研项目立项名单中女性的缺失等）很不敏感，或者即便是意识到了却表现出视而不见、听之任之的态度，甚至对一些明显的性别隔离现象，部分女教师也把它视为理所当然。然而，在法律上"女性权利"受保护的时代，高校知识女性如果不能对本群体所遭受的权利受损现象发出自己的声音，女性发展的平台自然不如男性，女性发展的步伐势必落后于男性；如果视一切不正常现象为"正常"甚至

[①] 赵大星：《高校聘任制改革：女教师群体面临的困境与出路》，《教书育人》2007年第10期。

"合理",或者根本不关心女性应具有的权利,那么要消除高校教师发展的性别鸿沟,将永远是一个童话!二是时间上的滞后。即女教师对自身的地位、价值以及独特的权利与需求的认识和反应往往是在问题发生之后,而缺乏暴露问题的预见性和敏锐性。如一些女教师往往是在夫妻情感出现裂缝后才猛然发现,是该思考自身发展的时候了。又如,一些女教师迟迟不愿从"替代成功"的喜悦中清醒过来,当面临高校优胜劣汰的游戏规则时,却为时已晚,只好委曲求全。

无论是数量上的滞后还是时间上的滞后,实际上都是女性意识发展的滞后,这既会延缓女教师自身的发展,又将阻碍社会的发展与进步。现时代,高校女教师要弥补这一不足,自我赋权是第一要务。

三 "自我赋权"的主要策略

自我赋权为高校女教师的进一步发展提供了一种新的思考方法和工作思路。那么,有哪些主要策略呢?

(一) 自我赋权意识策略

意识是行动的先导。所谓自我赋权意识策略,简言之就是要培养一种自我赋权意识。它是指高校女教师自觉认识到打破传统社会性别文化的束缚、树立平等的社会性别意识,认识到自己作为一个人的权利,认识到自身与家庭成员以及他人的平等与合作关系,认识到所处高校乃至社会的优势与不足等。这就要求高校女教师:

第一,对自身际遇正确认知与调适。从高校女教师个人层次来看,自我赋权既可以作为自身一种品性培养的方法,也可以作为一种思考问题的方式,进而不断激活自身的潜力,不断认识自身的优势和局限,面对挑战不退缩,面临机遇不懈怠,不随波逐流,学会理性思考,逐步提高自己的影响力,增强自信心。从现阶段来看,最紧迫的一点就是精神上要独立[1]。精神上的"独立，对一个女人来说乃是第一需要"[2]，对中国女性而言，内涵更为丰富，障碍更难以逾越。对当下的高校女教师而言，将自己的价值等同于丈夫的成功是偏颇的，将自己的价值等同于所挣"金钱"的多少也不是完全正确的，因为"你是谁"比你拥有什么，更为重要。"你是谁"才是当下高校女教师的价值中轴线。为此，高校女教师要自觉地从束缚其自身发展的传统心态与思维定式中解放出来，充分认识自身的能力和优势，充分认识到自己的价值、目标与挑战。面对社会给定的标准，如果不再勉强自己接受，能倾听自己内心真实的声音，可以说离精神上独立的距离就已经很近了。这是当下高校女教师发展道路上必须迈出的第一步。

第二，对现实困境正确认知与超越。

一是要对家庭责任进行反思。从我们的调查中发现，无论是男性还是高校女教师本身，都自觉或不自觉地认为女性应该更多甚至全部承担起做家务、抚养孩子、照顾老人等家庭责任。这一古老的观点在文明的现代大学校园里流行，说明了我们依然在进行有关男女在工作方面不平等的对话，说明了高校教师同样未以性别平等的身份走上教学科研岗位。这导致在高校核心集体中，女教师难免不处于"他者"位置。现实生活中，高校女教师只能"既主内又主外"，肩负着家庭、事业的双重负累。有位年轻女教师在访谈中饱含着心酸的泪水说："她有时不仅一周工作7天，而且每天工作将近20小时，睡眠严重不足。"这看起来是个案，但通常情况下高校女教师要么身心疲惫，要么陷入家庭和事业非此即彼的两难选择。导致部分女教师因为不得不"贤妻良母"，而无暇顾及学术科

---

[1] 禹旭才：《烛照之思——当代中国高校女教师发展研究》，兰州大学出版社2009年版，第233页。

[2] ［英］弗吉尼亚·伍尔夫：《伍尔夫随笔》，伍厚凯、王晓路译，四川人民出版社1998年版，第131页。

研等社会事务，导致自身与社会疏远，阻碍着女教师的全面发展，最终导致其边缘化。诚然，高校女教师的发展不应以逃避家庭责任为前提，但家庭责任绝对不是女教师的全部或女教师单方面的问题，它需要整个社会创造必要的条件。女教师也不应被强调所谓的牺牲与奉献。因为"当她们将自己的一切献给他人时——无论是另一半、父母还是孩子的妈都可能在奉献中迷失自我"[1]。实际上，家庭责任应该由家庭成员共同背负，男性也可以承担相妻教女的责任。家务劳动与女性身份不存在天然的联系。相反，"除非妇女从繁重的家务劳动中解放出来，否则她对劳动力市场的介入只能是背离自由，而非走向自由"[2]，也是不那么具有道德性的。

二是要有敢于超越现实的气魄。在我们的访谈中，常听到女教师说，"自己选择的生活并未带给自己应该有的一切"。也有人说，"现在的生活离我一直以来梦想的生活太遥远"。当问及她们对现实处境有何计划时，大多是摇头叹息，一脸的委屈和无奈。因此，对当下高校女教师而言，"最后一公里"不是怨天尤人，而是要有敢于超越现状的勇气和行动。换言之，既要超越常规思维，又要超越常规行动。要敢于对自己挚爱的事业执着追求，敢于在教学上有所突破，在科研上有所建树，在管理上独当一面，而不是将自己寄托于他人。因为"生为现代的有觉悟的女人，就要认定牺牲一切蔷薇色的温柔的梦幻"[3]。作家丁玲对当时知识女性的忠告，至今仍不失为高校女教师前进道路上的强劲动力。

(二) 自我赋权语言策略

人是语言的动物，客观现实与精神世界从来都是人类用语言来建

---

[1] [美] 谢丽尔·萨班：《女性的价值》，胡滨、胡敏译，漓江出版社1997年版，第115页。

[2] Margaret Benston, "The Political Economy of Woman's Liberation." *Monthly Review*, Vol. 21, No. 4, April 1969.

[3] 丁玲：《丁玲文集》第4卷，湖南人民出版社1983年版，第300页。

构的。但什么被看作真理谁可以决定真理,往往取决于体制中的话语权力。依据福柯对语言与权力的独到见解,性别话语权力理论提出,话语权力分配的失衡是性别统治和性别压迫的根本原因①。西方后经典女性主义者亦一针见血地指出,语言决定男女如何看待自身,父权制的社会脚本容于语言中。可见,有权力命名世界,是高校女教师有权力影响现实的前提条件。高校女教师无论是要摆脱"他者"的异化还是要进入"核心集体",首先是要用自己的语言说话、有自己的话语系统,或者说要说自己的话,必要的时候才有可能去改变主流话语的成分甚至颠覆主流的语言结构。换言之,女教师若要成为真正的主体,就要用自己的话语系统来重新描述现存的世界。相反,女教师如果缺乏自己的话语系统,无论是过去还是现在,即使不是"销声匿迹",也难以逃脱"客体"的身份。就现阶段的高校女教师而言,最核心的一点是要重塑自己的语言,形成自己的语言范式,发出自己真实的声音。既要敢于改写那些不利于女性发展的"主流观念",又要敢于理清混杂的信息与思想,呈现自己内心的声音,推出新的"话语系统"。当许多女性还沉浸在主流社会给定的"替代成功"的甜蜜中时,女教师应该向心理学家、家庭倡导者谢丽尔·萨班博士学习,率先发出"为独立而工作"、"让婚姻为女性服务"、"掌握你的话语权"②等呐喊。总之,如果女教师甘愿将自己摆置于沉默、失声的话语系统边缘,那么就无法改变总是待在一个由男性制造的社会中的际遇。因此,高校女教师要善于从人的发展高度来构建自身的语言系统,从而加快性别意识的现代化进程。

(三)自我赋权能力策略

自我赋权的核心在于女教师有能力掌控自己的命运。在当前的

---

① 叶红:《博客性别身份的自我呈现与女性刻板形象》(http://www.docin.com/p-288380343.html)。
② [美]谢丽尔·萨班:《女性的价值》,胡滨、胡敏译,漓江出版社1997年版,第127页。

现实背景下，女教师要走自我赋权的道路，在具有自我赋权意识、重塑自我语言的基础上，还必须具有自我赋权的能力。那么，如何增强自我赋权的能力呢？本书坚持认为高校教师职业的特殊性决定了高校女教师必须从学术能力、社会关系、综合素质、女性优势等多个层面同时推进，才能实现女教师发展力的全面提升。学术职业能力主要包括传授高深知识、研究高深学问、创造高深知识以及管理高深学问活动的能力等。简言之，即教育教学能力、科学研究能力与管理教育教学、科学研究等相关事务的能力。可见学术职业能力是高校女教师在高等教育领域的立足之本，学术职业能力的大小在一定程度上决定其在高等教育领域中的地位与声誉；"社会关系实际上决定着一个人能够发展到什么程度"[1]。正如佩恩所说，"赋权所面对的另一个困难在于赋权对象并不将自己融入到更大的社会生活与社会网络中去。因此，已经实现赋权的个体可能只是从他们所在的被压制生活环境中的其他同样被压制的人那里获得权力与资源去改变自己的弱势生存状态，而没有从更大、更广阔的社会结构中去寻找权力与资源"[2]。可见，社会关系的拓展也应是当下高校女教师在自我赋权过程中所必须高度关注的。至于如何提升以上四个方面的能力[3]，我们在已有的研究中进行了较为全面的探讨，这里不再赘述。

总之，自我赋权强调高校女教师的主动性与内生力，其目的是摆脱弱势、走出边缘。从长远来看，是加速高校女教师发展步伐、实现高校女教师全面发展的内生力量。但从自我赋权的激进程度来看，"又有激进式自我赋权和渐进式自我赋权两种。激进式自我赋

---

[1]《马克思恩格斯全集》第3卷，人民出版社2002年版，第295页。

[2] ［英］马尔科姆·派恩：《现代社会工作理论》，何雪松等译，华东理工大学出版社2005年版，第301页。

[3] 禹旭才：《烛照之思——当代高校女教师发展研究》，兰州大学出版社2009年版，第234—237页。

权是指革命式的途径,从根本上启发行动对象的抗争意识,以彻底推翻原有体制为目标。渐进式自我赋权是改良式的途径,通常从最易取得行动效果的地方入手争取改变,逐渐发展到从最根本的地方发生改变"[1]。可见,高校女教师的自我赋权之路并非想象中的那么容易。从高校女教师自身条件和社会现实看,渐进式自我赋权途径是当下女教师的理性选择。最终解放女教师的力量来源于女教师自身。培养自我赋权的意识、重塑自我赋权的语言、历练自我赋权的能力,是实现女教师自我赋权的必由之路。

综上所述,实现高校女教师发展的"实用性社会性别利益"和"战略性社会性别利益",赋权于女教师,乃是当下高校女教师走出发展困境,走向全面发展,实现高等教育和谐发展的基本策略。

---

[1] 顾江霞:《自我赋权视角下的农民工社区教育》,《山西师大学报》(社会科学版) 2010 年第 3 期。

第七章

高校女教师发展的前景展望

21世纪是中国发展也是高校女教师发展的一个战略机遇期，随着"全面建成小康社会，全面深化改革，全面依法治国，全面从严治党"战略布局的全面实施和社会性别意识日益主流化，高校女教师发展所需的社会环境、思想基础和物质条件将不断完善。在发展内容上，高校女教师将走向全面发展。在发展样态上，高校女教师将走向和谐发展。

第一节 走向全面发展

世纪之交，江泽民同志在纪念中国共产党成立80周年讲话中指出："我们要在发展社会主义物质文明和精神文明的基础上，不断推进人的全面发展。"[①] 随后，党的十六大报告中再次强调促进人的全面发展，是全面建设小康社会的重要目标之一。[②] 这表明，在全面建成小康社会、推进社会主义现代化的进程中，人的"全面发展"越来越成为党和政府关注的重大理论和实践问题。这为深感困惑的高校女教师指明了发展方向。"全面发展"已成为社会发展对高校女教师的必然要求。

---

① 《江泽民文选》第3卷，人民出版社2006年版，第294页。
② 同上书，第543页。

一 全面发展的内涵

(一) 人的全面发展的内涵

人的全面发展是马克思一生始终关注的重要问题，关于人的全面发展理论是马克思主义理论的重要组成部分。在马克思看来，人的全面发展作为人自身发展的高级形态，是共产主义社会的重要特征，是人类自身发展的必然趋势。人的全面发展就是人最根本的东西的发展，就是作为目的本身的人的本质力量的全面发展，就是人全面占有自己的本质。关于人的本质，马克思主义哲学有三点相互联系的结论：一是人与其他动物不同，是类存在物。作为类存在物，人的本质是自由自觉的活动，即实践活动，它最集中的表现是劳动。二是人与"一般人"不同，是社会存在物。作为社会存在物，人的本质在现实性上是一切社会关系的总和。三是人与单个他人不同，每个人都有不同于他人的独特性、个性，是个体存在物。作为完整的个体的人，人是自然因素、社会因素和精神因素的统一体，即人的本质就是人的个性。人的本质性规定直接决定着人的全面发展的含义与内容。人的全面发展可以从以下三方面进行诠释：

1. 劳动能力的全面发展

人的发展首先是指人的劳动能力的发展。马克思曾在《1844年经济学哲学手稿》中指出，"人类的特性是自由自觉的劳动"，这是与动物有所区别的根本所在。作为类存在物的人，既是劳动的主体，同时也是劳动的产物。人类的产生、发展都离不开劳动，人在改造客观世界的同时也在改变着自身，发展着自身。正如马克思所言："我们把劳动力或劳动能力理解为人的身体即活的人体中存在的每当生产某种使用价值时就运用的体力和智力的总和。"[①] 因此，全面发展不是智力和体力相互分离，不是"某种智力上和身

[①] 马克思：《1844年经济学哲学手稿》，人民出版社2000年版，第223页。

体上的畸形化",不是"极度地损害了神经系统,同时又压抑肌肉的多方面运动,侵吞身体和精神上一切自由活动"的劳动状况。[①] 所以,"片面发展"首先是劳动过程中体力和智力的分离和对立,而"全面发展"则是指在劳动过程中实现体力和智力的充分运用和发展,实现体力和智力在充分发展基础上的完整结合。显然,在现代社会,这个过程已经开始,但要彻底完成这一过程还有待于社会生产更高程度的发展和社会制度更高水平的完善。

2. 人的社会关系的全面发展

社会关系的发展是人的发展的核心内容。人总是在一定社会关系中生存和发展的,人的能力的形成、发展和表现都离不开人的社会关系。因此,人的发展现实地表现为社会关系的发展。社会关系是实践活动的展开,实践活动是在社会关系中进行的。人的本质的丰富性、全面性取决于社会关系的丰富性、全面性,"社会关系实际上决定着一个人能够发展到什么程度"[②],"个人的全面性不是想象的或设想的全面性,而是他的现实关系和观念关系的全面性"[③]。在《关于费尔巴哈的提纲》中,马克思指出,在其现实性上,人不是固有的抽象物,而是一切社会关系的总和,是社会关系的产物。任何人的存在都历史地受到他所在具体社会关系体系中的地位的制约,人的发展无一例外地表现在具体的社会关系变革中。人的社会关系的全面发展不仅表现为个人社会关系的高度丰富和充分展示,还表现为人在社会关系中自由度的提高。社会关系的高度丰富,也意味着人们摆脱了以往个体的、分工的、血缘的、地域的、民族的狭隘性,形成了各方面、各领域、各层次的社会联系。由于这些社会联系首先是在交往中展开和实现,并通过交往得到充分展

[①] 王磊峰、廖声丰:《马克思关于人的全面发展的思想探索》,《江西科技师范大学学报》2012 年第 5 期。
[②] 《马克思恩格斯全集》第 3 卷,人民出版社 1995 年版,第 295 页。
[③] 《马克思恩格斯全集》第 46 卷(下),人民出版社 1980 年版,第 36 页。

示的，因此人的社会关系的全面丰富必然包含着个人社会交往的普遍性。社会交往的普遍性也就意味着，个人摆脱对他人以及共同体的依赖，摆脱对物的依赖，社会交往的内容、范围、手段、对象等从贫乏、狭隘、简单、单一转向更丰富、广泛、复杂、多样化，交往也从自发的自然共同体交往、社会共同体交往转向世界共同体交往，个人越来越成为世界历史中的人。① 人在社会关系中自由度的提高表现在人对社会关系的全面占有和共同控制上。这主要表现在，个人之间的关系真正成为他们自己的共同关系，联合起来的个人实现对他们社会关系的全面占有和共同控制。"全面发展的个人——他们的社会关系作为他们自己的共同的关系，也是服从于他们自己的共同的控制的——不是自然的产物，而是历史的产物。"②

3. 人的个性的全面发展

人的活动和能力的发展与社会关系的发展，都离不开人的个性发展。在某种程度上可以说，能力和社会关系都是为人的个性自由发展所服务的。马克思曾说，"要不是每一个人都得到解放，社会本身也不能得到解放"③，共产主义是"以每一个人的全面而自由的发展为基本原则的社会形式"④，因此可以说人的个性的全面发展是对人的发展的终极关怀。从内容构成上来看，人的个性发展指个人的兴趣、志向、信仰、需要等得到充分展现和满足，个人的体力、智力得到提高和发挥，个人的气质和性格更加完美，社会形象得到优化等。从个性的本质规定看，它是个人较为稳定的主体性和差异性的统一。因此，人的个性的全面发展主要表现在个人主体性的全面提高和个人独特性的全面丰富。个人主体性的全面提高表现

---

① 吴向东：《对人的全面发展内涵的解释教学和研究》，《教学与研究》2004 年第 1 期。
② 《马克思恩格斯全集》第 46 卷（上），人民出版社 1979 年版，第 108 页。
③ 《马克思恩格斯文集》第 9 卷，人民出版社 2009 年版，第 310 页。
④ 马克思：《资本论》第 1 卷，人民出版社 2004 年版，第 683 页。

为，人的自觉能动性、创造性和自主性的全面发展。个人独特性的增加和丰富则意味着个性的模式化、单一化、定型化被打破，每个人都能充分、自在地保持和发展自身的独特性，追求自己独特的人格、品质、理想、能力等，社会也因此充满生机和活力。"社会每一成员都能完全自由地发展和发挥他的全部才能和力量。"[①]

（二）高校女教师全面发展的内涵

高校女教师首先是"人"。用马克思关于人的发展理论来观照，作为"人"的高校女教师的发展理应包括其能力的发展、社会关系的发展、精神性发展和个性的丰富等。但高校女教师又身为高校"教师"，因此高校女教师的全面发展又具有其特殊的内涵。因精神性发展在第四章已经做了专门论述，这里只从以下三个方面进行简单的阐述。

1. 高校女教师能力的全面发展

高校女教师能力的全面发展既包括学术职业能力的发展，也包括行政管理能力等的全面发展。一方面，学术活动是高校教师所从事的、特色最鲜明的活动。它将高校教师和其他从业者鲜明地区别开来，因此相应的学术职业能力是高校教师必须具备的、体现自己职业身份的职业能力。学术职业能力的发展也因此成为高校女教师能力发展的一个必要的组成部分。高校女教师学术职业能力的全面发展表现在，高校女教师增加自身知识储备和提升知识的专业化程度，吸收多种学科知识的营养，增强实力，博学多识等教育教学能力。也体现在增强科研的意识和自觉性，明确自己的研究方向，追踪专业知识前沿，掌握先进的科研方法等科学研究能力。另一方面，女性走上领导岗位已经成为我国各个领域的共同趋势。因此，高校女教师全面发展也要求行政管理能力全面提升，全面提高全局统筹能力，增强责任意识，克服女性不足，发挥女性在管理方面善

[①] 《马克思恩格斯全集》第42卷，人民出版社1979年版，第373页。

沟通、易专注、有耐性等独特优势。[①]

2. 高校女教师社会性的全面发展

作为人的高校女教师不仅是自然存在物，更是社会存在物。她们在社会中生存、生活和发展，在一定程度上其成功与否取决于社会性发展得充分与否。社会性的发展主要是指社会关系的发展，"社会关系实际上决定着一个人能够发展到什么程度"[②]。可见，走向社会，建立普遍的、深远的社会关系，不仅是一般女性发展的诉求，也是高校女教师全面发展的核心内容。高校女教师社会关系的全面发展即高校女教师摆脱家庭的束缚和传统女性发展模式的束缚，克服自卑心理，主动走向社会，拓展人际交往空间，实现自身的社会本质，使其社会关系从狭窄单一走向全面深入。

一方面，高校女教师社会关系全面发展从广度上看就是要形成世界性的、广泛的、普遍的人际交往关系。具体表现为，在交往范围上突破家庭交往这一狭小的空间，主动走向社会，拓展人际交往空间；突破传统的以血缘关系为纽带的人际交往圈，建立以工作关系为交往纽带的、比较稳定的学术交往圈；跨学科领域进行交往、交流与合作。另一方面，从深度上看就是要形成能与他人在心理、情感、信息等多方面的充分交流，丰富、发展和提升自己和谐的人际交往关系。具体表现为，高校女教师不再受到男尊女卑价值地位的影响而羞于与外界交往或者仅局限于简单信息交流，而是作为完整的人，全身心地投入到人际交往活动中。高校女教师在互动的交往过程中向对方展现完整的自己，进行情感的交流、思想的碰撞，从而实现高校女教师整体的人的发展和生命的完善。

---

① 禹旭才：《烛照之思——当代中国高校女教师发展研究》，兰州大学出版社2009年版，第42页。

② 《马克思恩格斯全集》第3卷，人民出版社2002年版，第295页。

3. 高校女教师个性的全面丰富

人的"个性是人的主体性的个体表现"①，是"个体的心理综合体"②。"个性的发展"是指以人的主体性为核心的，包括人的独立性、独特性的个体心理的综合发展。高校女教师个性走向全面丰富，具体表现为：

一方面，从个人独立性的发展上看，高校女教师的全面发展主要包括主体能力和主体意识的全面发展。具体表现在：首先，高校女教师获得独立主宰自我精神世界和经营完善自我社会关系的能力、自我生存能力，从而彻底摆脱物质上和精神上的依附性地位，最终达到人格的独立。其次，高校女教师确立自己的主体意识。充分认识到自己的主体性和人的共性，并按照人的全面需要自觉地构建自己的生活；充分认识到自己的女性特质，塑造与自身生理、心理相协调的真正的女性气质；能够认识并自觉地承担、平衡女性各种角色。

另一方面，主要是指高校女教师独特性的全面发展。也就是充分发挥高校女教师自身独特的性别优势，自信地彰显其女性特征。具体来说：首先，正确认识自己的女性特征，明确它不是女性的缺点，只是女性的群体特质。其次，发挥自己的性别优势，赢取自己在社会、事业、家庭中的地位，理顺家庭和事业的关系，走出"相夫教子的困局"和"替代成功的骗局"。最后，敢于追求事业上的成功。高校女教师敢于发挥专注、细致等女性性别优势，大胆投入教学科研等，自由追求职业上的成就，树立自己的职业地位。

概言之，高校女教师的全面发展，是以人的全面发展、生命的整体发展为价值取向，以高校教师职业的本质要求为重点内容的全面而自由的发展。

---

① 袁贵仁：《马克思主义的人学思想》，北京师范大学出版社1996年版，第131页。

② 张楚廷：《高等教育哲学》，湖南教育出版社2004年版，第424页。

二 走向全面发展的现实性

(一) 高等教育的发展为高校女教师走向全面发展搭建了现实平台

1. 高等教育的大众化为高校女教师的全面发展搭建了平台

高等教育发展作为中国现代化进程的一个重要方面,历来是人们关注的热点。近些年,党中央、国务院坚持教育优先发展,促使我国高等教育改革与发展迈出了坚实的步伐。近年来,我国高等教育的招生数量和在校生规模得到了迅速扩张。2014 年,我国高等教育毛入学率就达到了 37.5%①。这远远超过了马丁·特罗②所提出的国际高等教育大众化 15% 的最低标准,我国高等教育已完成从"精英教育"向"大众化教育"的跨越。

第一,高等教育大众化为高校女教师的全面发展提供了准入平台。高等教育大众化的主要表现就是在校学生的急剧增加,这必然加大对大学教师的需求,在客观上为知识女性进入高校提供了契机,也为一些普通的高校女教师走上领导岗位搭建了平台。截止到 2014 年,我国高校女教师占全国专任教师的比例达到 47.73%。不仅如此,学科分布也更为广泛,不管是社会科学还是自然科学领域,都有了她们的身影,而且在数量上也相对可观。③

第二,高等教育大众化为高校女教师的全面发展提供了学历提升平台。高等教育大众化不仅提高了对高校教师量的需求,更提高

---

① 中华人民共和国教育部:《2014 年全国教育事业发展统计公报》(http://www.eol.cn/html/ky/2014jygb/index.shtml)。

② 马丁·特罗(M. Trow, 1926—),美国著名教育社会学家。他在 20 世纪 60 年代末提出的"高等教育发展阶段理论"将高等教育划分为"精英"(Elite)、"大众"(Mass)、"普及"(Universal) 三个发展阶段,并将 15%、50% 作为高等教育发展从精英到大众再到普及的临界点。

③ 中华人民共和国教育部:《各级各类学校女教师、女职工数(2013 年)》(http://www.moe.gov.cn/s78/A03/moe_560/s8492/s8493/201412/t20141216_181717.html)。

了对高校教师素质的要求，特别是学历层次的要求，这令高校纷纷加大了对高校教师提升学历的支持力度，从而为高校女教师全面发展提供了学历提升平台。2013年教育统计数据显示："我国普通高校教师拥有博士、硕士学历的比例分别19.1%、35.8%。其中拥有博士、硕士学历的男教师占其总数的比例分别为24.1%、31.1%，拥有博士、硕士学历的女教师占其总数的比例分别为13.5%、40.9%。"① 尽管博士比例与男教师相比还有较大的差距，但相对于高等教育大众化前已经是一个很大的进步。

第三，高等教育大众化为高校女教师提供了扩大对外交往的平台。温家宝总理曾在2010年全国教育工作会议上的讲话中指出："能否造就一支师德高尚、业务精湛、结构合理、充满活力的高素质、专业化教师队伍，是我国教育发展中一项重要而紧迫的任务。"② 这"充满活力"的要求中，一个十分重要的内涵就是要扩大高校教师的对外交流。近年来，无论是国家留学基金委的对外交流项目，还是各所高校自行设立的留学、访学项目，不仅在数量上持续上升，在支持力度上不断加大，而且其形式和层次也越来越丰富。这在客观上为女教师扩大学术交流平台创造了前所未有的机遇。

2. 高等教育深化综合改革为高校女教师全面发展提供直接动力

2012年3月，教育部发布了《关于全面提高高等教育质量的若干意见》，明确提出：坚持"走以质量提升为核心的内涵式发展道路"。党的十八届三中全会的《中共中央关于全面深化改革若干重大问题的决定》明确要求转变教育治理方式："深入推进管、

---

① 中华人民共和国教育部：《专任教师、聘请校外教师学历情况（普通高校）》（http://www.moe.gov.cn/s78/A03/moe_560/s8492/s8493/201412/t20141216_181701.html）。

② 温家宝：《强国必强教，强国先强教》（http://news.xinhuanet.com/politics/2010-08/31/c_12502783.htm）。

办、评分离,扩大省级政府教育统筹权和学校办学自主权,完善学校内部治理结构。"可见,高等教育深化综合改革主要表现为发展方式由外延式发展转向内涵式发展,管理方式亦由一元、单向走向多元共治。这为女教师的全面发展提供了直接动力。具体而言,主要体现在以下三个方面:

第一,提供了高校教师能力全面发展的直接动力。高等教育的内涵式发展逻辑地要求高校女教师更新自身知识储备,更新以学术职业能力、政治参与和管理能力、创新能力为主的能力体系。与此同时,多元共治的高等教育管理方式对高校女教师管理能力的提升也提出了相应的要求。

第二,提供了高校教师全面拓宽社会关系的动力。高等教育深化综合改革,意味着高校需进一步走进社会的中心,这就为高校女教师社会关系的全面拓宽提供了动力。

第三,提供了高校教师更新思想观念的动力。高等教育深化综合改革,意味着高校的办学自主权越来越大,也意味着高校的生存状态面临更多的挑战。这就为高校女教师进一步树立主体意识、女性意识等提出了更高的要求。

(二)综合素质的提升为高校女教师走向全面发展积蓄了内在资本

近年来,随着党和政府男女平等政策实施的逐渐深入,"促进人的全面发展"亦提上了全面建成小康社会的议事日程。正是在这种有利于女性全面发展的大好环境下,高校女教师的素质得到了大幅度的提升。主要表现在:"学术能力的不断提升、人际网络的不断拓展、自我形象认同在不断超越传统与单一、主体意识与女性意识在不断走向自觉。"[①] 毫无疑问,这是中国社会发展的进步,

---

[①] 禹旭才:《烛照之思——当代中国高校女教师发展研究》,兰州大学出版社2009年版,第117页。

也为女教师走向全面发展积蓄了必要的内在资本。

第二节 走向和谐发展

构建和谐社会,已经成为时代的最强音;追求性别平等发展,已成为 21 世纪高等教育致力实现的重要目标。这为高校女教师走向和谐发展提供了千载难逢的社会环境。

一 和谐发展的内涵

(一) 和谐的内涵

对于和谐的研究在国内外都有悠久的历史,国外的研究可追溯到古希腊时期。最早是毕达哥拉斯在对数研究的基础上提出了和谐的概念,他认为,作为本原的数之间存在一定的关系和比例,这种比例和关系造成了和谐。赫拉克里特继承和发展了毕达哥拉斯的和谐思想,他说:"对立的东西产生和谐,而不是相同的东西产生和谐。"他从矛盾的角度出发将数的和谐发展到"对立造成和谐"。自苏格拉底开始,和谐概念开始推广到社会大系统中。之后,和谐及和谐发展问题一直受到历代先哲们的关注,他们从不同角度论证和发展了和谐理论。在中国哲学史上对于和谐的研究丰富而久远。和谐是中国传统文化中指导人如何认识和处理社会问题和人际关系的重要思想。西周末年的太史史伯认为周幽王"去和而尚同",他在同郑桓公讨论时说:"夫和实生物,同则不继。以他平他谓之和,故能丰长而物归之。若以同裨同,尽乃弃矣。"(《国语·郑语》)老子的"万物负阴而抱阳,冲气以为和"也体现了古朴的和谐思想。春秋末年,齐相晏婴则用"相济"、"相成"的思想丰富了和谐的内涵。他以君臣关系为例阐明了"否可相济"的道理。他说:"君所谓可,而有否焉,臣献其否,以成其可;君所谓否,而有可焉,臣献其可,以去其否。"(《左传·昭公二十年》)孔子将其发展为:"君子和而不同,小人同而不和。"(《论语·子路》)意思是说,道德修养高的君子用自己的主张协调各种矛盾以达到恰到好处,而绝不盲从。没有道德修养的小人不是协调,而是人云亦云,盲从他人。孟子则主张天人合一的思想。之后,董仲舒、朱熹、王阳明等中国先哲发展和论证了和谐。从某种意义上说,和谐是中国哲学的核心和精神实质。而"和而不同"思想是和谐的思想精髓,它经过历代学者的传承、阐发,得到不断丰富和完善。现代著名哲学家冯友兰先生在其著作《中国现代哲学史》中就谈了对"和而不同"思想的理解,他说:"在中国古典哲学中'和'与'同'不一样,'同'不能容'异';'和'不但能容'异',而且必须有'异',才能称其为'和'。"

基于以上思想,结合近年来国内对和谐问题的研究,和谐所包含的核心思想主要有以下四个方面:(1)和谐是事物发展的状态;(2)和谐是事物发展的最佳途径,是促进事物发展的一种策略;(3)和谐是多样性的协调与统一,片面的相同绝不是和谐;(4)和谐是有层次性、阶段性的。[①]

(二)高校女教师和谐发展的内涵

高校女教师和谐发展在这里主要是指性别和谐发展、角色和谐发展两个方面。

1. 性别和谐发展[②]

何为性别和谐发展?这是一种基于"不同而和"与"和而不同"的双重理念基础上的一种理想性别关系状态。"不同而和"体现了从古至今的人类性别的本相关系。物有阴阳,人分男女,这是造化的规定。"和而不同"则强调和谐作为两性之间的一种生存关

[①] 王周红:《高等教育和谐发展研究》,博士学位论文,云南师范大学,2005年,第25—26页。

[②] 禹旭才:《烛照之思——当代中国高校女教师发展研究》,兰州大学出版社2009年版,第205—206页。

系，是两性的差异性、矛盾性的统一。"和而不同"揭示的是性别关系的状态与性质，它强调性别和谐是一种状态，是一种关系，体现了人类性别关系的理想境界。性别关系从平等到和谐反映了人类性别的本相与境界的耦合趋势。以"不同而和"与"和而不同"为哲学理念的高校教师发展，既深刻地蕴含着因不可更改的生物属性的自然差异而导致的事实上男女教师"不平等"的本相，又彰显了性别个性的权利尊严和自由发展的理想境界。性别和谐发展至少具有两个突出的特点：一是不仅尊重男女两性的自然生理差异，而且尊重男女两性的社会文化差异。它不再以优劣好坏来评判男女教师的性别气质，不再以一种性别气质来淹没另一种性别气质，而是发挥男女两性各自所拥有的性别气质，在两性差异中寻求一种平衡和张力，由此生成一种新的有利于人的全面自主发展的人格气质。二是人们可以根据自己的兴趣选择自己的发展方向与空间。在性别和谐发展的理想社会中，不存在强加于个人的性别发展模式，没有特殊的固定的活动范围。正如马克思对人的个性自由所展望的："在共产主义社会里，任何人都没有特殊的活动范围，而是都可以在任何部门内发展。社会调节着整个生产，因而使我可能随着自己的兴趣今天干这事，明天干那事，上午打猎，下午捕鱼，傍晚从事畜牧，晚饭后从事批判，这样就不会使我老是一个猎人、渔夫、牧人或批判者。"[①] 总之，性别和谐发展既符合男女教师的共同利益，又观照了男女教师的特殊利益，凸显了男女两性独立自主、完善协调、互利双赢、和谐共生的伙伴关系。在性别和谐发展的理想社会中，女教师将在更大程度上获得独立于男性视野和男性文化的领域，以建构起自己完整的精神文化生活体系的自由发展空间。结合高校教师的发展，具体可以表现为以下三种形态：

[①]《马克思恩格斯选集》第1卷，人民出版社1995年版，第85页。

一是性别发展观念和谐。就是既要承认高校教师性别之间的自然差异，但又不能据此来进行高校分工和资源配置，更不能以此作为人格与能力高低、优劣的判定标准；要尊重和保护不同性别的生存和发展权益，而不是厚此薄彼，更不是非此即彼。

二是性别发展状态和谐。指高校男女教师都可以根据自己的兴趣爱好选择自己的发展方向，构筑自己的发展空间；不存在强加于任何一种性别的发展模式；更不划定某种固定的活动范围。

三是性别发展结果和谐。它是指既不以牺牲女教师利益为代价来保护男教师的发展，也不以牺牲男教师利益为代价来促进女教师的发展，更不是让女教师成为权力的中心来形成新的不和谐，而是要改变不平等的性别关系和性别分工，发挥高校男女教师两性各自所拥有的性别优势，在两性差异中寻求一种平衡和张力，由此生成一种新的有利于人全面自主发展的格局，进而推进两性的协调发展、共同进步。

总之，只有在性别和谐发展的理想社会中，高校女教师才可能在更大程度上获得独立于男性视野和男性文化的领域，建构起自己完整的精神文化生活体系的自由发展空间。

2. 角色和谐发展

如果说性别和谐是女教师发展的一种理想的外在状态，那么角色和谐便是女教师发展的内在状态。所谓角色和谐，这里是指学术角色和家庭角色的和谐。女教师集学术角色和家庭角色于一身。"对高校女教师而言，冲突就在于她们既要接受学术领域的角色规范，又要接受家庭的角色规范。学术角色规范要求她们最大限度地将时间与精力投入到高等教育活动中，像男性一样努力拼搏，以获取更多的学术成就；家庭角色规范要求她们恪守传统的女性特质，任劳任怨，甘于奉献，将个人的人生价值寄托在丈夫与孩子身上。这就意味女教师每天都要在两种完全不同的规范下频繁地进行角色转换，在此过程中，任何角色规范的打破，不仅会招致外在的负面评价，而且会形成内在的欠缺感。"[1] 可见，实现角色的和谐发展是高校女教师走向全面发展的重要环节。

此外，身心和谐发展也是高校女教师走向和谐发展的一个重要议题。身心和谐是指人能够用正确的世界观认识事物，用正确的思维方式思考问题，用正确的态度处理问题，这种和谐是指每个社会成员对自己，包括精神追求、需要层次、思维方式、个性特点和行为方式等，能够保持一种和谐、和顺的状态。[2] 学术职业的特殊性和女性的性别特征决定了高校女教师身心和谐发展的内涵更加丰富，决定了其过程更加艰难。由于受篇幅的限制，这里不再展开。

概言之，和谐发展对高校女教师而言，内涵丰富，意义深远。

二 走向和谐发展的现实性

（一）和谐社会的构建为高校女教师发展走向性别和谐打下了坚实的基础

社会主义和谐社会是在保持社会主义基本制度的前提下，社会系统中的各个部分，各种要素处于一种相互协调，其功能处于最大优势化状态的社会[3]。胡锦涛同志将和谐社会的特点归纳为"民主法治、公平正义、诚信友爱、充满活力、安定有序、人与自然和谐相处"六个方面。新一代领导核心习近平主席更是把促进社会"公平正义"作为全面建成小康社会的核心价值追求[4]。可见，无论是和谐社会的六个特点还是小康社会的价值追求，都是高校女教师发展走向性别和谐的内在要求。

---

[1] 禹旭才：《烛照之思——当代中国高校女教师发展研究》，兰州大学出版社2009年版，第141—142页。
[2] 刘美蓉：《以人为本，关注女性教师身心和谐发展》，《牡丹江大学学报》2007年第11期。
[3] 傅治平：《和谐社会导论》，人民出版社2005年版，第18页。
[4] 国务院新闻办公室会同中央文献研究室、中国外文局：《习近平谈治国理政》，外文出版社2014年版，第147页。

由此可见,"公平正义"既是我们党和国家历代领导人的价值追求,也是社会主义和谐社会的价值取向。它势必逻辑地要求性别和谐发展。公平正义的核心思想是"公正平等"。具体而言,在观念上主张人人平等,在利益分配上确保公平与公正。公平公正的价值追求要求在构建和谐社会的过程中,必须至少做到以下两点:一是要形成社会主义性别公平的机制。目的是为不同性别提供平等的竞争机会和平等的利益分配。有了平等的竞争机会,就可避免女性在社会生活和工作中遭受不公正的待遇,从而缩小性别差距。二是要确保女性参与公共政策的制定和实施。公共政策往往涉及不同群体的实际利益,因此公共政策的公正是确保性别平等的关键。如果公共政策的制定和实施,缺少一定数量的女性参与,在客观上会导致性别公平受损,造成社会事务、公共资源性别间的不平等。

概言之,促进性别和谐,既是构建和谐社会的主要议题,也是构建和谐社会的内在要求。事实上,无论是"公平正义"还是"民主法治、诚信友爱、充满活力、安定有序、人与自然和谐相处"等,都从不同的视角为高校女教师发展走向性别和谐打下了坚实的基础。由于篇幅有限,这里不再一一展开论述。

(二)网络技术的发展为高校女教师发展走向角色和谐提供了现实的条件

今天,网络信息技术已渗透于人们生活的各个领域,它对人类社会的影响早已突破了物质层面,进而更多作用于一些深层次的问题,如文化的交流与融合、人的思想观念的深刻变化等。同时,"信息技术与传统技术相比,则具有明显的中性化的色彩,它使男女之间基于生理差异的性别分工变得不再重要,扩大了女性的社会实践、交往实践和自由空间,对女性具有深远的意义"[①]。对高校

---

① 倪志娟:《关于信息技术与女性发展问题的思考》,《理论前沿》2005年第2期。

女教师而言，其影响主要体现在：(1) 有利于女教师深刻认识性别角色的内涵。随着网络技术的发展，女教师可以更方便地了解国内外新思想、新成果，开阔视野，更新观念，从而全面深刻地把握好自己的多种角色间的关系。(2) 有利于女教师社会角色的充分实现。随着网络信息技术的发展，女教师不出家门就可以建立其与组织和他人之间的联系，方便商讨公共事务，有利于激起女教师对公共领域的热情和责任。(3) 有利于女教师获得更多的发展平台。信息技术的发展给女教师带来了新的受教育及其他潜在的机会。可以说各专业的知识在网络上唾手可得；网络学校更是遍地开花，与传统的学校教育相比，网络学校具有零门槛、零限制等特点，给女教师提供了灵活的学习机会等。这些有利的条件都在客观上减少或降低了女教师社会角色和家庭角色的矛盾和冲突，从而为其走向角色和谐发展提供了现实的条件。

(三) 社会性别意识的深化为高校女教师走向和谐发展奠定了思想基础

随着我国社会民主政治的逐步推进，社会性别意识也在逐步深化。主要表现在以下四个方面：

一是表现在党和政府的重大决策上。特别是1995年，时任国家主席的江泽民在北京召开的联合国第四次世界妇女大会上，代表中国政府向世界郑重宣告："新中国成立后，我国广大妇女已成为国家和社会的主人。我们十分重视妇女的发展和进步，把男女平等作为促进中国社会发展的一项基本国策。"[①] 这一基本决策，是对国际社会性别意识主流化战略的积极呼应和庄严承诺，同时也为我国女性发展打开了一扇全新的大门。其后，党和政府在政治、医疗、教育、大众传媒、法律等多领域逐渐将女性问题纳入了重要议

---

① 江泽民：《在联合国第四次世界妇女大会欢迎仪式上的讲话》，《人民日报》1995年9月5日第1版。

题。2005年,时任国家总理的温家宝在全国第四次妇女儿童工作会议上明确提出,要将妇女发展纳入国民经济和社会发展规划,表达了中国政府以国家规划推动性别和谐的政治意愿与承诺,要求各级政府在制定国民经济和社会发展"十一五"规划时,有重点、分类别地将妇女儿童发展规划的主要目标纳入经济和社会发展及各个发展领域,同步规划、同步实施。2010年3月,新修订的《中华人民共和国全国人民代表大会和地方各级人民代表大会选举法》第一章第六条明确规定,全国人民代表大会和地方各级人民代表大会的代表中,应当有适当数量的妇女代表,并逐步提高妇女代表的比例。为切实提高妇女参与立法决策的程度,《关于十一届全国人民代表大会名额和选举问题的决定》首次对全国人大女代表比例作出明确规定,要求第十一届全国人大代表中女性代表的比例不低于22%。新一代领导核心习近平主席更是把促进社会"公平正义"作为全面建成小康社会的核心价值追求[①]。可见,我国党和政府不仅十分重视促进女性在各个方面的发展,而且将社会性别意识纳入了决策主流。

  二是表现在性别敏感决策机制的构建上。首先,各部门、各行业的性别统计数据库在逐渐构建和完善,这为了解性别结构状态,确保各机构中各个层面中社会性别平衡,提供了第一手资料。其次,建立社会性别平等奖惩制度已成一种趋势。目前,我国有些部门、地区开始将妇女工作和性别意识的落实与考核挂钩,如南京市2013年制定的《关于加强和改进新形势下妇女工作的意见》就规定"'妇建'不合格,党建不评优"。他们的工作绩效和报酬与社会性别平等绩效挂钩,从而使决策者逐渐达成性别自觉,使政策不断走向完善。

[①] 国务院新闻办公室会同中央文献研究室、中国外文局:《习近平谈治国理政》,外文出版社2014年版,第147页。

三是表现在媒体工作上。具体表现为：第一，加强对传媒工作者的性别意识培训，提高传媒工作者的性别敏感以及平等地表现社会性别关系的意识。第二，制定充满社会性别意识的传媒政策，努力创造男女相互尊重、共同发展的社会舆论环境。第三，加强广告中社会性别意识的立法审查，从舆论上、宣传上、行动上加强对媒体的社会性别意识监测与监督。

四是表现在高校的社会性别意识教育上。2001年5月，国务院正式通过了《中国妇女发展纲要（2001—2010年）》，文件提出了"在高等教育相关专业开设妇女学、马克思主义妇女观、社会性别与发展等课程，增强教育者和被教育者的社会性别意识"的要求。同时通过的《中国儿童发展纲要（2001—2010）》中也规定："将平等意识纳入教育内容。"这些要求加快了高等学校开设性别课程的步伐。近年来，我国在以中国人民大学为代表的全国100多所高校开设社会性别意识教育课程，并设有硕士学位点。有些地区和高校将性别教育纳入高校教师培训内容[1]，如2015年7月21日至23日，广西壮族自治区教育厅、自治区妇联联合举办先进性别文化进高校师资培训班[2]。同时也有40多所高校先后成立了社会性别研究机构，妇联组织也积极在高校举办社会性别意识教育方面的讲座和咨询活动，为公众了解我国男女平等状况及国际上性别主流化趋势提供有效的渠道和有益的帮助。高等教育中开设女性学课程或者成立社会性别研究机构，有助于引导青年学生克服传统性别文化中的偏见，有助于加速我国构建先进性别文化的进程。这对实现性别平等的社会发展目标以及文化转型都具有十分重要的社会意义。

---

[1] 汪琴：《论社会性别意识与和谐社会的构建》，博士学位论文，安徽大学，2012年，第18页。

[2] 胡泽方：《先进性别文化进高校师资培训班在南宁举办》（http://www.wsic.ac.cn/academicnews/87129.htm）。

可见，近年来，从政府到地方，从媒体到高校，从观念到行动，从决策者到普通百姓，社会性别意识越来越明显，这不仅为高校女教师走向全面发展创造了良好的社会环境，更为高校女教师走向和谐发展奠定了坚实的思想基础。

概言之，我们有理由相信：随着现代社会的加速发展、社会性别意识的不断深化、文明程度的不断提升，高校女教师无论是走向全面发展还是走向和谐发展，都将开启一个新的历史征程。

第三节　高校女教师发展任重道远

一　社会发展的渐进性决定了高校女教师发展的渐进性

众所周知，考察人的发展应当以人生活于其中的社会关系作为出发点。而且，人的发展依赖于一定的社会条件。即人的发展不能脱离社会发展。"如果现实的生活和实践没有提出变革的强烈要求，没有提供相关的物质条件，那么一味地进行观念革命、道义谴责，都无助于女性的解放与发展，甚至会带来新的问题与阻力。"[①]可见，高校女教师的发展与当今社会的发展息息相关。正是从这个意义上说，社会发展的渐进性决定了高校女教师的发展也具有渐进性。这里拟从家务劳动社会化和先进性别文化的构建两个方面进行阐述。

（一）家务劳动社会化进程的渐进性决定了高校女教师发展的渐进性

家务劳动社会化对于高校女教师发展意义十分重大。它是对传统性别分工的变革，是女性对简单而又烦琐、劳神而又无功的家务劳动的摆脱。家务劳动社会化的实现意味着女性有更多的机会和时间去获取社会政治、经济以及文化等资源，从而实现社会地位的整

---

① 杨凤：《社会性别的马克思主义诠释》，《妇女研究论丛》2005年第5期。

体提高。因为"妇女的解放，只有在妇女可以大量地、社会规模地参加生产，而家务只占她们极少工夫的时候，才有可能"①。只有"大规模地开始把琐碎家务改造为社会主义大经济，那个地方和那个时候，才开始有真正的妇女解放"②。可见，家务劳动社会化在一定程度上也是女教师摆脱发展困境的出路。

相对于其他职业女性，家务劳动社会化对高校女教师的发展具有更加特殊的意义③：其一，家务劳动社会化能够使高校女教师摆脱家务劳动的捆绑，获得更多的时间和精力从事教学、科研与管理工作，从而为高校女教师潜能的挖掘和发展提供更充足的时间条件；其二，家务劳动社会化使高校女教师能有机会走出偏狭的家庭领域，踏入更广阔的社会实践空间，从而为高校女教师社会性的发展创造更广阔的空间条件；其三，家务劳动社会化有助于改变传统社会对高校女教师家庭角色的既有设定，有利于高校女教师摆脱传统的性别角色，从而为高校女教师的独立精神的发展提供更宽松的条件；其四，家务劳动社会化有助于高校女教师实现真正的独立，在事业中发挥自己的性别优势，实现自己的价值。然而，目前我国还处于社会主义初级阶段，生产力水平还相对落后且发展不平衡。马克思曾经指出："人类始终只提出自己能够解决的任务，因为只要仔细考察就可以发现，任务本身，只有在解决它的物质条件已经存在或者至少是在生成过程中的时候，才会产生。"④ 这就决定了目前我国家务劳动社会化的较低发展水平及其推进的渐进性。虽然我国市场上目前出现了大量的家政公司，但缺乏有效的管理和必要的引导。要想达到发达国家那种有序的家政服务状态和完善的家务

---

① 《马克思恩格斯选集》第4卷，人民出版社1995年版，第162页。
② 《马克思恩格斯列宁斯大林论妇女》，人民出版社1978年版，第289页。
③ 禹旭才：《烛照之思——当代中国高校女教师发展研究》，兰州大学出版社2009年版，第167—168页。
④ 《马克思恩格斯选集》第2卷，人民出版社1995年版，第33页。

劳动财政补贴目标,还需要一些时日。这就决定了我国高校女教师从烦琐的家庭事务中摆脱出来的渐进性和艰巨性。

(二) 先进性别文化构建的渐进性决定了高校女教师发展的渐进性

辩证唯物主义认为,事物的发展以及人们对事物的认识都具有渐进性。一开始就非常完备、充分的事物是不存在的。事物的发展不可能是一帆风顺的,它总是循序渐进,伴随着矛盾、斗争,甚至是曲折和倒退。事物的发展总是在解决矛盾中前进,在曲折和斗争中发展,呈现出一种螺旋上升的发展状态。事物发展的渐进性决定了人的认识也要经过实践、认识、再实践、再认识的过程。[①] 由此可见,人们对男女两性关系及其社会价值、社会分工等问题的认识,同样是一个渐进而曲折的过程,这就决定了先进性别文化的构建不可能一帆风顺。

纵观社会性别文化的发展,大体经历了三个阶段、两次转变。三个阶段分别是原始社会平等的性别文化阶段、传统社会不平等的性别文化阶段、现代社会趋于平等的性别文化阶段。两次转变分别是由原始社会平等的性别文化向传统社会不平等的性别文化的转变,由传统社会不平等的性别文化向现代社会趋于平等的性别文化的转变。我国性别文化的第二次转变已启动近百年,特别是新中国成立后取得了巨大的进展。但从现实情况看,这一转变过程远没有完成。由于性别文化是一个历史的动态发展过程,在纵向的继承发展和横向的渗透融合中,传统的男权文化不愿自动退出历史舞台,激进的女权主义文化也占有一席之地,片面的性别文化仍大有市场,要转变男尊女卑、重男轻女的性别文化,构建先进的性别文化,真正实现男女平等,任务艰巨。当前,要建立更为先进的性别

---

① 章顺来:《社会主义优越性的展现具有渐进性》,《池州师专学报》1999 年第 1 期。

文化不仅是一个任重而道远的奋斗目标,而且还要靠长期的历史文化积淀。与一切传统文化一样,传统性别文化也有自己的时代局限甚至是历史糟粕,必须加以扬弃和改造,不断汲取新的营养,不断革新创造和重构。通过重构使各种不同的性别文化在内容、形式、性质、功能以及价值取向、目标取向等方面的互动中不断修正、逐渐融合,构建一种新的"她也是发展的主体"先进的性别文化。这种先进的性别文化融历史与现代精华于一身,取国际与国内文化之所长,是一种理性的、平等的、宽容的、互容的、主体间性的性别文化。然而这种先进性别文化的内涵和价值追求本身就决定其构建不可能一蹴而就,甚至可能呈现出一种螺旋式上升的发展状态。这就决定了高校女教师发展的渐进性。

二　高校教师职业的学术性决定了高校女教师发展的复杂性

高校教师职业的学术性主要表现于高等教育的学术性。学术性对于高等教育具有十分重要的意义。首先,学术是高等教育系统内一切工作的中心点,同时也是系统内组织建立的目的和任务以及组织系统的结构核心。是否有利于学术性这个中心点是高等教育系统内权力分配和运作的评判标准。本质上,它不受金钱、权势和地位的影响,只唯科学和真理至上,遵循严格的规范和标准。其次,高等教育的学术性决定了其运作的学术性标准。高等教育学术性标准是高校在知识的生产、创造和传播方面不竭的生命力,是知识的客观真理性和高校在解释、创造和传播知识方面权威性的根本保证。总之,高等教育是一个具有典型学术性的组织。[①] 正如美国学者伯顿·R.克拉克在《高等教育系统》一书中明确指出的:"高等教育作为一种以知识、科学和专业为基础的学术机构,它的学术活动

[①] 张晓明:《妇女参与高等教育特殊性的思考》,《高等教育研究》1999 年第 4 期。

所具有的特征促使学术组织形式与众不同,并给它们带来一些特殊的运行问题和权力问题。"[1] 由此可见,虽然大学历经变革和发展,但高等教育的学术性这一显著特征始终未被改变。高校教师是高等教育的主要组成部分,是高等教育学术工作和学术性标准的执行人员,因此高校教师职业不分性别自然都具有学术性这一显著特征。

  正是源于学术性这一特点,学术能力和学术水平在一定程度上决定着高校女教师的发展高度。但现实表明,高校女教师在学术能力和水平方面,都远远落后于男教师。如截止到2014年,我国正高职称的女教师仅占正高职称教师总数的28.92%,为高校女性教师总数的7.34%;而高校正高职称总数中,男教师比例为71.08%,占高校男教师总数的16.49%。[2] 这种职称结构状况在一定程度上反映了女教师的学术能力发展低于男性。从学术成就上看,学术成就是决定高校女教师职业层级的最主要的因素。"在学术领域,我们的成果是以写出来的东西来体现的,出版物就像硬通货币,是学术成果的基本表现形式。除艺术创作以及一些应用性自然科学以外,研究工作的质量就是通过出版文字来判断的。"[3] 然而,因种种原因,高校女教师在这种硬通货币的持有上远远落后于男教师。大量的研究结果显示,女教师在较高层次期刊上发表论文的数量不及或者仅仅达到男教师论文数量的一半。[4] 可见,高校女教师要想登上较高的职业层级,必须加大对科研的投入,取得更高级别的学术成果。

---

 [1] [美]伯顿·R.克拉克:《高等教育系统》,王承绪、徐辉等译,杭州大学出版社1994年版,第121页。

 [2] 中华人民共和国教育部:《2014年全国教育事业发展统计公报》(http://www.moe.edu.cn/srcsite/A03/s180/moe_633/201508/t20150811_199589.html)。

 [3] [美]唐纳德·肯迪尼:《学术责任》,阎凤桥译,新华出版社2002年版,第126页。

 [4] 荆建华:《从学术职业的学术性看高校女教师发展的现实困境》,《河南教育学院学报》(哲学社会科学版),2009年第4期。

然而，高校教师职业的学术性特点，决定了高校教师学术能力和学术水平的发展亦不是一帆风顺的，也不是仅通过高校女教师自身的努力就能实现的。还需要社会和高校为女教师创造更广阔的发展空间和更宽松的发展环境。

三　女性意识发展的曲折性决定了高校女教师发展的艰巨性

广义的女性意识是指从女性的角度观察和认识社会政治、经济、文化和社会环境，努力重新调整两性关系使两性关系趋于真正的平等。[①] 女性意识发展的曲折性主要有两个方面的内涵：一是女性意识在理论与现实中的多元性；二是女性意识形成发展的曲折性。

（一）女性意识的多元性决定了高校女教师发展的艰巨性

女性意识的多元性在理论上表现为女性主义流派众多，观点纷呈：自由主义女权主义认为女性要勇敢走出家庭和私人生活领域，自由选择是否生育，到公共领域去实现自身的价值，获取男女平等；生态女权主义认为，女性和自然界在创造生命方面有着内在的联系，男权统治者压迫女人的同时还压迫着自然界，两者的解放也是相互联系在一起的；后现代女性主义主张创造一种女性的语言去书写超出男人想象的女人及世界，女人要努力成为自己，而不是男人世界中的他者；等等。高校女教师身为知识女性，在平时的阅读学习中可能触及各种女性主义思潮，但面对众说纷纭的"女性是什么"这一存在主义的问题，她们亦可能无所适从。

女性意识的多元性亦表现在女教师的生活世界中。在实践中我们不难发现：有的女性甘愿做"全职太太"，把相夫教子、贤妻良母作为自己的人生追求；有的女性选择追求崇高的事业，把主要时

[①] 王雅芬：《当代中国女性意识问题的研究》，博士学位论文，吉林农业大学，2007年，第4页。

间和精力从家庭领域转向社会领域,被社会打上"女强人"的标签;大多数女性选择做"跷跷板上的女人",奔波于事业与家庭之间,追求家庭角色和社会角色的和谐统一;还有女性自甘堕落,屈从于金钱和权势,落下被人唾弃的话柄;等等。面对多元的女性选择,虽然高校女教师大多把既要干好事业又要管好家庭作为自己的奋斗目标,问题是一旦付诸行动,她们又陷入了两难的困境。这使得她们有时不得不质疑甚至更改自己的选择。

因此,无论是理论上的多元还是实践中的困惑,都说明了女性意识形成的曲折性,从而导致女教师发展的艰巨性。

(二)女性意识发展的曲折性决定了高校女教师发展的艰巨性

从我国女性意识发展的历程看,可以简单将其分为四个阶段:一是女性意识的初步觉醒阶段。"五四"期间,在先进的男性知识分子如李大钊、李达、陈独秀等的反对封建、主张民主、主张男女平等的精神召唤下,一批先进女性开始觉醒:"我们痛心于我国几千年来压迫女子的文明,我们应打破这吃人的腐败的旧伦理观念;我们痛心于目前法律上男女不平等,我们应改变这畸形的片面法律;我们痛心于女子教育的不发达,我们应竭力提倡女子教育;我们痛心于现今妇女经济之不独立,我们应要求这种职业之开放。"[①]二是女性意识的隐退阶段。20世纪二三十年代,这一时期女性意识在进一步觉醒的同时,很快就被淹没于抗日救亡等社会政治运动中。三是女性意识萌发阶段。新中国成立以后,女性意识迅速萌发,中国政府制定或修改了一系列保护妇女权益的法律,在法律上确定了广大妇女在政治、经济等方面与男子的平等权,特别是我国广大女性获得了西方妇女用上百年的抗争换来的选举权,可以说女性意识的发展进入了一个高潮。四是女性意识的发展阶段。改革开放以来,女性意识不断发展,但诸如"女性回家"等封建思想又

---

① 谈社英:《中国妇女运动通史》,文心印刷社1936年版,第142页。

沉渣泛起。近年来，女性迷失自我等现象仍不鲜见，出现了"二奶"、"小三"等丑恶现象，不能不引起社会的重视。可以说，女性意识在发展的同时，也存在某些方面的倒退现象。①

透过以上四个阶段，可见中国女性意识的发展是一个在前进中倒退，又在倒退中前进的曲折过程。而女性意识对女性尤其是高校女教师发展的影响是广泛而深远的。正是女性意识如此曲折的发展过程，决定了高校女教师发展的艰巨性。

展望高校女教师的发展，21世纪是一个重要的战略机遇期："人的全面发展"、"和谐社会的构建"、"高等教育的深化改革"、"社会性别意识的主流化"等重大主题，越来越成为党和政府高度关注的理论和实践问题，这些都将为高校女教师走向全面发展与和谐发展谱写一曲崭新的乐章。虽然机遇伴随着挑战，成就伴随着问题，但我们仍然坚信：中国女性的发展，即将迎来一个更加美好的春天。

---

① 陈伟：《中国社会女性意识缺失的反思》，《当代社科视野》2008年第Z1期。

参考文献

一 中文文献(含译文)

(一) 著作类

[1]《马克思恩格斯全集》第1卷,人民出版社1995年版。
[2]《马克思恩格斯全集》第3卷,人民出版社1995年版。
[3]《马克思恩格斯全集》第3卷,人民出版社2002年版。
[4]《马克思恩格斯全集》第4卷,人民出版社1995年版。
[5]《马克思恩格斯全集》第42卷,人民出版社1979年版。
[6]《马克思恩格斯全集》第46卷(上),人民出版社1979年版。
[7]《马克思恩格斯全集》第46卷(下),人民出版社1980年版。
[8]《马克思恩格斯选集》第1卷,人民出版社1995年版。
[9]《马克思恩格斯选集》第1卷,人民出版社2002年版。
[10]《马克思恩格斯选集》第1卷,人民出版社2012年版。
[11]《马克思恩格斯选集》第2卷,人民出版社1995年版。
[12]《马克思恩格斯选集》第2卷,人民出版社2012年版。
[13]《马克思恩格斯选集》第3卷,人民出版社1995年版。
[14]《马克思恩格斯选集》第4卷,人民出版社1995年版。
[15]《马克思恩格斯文集》第9卷,人民出版社2009年版。
[16]《马克思恩格斯列宁斯大林论妇女》,人民出版社1978年版。
[17]《共产党宣言》,人民出版社1997年版。

[18] 马克思:《资本论》第 1 卷,人民出版社 2004 年版。

[19] 马克思:《1844 年经济学哲学手稿》,人民出版社 2000 年版。

[20]《毛泽东、周恩来、刘少奇、朱德论妇女解放》,人民出版社 1988 年版。

[21]《江泽民文选》第 3 卷,人民出版社 2006 年版。

[22] 国务院新闻办公室会同中央文献研究室、中国外文局:《习近平谈治国理政》,外文出版社 2014 年版。

[23] [美] 爱因斯坦、英菲费尔德:《物理学的进化》,周肇威译,上海科技出版社 1979 年版。

[24] [英] 罗素:《一个自由人的崇拜》,胡品清译,时代文艺出版社 1988 年版。

[25] 安玉海:《教师专业论》,载陈永明主编《现代教师论》,上海教育出版社 1999 年版。

[26] 鲍晓兰:《西方女性主义研究评介》,生活·读书·新知三联书店 1995 年版。

[27] 陈力文:《重视女性人力资源开发,为创办高水平大学作贡献》,载刘利群、张莉莉主编《第二届大学女校长国际论坛》(下),中国传媒大学出版社 2007 年版。

[28] 陈学飞:《高等教育国际化:跨世纪的大趋势》,福建教育出版社 2002 年版。

[29] 陈学飞:《美国、德国、法国、日本:当代高等教育思想研究》,上海教育出版社 1998 年版。

[30] 杜芳琴、王向贤:《妇女与社会性别研究在中国(1987—2003)》,天津人民出版社 2003 年版。

[31]《第四次妇女大会重要文献汇编》,中国妇女出版社 1998 年版。

[32] 丁玲:《丁玲文集》第 4 卷,湖南人民出版社 1983 年版。

[33] [法] 西蒙娜·德·波伏娃:《第二性》,陶铁柱译,中国书

籍出版社1998年版。

[34] 邓正来：《市民社会与国家——学理上的分野与两种架构》，载邓正来等《国家与市民社会：一种社会理论的研究路径》，中央编译出版社2002年版。

[35] ［法］皮埃尔·布尔迪厄：《男性统治》，刘晖译，海天出版社2002年版。

[36] ［法］卢梭：《爱弥儿》，李平沤译，商务印书馆2003年版。

[37] 傅治平：《和谐社会导论》，人民出版社2005年版。

[38] 傅道春：《教师成长与发展》，教育科学出版社2001年版。

[39] 谷晓红：《女性领导者与新时期"人性化"管理理念》，载刘利群、张莉莉主编《第二届大学女校长国际论坛》（下），中国传媒大学出版社2007年版。

[40] ［古希腊］柏拉图：《理想国》，郭斌等译，商务印书馆2002年版。

[41] 国际21世纪教育委员会：《教育——财富蕴藏其中》，教育科学出版社1996年版。

[42] 高平叔：《蔡元培教育论著选》，人民教育出版社1991年版。

[43] 高慧珠：《社会转型时期高校女知识分子教育和科研状况研究》，转引自裔昭印《社会转型与都市知识女性》，中国社会科学出版社2005年版。

[44] 黄颂杰：《西方哲学名著提要》，江西教育出版社2002年版。

[45] ［德］霍克海曼：《霍克海曼文集：文明批判》，曹卫东编译，上海远东出版社2004年版。

[46] 荒林：《中国女性主义》，广西师范大学出版社2006年版。

[47] 韩贺南：《女性学导论》，教育科学出版社2005年版。

[48] 霍红：《21世纪我们做女人》，湖南大学出版社2000年版。

[49] 第四次世界妇女大会"95北京非政府组织妇女论坛丛书编委会"编：《95北京非政府组织妇女论坛国外论文选》，中国妇女

出版社 1998 年版。

[50] [捷] 夸美纽斯：《大教学论》，傅任敢译，教育科学出版社 1999 年版。

[51] 刘铁芳：《生命与教化——现代性道德教化问题审理》，湖南师范大学出版社 2004 年版。

[52] 李小江：《夏娃的探索》，河南人民出版社 1988 年版。

[53] 李小江：《女人的出路》，辽宁人民出版社 1989 年版。

[54] 李小江：《关于女人的问答》，江苏人民出版社 1998 年版。

[55] 李小江：《解读女人》，江苏人民出版社 1999 年版。

[56] 李小江：《身临"奇"境》，江苏人民出版社 2000 年版。

[57] 李小江：《女性主义——文化冲突与身份认同》，江苏人民出版社 2000 年版。

[58] 李小江：《文化、教育与性别——本土教养与学科建设》，江苏人民出版社 2002 年版。

[59] 李小江：《女性/性别的学术问题》，山东人民出版社 2005 年版。

[60] 刘建军：《演进的诗化文学——文化视界中西方文学的人文精神传统》，东北师范大学出版社 1998 年版。

[61] 刘利群、张玲主编：《第二届大学女校长国际论坛》，中国传媒大学出版社 2005 年版。

[62] 李银河：《妇女：最漫长的革命》，生活·读书·新知三联书店 1997 年版。

[63] 李银河：《女性权力的崛起》，文化艺术出版社 2003 年版。

[64] 李银河：《女性主义》，山东人民出版社 2005 年版。

[65] 孟宪范：《转型社会中的中国妇女》，中国社会科学出版社 2004 年版。

[66] [美] 菲利普·G. 阿特巴赫：《比较高等教育：知识、大学与发展》，人民教育出版社教育室译，人民教育出版社 2001

年版。

[67] [美] 弗里丹：《女性的奥秘》，程锡麟等译，广东经济出版社 2005 年版。

[68] [美] 罗宾·罗森：《女性研究：起源及影响》，北京大学出版社 2004 年版。

[69] [美] 梅里·E. 威斯纳-汉克斯：《历史中的性别》，何开松译，东方出版社 2003 年版。

[70] [美] 华勒斯坦等：《学科·知识·权力》，刘健之等译，生活·读书·新知三联书店 1999 年版。

[71] [美] 约翰·S. 布鲁贝克：《高等教育哲学》，郑继伟等译，浙江教育出版社 1987 年版。

[72] [美] 爱德华·霍夫曼：《马斯洛传——人的权利沉思》，许金声译，华夏出版社 2003 年版。

[73] [美] 琼·W. 斯科特：《性别：历史分析中一个有效范畴》，载李银河《妇女：最漫长的革命》，生活·读书·新知三联书店 1997 年版。

[74] [美] 盖尔·卢宾：《女人交易——性的"政治经济学"初探》，载王政、杜芳琴《社会性别研究选译》，生活·读书·新知三联书店 1998 年版。

[75] [美] 玛格丽特·米德：《三个原始部落的性别与气质》，宋践等译，浙江人民出版社 1988 年版。

[76] [美] 罗斯玛丽·帕特南·童：《女性主义思潮导论》，艾晓明译，华中师范大学出版社 2002 年版。

[77] [美] 威廉·F. 派纳等：《理解课程》（上），张华等译，教育科学出版社 2003 年版。

[78] [美] 约瑟芬·多诺万：《女权主义的知识分子传统》，赵育春译，江苏人民出版社 2003 年版。

[79] [美] 詹尼特·A. 克莱妮等：《女权主义哲学——问题、理

论和应用》，李燕译，东方出版社 2006 年版。

[80]［美］凯特·米利特：《性政治》，宋文伟译，江苏人民出版社 2000 年版。

[81]［美］约翰·奈斯比特等：《女性大趋势》，陈广等译，新华出版社 1993 年版。

[82]［美］海斯：《危险的性》，孙爱华等译，上海人民出版社 1989 年版。

[83]［美］琳达·诺克林：《女性，艺术与权力——艺术文库》，游惠贞译，广西师范大学出版社 2005 年版。

[84]［美］谢丽尔·萨班：《女性的价值》，胡滨、胡敏译，漓江出版社 1997 年版。

[85]［美］伯顿·R. 克拉克：《高等教育系统》，王承绪、徐辉等译，杭州大学出版社 1994 年版。

[86]［美］唐纳德·肯迪尼：《学术责任》，阎凤桥译，新华出版社 2002 年版。

[87] 潘懋元：《中国高等教育百年》，广东高等教育出版社 2004 年版。

[88] 潘懋元：《新编高等教育学》，北京师范大学出版社 1996 年版。

[89] 潘慧玲主编：《教育议题的性别视野》，台湾师范大学出版社 2000 年版。

[90] 秦美珠：《女性主义的马克思主义》，重庆出版社 2008 年版。

[91] 乔以钢：《中国女性与文学——乔以钢自选集》，南开大学出版社 2004 年版。

[92]［日］鹤见佑辅：《拜伦传》，陈秋凡译，湖南文艺出版社 1981 年版。

[93]［瑞典］T. 胡森、T. N. 波斯尔斯韦特：《教育大百科全书（2）》，高洪源译，西南师范大学出版社 2002 年版。

[94] 孙俊三:《教育过程的美学意蕴》,湖南师范大学出版社 2006 年版。

[95] 史静寰:《妇女教育》,吉林教育出版社 2000 年版。

[96] 沈奕斐:《被建构的女性:当代社会性别理论》,上海人民出版社 2005 年版。

[97] 谭兢常、信春鹰:《英汉妇女与法律词汇释义》,中国对外翻译出版公司 1995 年版。

[98] 陶洁、郑必俊:《中国女性的过去、现在与未来》,北京大学出版社 2005 年版。

[99] 佟新:《社会性别研究导论》,北京大学出版社 2005 年版。

[100] 万福、于建福:《教育观念的转变与更新》,中国和平出版社 2000 年版。

[101] 王承旭等编译:《高等教育新论——多学科的研究》,浙江教育出版社 1988 年版。

[102] 王政、杜芳琴:《社会性别研究选译》,生活·读书·新知三联书店 1998 年版。

[103] 王政:《"女性意识"、"社会性别意识"辨异》,载杜芳琴、王向贤主编《妇女与社会性别研究在中国(1987—2003)》,天津人民出版社 2003 年版。

[104] 王政:《浅议社会性别学在中国的发展》,载杜芳琴、王向贤主编《妇女与社会性别研究在中国(1987—2003)》,天津人民出版社 2003 年版。

[105] 王政:《越界——跨文化女权实践》,天津人民出版社 2004 年版。

[106] 王珺:《阅读高等教育——基于女性主义认识论的视角》,天津人民出版社 2007 年版。

[107] 王武召:《社会交往论》,北京大学出版社 2002 年版。

[108] 王周生:《关于性别的追问》,学林出版社 2004 年版。

[109] 王金玲：《女性社会学》，高等教育出版社 2005 年版。

[110] 王红旗：《中国女性在行动》，中国时代经济出版社 2003 年版。

[111] 吴贵明：《中国女性职业生涯发展研究》，中国社会科学出版社 2004 年版。

[112] 吴增基等：《理性精神的呼唤》，上海人民出版社 2001 年版。

[113] 魏国英等：《教育：性别维度的审视》，学林出版社 2007 年版。

[114] 伍厚凯、王晓路译：《伍尔夫随笔》，四川人民出版社 1998 年版。

[115] ［西班牙］奥尔特加·加塞特：《大学的使命》，徐小洲等译，浙江教育出版社 2001 年版。

[116] 肖巍：《女性主义伦理学》，四川人民出版社 2000 年版。

[117] 肖巍：《女性主义关怀伦理学》，北京出版社 1999 年版。

[118] 肖巍：《女性主义教育观及其实践》，中国人民大学出版社 2007 年版。

[119] 徐安琪：《社会文化变迁中的性别研究》，上海社会科学出版社 2005 年版。

[120] 叶澜：《教育概论》，人民教育出版社 1991 年版。

[121] 袁贵仁：《马克思主义的人学思想》，北京师范大学出版社 1996 年版。

[122] 裔昭印主编：《社会转型与都市知识女性》，中国社会科学出版社 2005 年版。

[123] 禹旭才：《烛照之思——当代中国高校女教师发展研究》，兰州大学出版社 2009 年版。

[124] 俞湛明：《论中国高校女性领导者的工作优势》，载刘利群、张玲主编《第二届大学女校长国际论坛》（上），中国传媒大学

出版社 2005 年版。

[125]［英］约翰·亨利·纽曼:《大学的理想》,徐辉等译,浙江教育出版社 2001 年版。

[126]［英］克里斯托弗·波利特等:《公共管理改革》,夏镇平译,上海译文出版社 2003 年版。

[127]［英］马尔科姆·派恩:《现代社会工作理论》,何雪松等译,华东理工大学出版社 2005 年版。

[128]［英］约翰·斯图尔特·穆勒:《妇女的屈从地位》,汪溪译,商务印书馆 1995 年版。

[129] 教育部师范教育司:《教师专业化的理论与实践》,人民教育出版社 2001 年版。

[130] 赵昌木:《教师成长论》,甘肃教育出版社 2004 年版。

[131] 张楚廷:《高等教育哲学》,湖南教育出版社 2004 年版。

[132] 张建奇:《高等教育中女性地位研究》,中山大学出版社 1999 年版。

[133] 郑新蓉、杜芳琴:《社会性别与妇女发展》,陕西人民教育出版社 2000 年版。

[134] 郑玉顺:《女性与社会发展——第二届妇女发展国际研讨会》,中央民族大学出版社 2002 年版。

[135] 中国大百科全书出版社编辑部编:《中国大百科全书·哲学》,中国大百科全书出版社 1985 年版。

(二) 论文类

[1] 艾华、李银河:《关于女性主义的对话》,《社会学研究》2001 年第 4 期。

[2] 程原:《校本教研与教师个性发展》,《内江科技》2005 年第 S1 期。

[3] 陈慕华:《加强妇女理论研究,推动中国妇女解放事业沿着正

确的道路前进》,《中国妇女报》1996年12月16日第1版。

[4] 陈巧玲:《青年知识女性成就动机弱化的原因分析》,《辽宁工程技术大学学报》(社会科学版) 2005年第5期。

[5] 陈慧:《当代中国知识女性主体意识的消解与重塑》,《河北学刊》2011年第2期。

[6] 陈至立:《在促进女性高层次人才成长工作座谈会上提出为女性人才成长创造更好环境》,《中国教育报》2009年11月26日第1版。

[7] 操秀英:《媒体评论：是什么导致了男女科学家论文数量的差异》,《科技日报》2007年8月21日第1版。

[8] 陈伟:《中国社会女性意识缺失的反思》,《当代社科视野》2008年第Z1期。

[9] 杜芳琴:《全球视野中的本土妇女学——中国的经验：一个未完成的过程》,《云南民族学院学报》2001年第5期。

[10] 杜洁:《女性主义与社会性别分析——社会性别理论在发展中的运用》,《浙江学刊》2000年第2期。

[11] 邓猛、肖非:《全纳教育的哲学基础：批判与反思》,《经验研究与实验》2008年第5期。

[12] 丁勇:《全纳教育——当代教育发展的方向、内涵和启示》,《外国教育研究》2007年第8期。

[13] 戴潍娜、雷兵:《中国女性意识的困境》,《玉溪师范学院学报》2011年第1期。

[14] 付红梅:《社会性别理论在中国的运用和发展》,《中华女子学院学报》2006年第4期。

[15] 冯建军:《教育幸福：教师专业发展的主要维度》,《人民教育》2008年第6期。

[16] 樊秀娣:《高校女教师婚姻、家庭与事业》,《人才开发》2000年第7期。

[17] 高小贤：《推动社会性别与发展的本土化的努力》，《妇女研究论丛》2000年第5期。

[18] 高伟云、石美琦、王亚佩：《高校女教师素质的影响因素及其提升对策》，《宁波教育学院学报》2004年第4期。

[19] 高耀明等：《高校女教师的生存状态分析——以上海市为例》，《高等教育研究》2008年第8期。

[20] 顾江霞：《自我赋权视角下的农民工社区教育》，《山西师大学报》（社会科学版）2010年第3期。

[21] 顾秀莲：《国际妇女运动的发展与中国的男女平等基本国策》，《外交学院学报》2005年第5期。

[22] 韩庆祥：《能力本位论》，《中国人才》1996年第1期。

[23] 韩央迪：《以自我改变为特征的妇女赋权项目的路径探索》，《中华女子学院学报》2008年第2期。

[24] 黄启璪：《黄启璪同志谈：性别观点纳入决策主流》，《妇女研究论丛》1996年第3期。

[25] 黄慧芳：《论中国高校女教师多重角色困惑之实质》，《教育发展研究》1996年第5期。

[26] 黄志成：《从终身教育、全民教育到全纳教育——国际教育思潮发展趋势探析》，《河北师范大学学报》（教育科学版）2003年第2期。

[27] 何萍：《恩格斯的两种生产理论与妇女解放的观念变革》，《武汉大学学报》（哲社版）1995年第5期。

[28] 何肖先、刘晓明：《知识女性涌向高校评议》，《妇女研究论丛》1996年第1期。

[29] 江泽民：《在联合国第四次世界妇女大会欢迎仪式上的讲话》，《人民日报》1995年9月5日第1版。

[30] 荆建华：《从学术职业的学术性看高校女教师发展的现实困境》，《河南教育学院学报》（哲学社会科学版）2009年第4期。

[31] 季铭婧：《研究型大学女教师职业发展探析》，硕士学位论文，浙江大学，2014 年。

[32] 金蕾：《交往与女性发展》，硕士学位论文，河南师范大学，2013 年。

[33] 蒋红：《理性之美，女性之美——诠释西蒙娜·德·波伏瓦的女性生存论思想》，《复旦学报》（社会科学版）2005 年第 1 期。

[34] 教育部：《平均每所 985 高校都有一位女校长》，《南方都市报》2014 年 9 月 7 日第 1 版。

[35] 栾凤池：《国际化：高等教育发展的必然趋势》，《石油教育》2004 年第 6 期。

[36] 李小江：《50 年，我们走到了哪里？——中国妇女解放与发展历程回顾》，《浙江学刊》2000 年第 1 期。

[37] 李兰芬：《性别和谐视阈中的女性发展》，《苏州大学学报》（哲学社会科学版）2008 年第 3 期。

[38] 木晓萍：《"母亲价值"与女性发展》，《学术探索》2003 年第 10 期。

[39] 黄朝晖：《塑造新形势下高校女教师的"三性"形象》，《中国高等教育》2003 年第 10 期。

[40] 李小芳、王勤：《女博士：因智慧而美丽——破译"第三性别说"》，《中国青年研究》2008 年第 5 期。

[41] 李六珍：《美国女性在高等教育中的地位探析》，《妇女研究论丛》1993 年第 4 期。

[42] 李慧英：《将性别意识纳入决策主流的讨论》，《妇女研究论丛》1996 年第 3 期。

[43] 李育红：《高校知识女性社会性别意识现状调查与对策思考》，《中华女子学院学报》2003 年第 2 期。

[44] 李晓静、王云兰：《男女平等概念新说》，《南昌大学学报》（人文社会科学版）2005 年第 3 期。

[45] 李静之:《论妇女解放、妇女发展和妇女运动》,《妇女研究论丛》2003年第6期。

[46] 李翔:《我国公民政治价值观形成的影响因素与途径探析》,《邢台学院学报》2012年第3期。

[47] 罗萍、魏国英等:《不要"文明的"性别歧视》,《中国高等教育》2004年第5期。

[48] 刘晓明:《高校文科教师女性化探析》,《光明日报》1995年12月13日第3版。

[49] 刘晓辉:《当代中国女性发展探析》,博士学位论文,山东大学,2010年。

[50] 刘春香:《当代中国女大学生的主体性建构探析——基于女性主义教育视角》,硕士学位论文,华中师范大学,2010年。

[51] 刘莉、李慧英:《公共政策决策与社会性别意识》,《山西大学学报》2003年第3期。

[52] 刘丽珍、朱立言:《社会性别视角下的公共政策分析》,《兰州学刊》2007年第8期。

[53] 刘美蓉:《以人为本,关注女性教师身心和谐发展》,《牡丹江大学学报》2007年第11期。

[54] 刘振天:《大学社会批判精神的源泉及当代境遇》,《北京大学教育评论》2003年第3期。

[55] 刘明芝:《人的全面发展的理性探讨》,《理论学刊》2004年第8期。

[56] 刘霓:《社会性别——西方女性主义理论的中心概念》,《国外社会科学》2001年第6期。

[57] 廖志丹:《社会性别视野中的高校知识女性发展》,《教育评论》2006年第6期。

[58] 梁静:《新形势下高校女教师如何发挥自身优势》,《教育教学论坛》2014年第12期。

[59] 林静:《女教师人际交往特征及其与职业发展关系的研究》,硕士学位论文,华东师范大学,2008年。

[60] 吕寿伟:《排斥与全纳——全纳教育视野下的教育排斥研究》,《外国教育研究》2011年第9期。

[61] 陆根书、彭正霞:《大学教师职业发展中的性别隔离现象分析》,《高等教育研究》2010年第8期。

[62] 栗洪武:《高校教师学术能力提升的活力要素与激励机制运行模式》,《陕西师范大学学报》(哲学社会科学版)2014年第1期。

[63] 闵冬潮:《Gender(社会性别)在中国的旅行片段》,《妇女研究论丛》2003年第5期。

[64] 马晓凤:《在交往中发展》,《中小学教师培训》2004年第2期。

[65] 美报报道:《中国女性地位发展不均》,《参考消息》2012年6月22日第1版。

[66] 倪志娟:《关于信息技术与女性发展问题的思考》,《理论前沿》2005年第2期。

[67] 潘国红:《个性:现代教师必备的素质》,《中小学管理》1999年第3期。

[68] 裴跃进:《现代教师发展基本内涵探究》,《中小学教师培训》2007年第2期。

[69] 彭洁:《男女平等基本国策知识一览》,《台州日报》2015年3月15日第3版。

[70] 强海燕、张旭:《从社会性别角度探讨女大学生和女教师的发展——中加"妇女与少数民族教育"项目部分内容介绍》,《妇女研究论丛》2001年第5期。

[71] 秦晓红:《新形势下我国高校女教师研究模式探讨》,《中国高教研究》2006年第5期。

[72] 曲文勇:《当代中国职业女性的角色冲突》,《学术交流》1994年第4期。

[73] 荣维毅:《中国女性主义研究浅议》,《北京社会科学》1999年第3期。

[74] 任艳玲:《人的全面发展视野下的女性发展》,《河南科技大学学报》(社会科学版) 2010年第1期。

[75] 桑敏兰:《论中国妇女法定退休年龄的界定与调整》,《宁夏党校学报》2003年第6期。

[76] 孙秀玉:《高校知识女性发展的机遇与困扰》,《大连大学学报》1998年第1期。

[77] 孙月冬:《人的全面发展视域中的女性发展问题》,《经济与社会发展》2008年第5期。

[78] 孙闻:《我国女性从事科技工作现状研究报告发布和摘录》,《科学时报》2007年3月8日第1版。

[79] 孙杰:《高校女性管理者地位状况研究——以A大学为例》,硕士学位论文,南京师范大学,2007年。

[80] 施远涛、陈雪玲:《性别差异视角下女性科技人员科研产出之链探究——基于湖北省的实证调查》,《中华女子学院学报》2011年第4期。

[81] 宋娱:《高校女性高层次人才的职业发展——以北京市为例》,《沈阳师范大学学报》(社会科学版) 2011年第4期。

[82] 谭琳:《男女平等的理论内涵与社会推动:基于中国现实的讨论》,《妇女研究论丛》2002年第6期。

[83] 唐斌:《科学及其教育中女性为何偏少——女性主义的诠释》,《煤炭高等教育》2003年第1期。

[84] 王周红:《高等教育和谐发展研究》,博士学位论文,云南师范大学,2005年。

[85] 王雅芬:《当代中国女性意识问题的研究》,博士学位论文,

吉林农业大学，2007年。

［86］王宝星：《大学教师的专业真诚：专业化视角》，《比较教育研究》2008年第1期。

［87］王毅平：《社会性别理论：男女平等新视角》，《东岳论丛》2001年第4期。

［88］王琴：《媒体性别敏感指标：传媒人应遵循的守则》，《中国妇女报》2015年2月3日第B2版。

［89］王磊峰、廖声丰：《马克思关于人的全面发展的思想探索》，《江西科技师范大学学报》2012年第5期。

［90］王孟兰：《世妇会：全球妇女运动的里程碑》，《中国妇女报》2010年2月26日第A04版。

［91］王海传、于京珍：《人的社会本质与人的发展——〈德意志意识形态〉关于人的社会本质的论述及其当代语境》，《山东农业大学学报》（社会科学版）2003年第3期。

［92］王方：《我国高校教师队伍的历史变迁及其社会地位的变化》，《当代教育论坛》2008年第2期。

［93］王晓亚：《高校女教师学术职业发展的社会学分析》，《医学教育探索》2007年第4期。

［94］王启东等：《发挥综合优势创建一流大学》，《光明日报》1998年9月16日第5版。

［95］万琼华：《试论高校女教师主体意识的建构》，《贵州师范大学学报》2004年第2期。

［96］万琼华：《高校女教师角色定位中的迷思及影响因素》，《云梦学刊》2008年第6期。

［97］万琼华：《传统性别分工的现实存在与高校女教师的应对》，《辽宁教育行政学院学报》2004年第3期。

［98］万琼华：《试析传统性别分工对高校女教师的负面影响及消除途径》，《中华女子学院山东分院学报》2004年第1期。

[99] 汪琴:《论社会性别意识与和谐社会的构建》,博士学位论文,安徽大学,2012年。

[100] 汪习根、占红沣:《妇女发展权及其法律保障》,《法学杂志》2005年第2期。

[101] 魏传光:《人的本质发展的三个向度及其全面发展》,《广东省社会主义学院学报》2006年第1期。

[102] 吴向东:《对人的全面发展内涵的解释教学和研究》,《教学与研究》2004年第1期。

[103] [美]瓦伦迪娜·M.莫甘达姆、[美]鲁西·桑福特娃、毕小青:《测量妇女赋权——妇女的参与以及她们在公民、政治、社会、经济和文化领域内的权利》,《国际社会科学杂志》(中文版)2006年第2期。

[104] 谢维和:《当前中国高等教育的转型及其主要取向》,载《第五届中国科学家教育家企业家论坛论文集》2006年版。

[105] 谢倩:《高校女教师的学术职业发展压力分析》,《当代教育论坛》(管理研究)2011年第6期。

[106] 杨继玲:《从构建和谐社会看知识女性发展权的维护》,《山东理工大学学报》(社会科学版)2007年第6期。

[107] 杨霖:《当前教师专业发展的问题与出路》,《教育科学论坛》2008年第3期。

[108] 杨凤:《社会性别的马克思主义诠释》,《妇女研究论丛》2005年第9期。

[109] 杨凤:《当代中国女性发展研究》,博士学位论文,中山大学,2006年。

[110] 杨雪梅:《中国大学校长素质调查》,《人民日报》2007年8月24日第4版。

[111] 杨梅:《美国城市青年教师自我认同危机及其原因初探》,《外国教育研究》2005年第3期。

[112] 禹旭才：《高校女教师的发展困境：社会性别视角的审视》，《大学教育科学》2012 年第 5 期。

[113] 禹旭才、刘怡希：《高校女教师的信息素养：问题与对策》，《当代教育理论与实践》2015 年第 5 期。

[114] 俞晓红、余大芹、王义芳：《科学发展观视野下高校女教师的发展》，《北京市工会干部学院学报》2010 年第 4 期。

[115] 易显飞、张裔雯：《论技术创新的"女性缺席"》，《自然辩证法研究》2013 年第 6 期。

[116] 杨锐：《当代学术职业的国际比较研究》，《高等教育研究》1997 年第 5 期。

[117] 叶澜：《实现转型：新世纪初中国学校变革的走向》，《探索与争鸣》2002 年第 7 期。

[118] 袁迎菊：《女教师人力资本合力配置与研究型大学建设》，《黑龙江高教研究》2009 年第 6 期。

[119] 闫广芬：《大学与先进性别文化的建构》，《中华女子学院学报》2007 年第 5 期。

[120] 周小李：《社会性别视角下的教育传统及其超越》，博士学位论文，华中师范大学，2008 年。

[121] 周蒨文、马利宁：《高校知识女性的发展困惑与权益保障探析》，《华南理工大学学报》（社会科学版）2006 年第 3 期。

[122] 周绍森、储节旺：《高等教育发展趋势与高校科学定位》，《南昌大学学报》（人社版）2004 年第 6 期。

[123] 周远清：《加大力度，加快步伐在教学改革的主要方面取得突破》，《高等工程教育研究》1998 年第 2 期。

[124] 赵容：《浅析当前我国高校女教师群体的自我知觉特征》，《福建广播电视大学学报》2003 年第 3 期。

[125] 赵叶珠：《学术职业性别差异的国际比较研究》，《中华女子学院学报》2002 年第 2 期。

[126] 赵琳琳：《当代中国妇女社会地位的文化与教育反思》，《广州大学学报》2001年第9期。

[127] 赵媛、敬少丽：《以制度为引领 创建女性参与科研的良好环境》，《中国妇女报》2014年12月9日第B1版。

[128] 赵大星：《高校聘任制改革：女教师群体面临的困境与出路》，《教书育人》2007年第10期。

[129] 赵昌木、徐继存：《教师成长的个人因素探析》，《临汾师范学院学报》2004年第8期。

[130] 赵明仁、王娟：《建构能动的自我：教育改革中教师身份的自我认同》，《教育理论与实践》2011年第11期。

[131] 张建奇：《我国女性参与高等教育的制约因素与发展趋势》，《高等教育研究》1997年第4期。

[132] 张建奇：《关于高校女教师工作状况的调查》，《集美大学学报》2005年第4期。

[133] 张建奇：《1949年以来我国高校女教师队伍的历史演进》，《江苏高教》1997年第2期。

[134] 张明芸：《社会主义市场经济实践过程对中国妇女解放的影响探析》，《中华女子学院学报》2004年第1期。

[135] 张秀娥：《关于高校女教师参政问题的思考》，《高教论坛》2007年第7期。

[136] 张晓冬：《教师发展研究审思》，《教书育人·高教论坛》2008年第8期。

[137] 张宁娟：《论传统文化对教师批判精神的抑制》，《教育实践与研究》2008年第7期。

[138] 张波：《对当前我国中学教师能力素质状况的分析与思考》，《广东教育学院学报》2000年第4期。

[139] 张楚廷：《全面发展的实质即个性发展》，《北京大学教育评论》2004年第2期。

［140］张晓明：《妇女参与高等教育研究》，博士学位论文，华中科技大学教育科学研究院，2003 年。

［141］张晓明：《妇女参与高等教育特殊性的思考》，《高等教育研究》1999 年第 4 期。

［142］张晓明：《中国妇女参与高等教育研究》，博士学位论文，华中科技大学，2003 年。

［143］张莉莉：《象牙之塔的女性：在困难中前行》，《中华女子学院学报》2008 年第 1 期。

［144］张惠、廖其发：《女性主义视野中的教师专业化》，《外国教育研究》2007 年第 9 期。

［145］张李玺：《一个神话的破灭：家庭与事业间的平衡》，《中华女子学院学报》2005 年第 4 期。

［146］中国妇女研究会：《社会性别平等的伙伴关系》，载中国妇女研究会《妇女研究参考资料》2002 年版。

［147］祝平燕：《社会性别视野中的女性发展》，《湖北社会科学》2004 年第 6 期。

［148］祝平燕、莫文斌：《社会性别视野中的女性发展——对湖北高校知识女性专业发展现状的调查分析》，《湖北社会科学》2004 年第 12 期。

［149］曾双喜：《女性怎样提升领导力》，《HR 经理人》2012 年第 2 期。

［150］邹宏秋：《高校女教师职业认同与性别认同的和谐路径探析》，《现代教育科学》2010 年第 6 期。

［151］朱新卓：《"教师专业发展"观批判》，《教育理论与实践》2002 年第 8 期。

［152］朱巧菊：《高校女知识分子发展状况调研与女工工作对策研究》，《工会论坛》2005 年第 5 期。

［153］章顺来：《社会主义优越性的展现具有渐进性》，《池州师专

学报》1999 年第 1 期。

(三) 网址类

[1] Academy of Finland: *Equality Plan*(http://www.aka.fi/eng)。

[2] 湖南省教育厅:《关于公布第十届湖南省高等教育省级教学成果奖获奖项目的通知》(http://jwc.jsu.edu.cn/jiaoxueyanjiu/jiaoxuechengguojiang/2013-12-19/686.html)。

[3] 国家统计局:《2013 年〈中国妇女发展纲要(2011—2020)〉实施情况统计报告》(http://www.stats.gov.cn/tjsj/zxfb/.html)。

[4]《国办:鼓励有条件单位夏季休周末两天半短假》(http://www.chinanews.com/gn/2015/08-11/7460041.shtml)。

[5] 胡泽方:《先进性别文化进高校师资培训班在南宁举办》(http://www.wsic.ac.cn/academicnews187129.htm)。

[6] 湖南科技大学人事处:《1 年度校聘教学科研关键岗位情况公示》(http://www.hnust.cn/affiche/edit/UploadFile/.2014.xls)。

[7] 湖南科技大学人事处:《1 年度校聘教学科研关键岗位情况公示》(http://www.hnust.cn/affiche/edit/UploadFile/.200901485927407.xls)。

[8] 湖南科技大学人事处:《1 年度校聘教学科研关键岗位情况公示》(http://rsc.hnust.cn/tzgg/61036.htm)。

[9]《朴槿惠政府:为女性创造更好工作环境 避免职场断层》(http://www.twwtn.com/Life/67_192649.html)。

[10]《私人界应效法 提供女性友善工作环境》(http://www.mca.org.my/cn/2007-09-03)。

[11] 温家宝:《强国必强教,强国先强教》(http://news.xinhuanet.com/politics/2010-08/31/c_12502783.htm)。

[12] 王乐:《女科学家更需良好政策环境》(http://www.wsic.ac.cn/academicnews/)。

[13] 习近平:《全面贯彻落实党的十八大精神要突出抓好六个方面工作》(http://www.gov.cn/l/2013-01/01.htm)。

[14] 佚名:《"新时期锡山女教师形象"大讨论》(http://www.wxzqxx.net/bbs/ShowPost)。

[15] 熊敏:《现代女性的两难境地 社会地位有待提高》(http://baby.ce.cn/qt/201108/19/t20110819-22632080.shtml)。

[16] 叶红:《博客性别身份的自我呈现与女性刻板形象》(http://www.docin.com/p-288380343.html)。

[17] 杨建华:《理性的困境与理性精神的重塑》(http://www.chinareform.org.cn/explore/explore.htm)。

[18] 中华人民共和国教育部网站(http://www.moe.edu.cn/edoas/website)。

[19] 中华人民共和国教育部:《各级各类学校女教师、女职工数(2013年)》(http://www.moe.gov.cn/s78/A03/moe_560/s8492/s8493/201412/t20141216_181717.html)。

[20] 中华人民共和国教育部:《2013年教育数据统计》(http://www.moe.gov.cn/s78/A03/moe_560/s8492/s8493/index_1.html)。

[21] 中华人民共和国教育部:《2014年全国教育事业发展统计公报》(http://www.moe.gov.cn/s78/A03/moe_560/s8492/s8493/201412/t20141216_181690.html)。

[22] 中华人民共和国教育部:《2014年全国教育事业发展统计公报》(http://www.moe.edu.cn/srcsite/A03/s180/moe_633/201508/t20150811_199589.html)。

[23] 中华人民共和国教育部:《教育部关于批准2014年国家级教学成果奖获奖项目的决定》(http://www.moe.edu.cn/publicfiles/business/htmlfiles/moe/201409/17.html)。

[24] 庄平:《全球化与不付酬劳动》(http://marxistphilosophy.org)。

二 英文文献

[1] Acker, S., "Creaching careers: Women teachers at work." In S. Acker (ed.). *Gendered Education: Socialogical reflections on women, teaching and feminism*. Philadelphia: Open University Press, 1994.

[2] Affirmative Action Agency, "Higher Education Compliance Project B." *Affirmative Action Research Projects*, Vol. 9, No. 3, Sydney 1986.

[3] B. K. Myers, *Young Children and Spirituality*, New York and London: Routledge, 1997.

[4] Carli, L. L., Coping With Adversity, In Collins, L. H. & C. C. Joan. & K Quina (eds.). "Career strategies for women in academe: arming Athena." Thousand Oaks, Calif: Sage Publications, 1998.

[5] Cass, B. & M. Dawson, *Why so few? women academics in Australian universities*, Sydney: Sydney University Press, 1983.

[6] Collins, L. H. & C. C. Joan & K. Quina, *Career strategies for women in academe: arming Athena*, Thousand Oaks, Calif: Sage Publications, 1998.

[7] Edward, W., "Travelling Theory." *The Text, The World, and The Critic*, Vol. 6, No. 11, Jan. 1984.

[8] Eisler, R., *The Chilice and The Blade: Our History, Our Future*, New York: Harperone Publisher, 1988.

[9] Freidson, E., *Professionalism Reborn*, UK: Polity Press, 1994.

[10] French, M., *Beyond Power: On Women, Men and morals*, New York: Summit Books, 1985.

[11] Gayle, R., "The traffic in women." *Toward An Anthropology of Women*, Vol. 3, No. 18, Apirl 1975.

[12] Glazer, R. J., "Gender Equality in the American Research University: Renewing the Agenda for Women's Rights." In Mary Ann Danowitz Sagaria (ed.). *Women, Universities, and Change Gender Equality in The European and The United States*, New York: Plagrave Macmillan, 2007.

[13] Hannah, E. & L. J. Paul. & Vethamany-Globus, S., *Women in the Canadian academic tundra: challenging the chill*, Montreal: McGill-Queen's University Press, 2002.

[14] Husu, L., "Women in Universities in Finland: Relative Advances and Continuing Contraditions." In Mary Ann Danowitz Sagaria (ed.). *Women, Universities, and Change Gender Equality in The European and The United States*, New York: Plagrave Macmillan, 2007.

[15] Hooks, B., *Teaching to transgress: Education as the practice of freedom*, New York: Routledge, 1994.

[16] Jackson, S., *Differently academic: developing lifelong learning for women in higher education*, Dordrecht: Kluwer Academic, 2004.

[17] Joanne D., "Gender Politics and Conceptions of the Modern Teacher: Women, Identity and Professionalism." *British Journal of Sociology of Education*, No. 3, 1999.

[18] Kelly, G. P. & S. Slaughter, *Women's higher education in comparative perspective*, Dordrecht Boston: Kluwer Academic Publishers, 1991.

[19] Lie, S. S. & L. Malik & D. Harris (eds.), *World Yearbook of Education: The Gender Gap in Higher Education*, London: Kogan Page, 1991.

[20] Luke, C., *Globalization and women in academia: North/West-South/East*, Mahwah, New Jersey: Lawrence Erlbaum Associates, 2001.

[21] Margaret Benston, "The Political Economy of Woman's Liberation." *Monthly Review*, Vol. 21, No. 4, April 1969.

[22] Marilyn French, *The War against Women*, Random House Value Publishing, 1995.

[23] Mary, A. D. S., *Women, Universities, and Change Gender Equality in the European and the United States*, New York: Plagrave Macmillan, 2007.

[24] Mary Field Belenky, Blythe McVicker Clinchy, etc., *Women's Ways of Knowing: The Development of Self, Voice, and Mind*, New York: Basic Books, 1986.

[25] Meterialist Feminism—*A reader in Class, Difference, and women's Lives*, Routledge: New York, 1997.

[26] Naila Kabeer, "Gender equality and women's empowerment: A critical analysis of the third millennium development goal." *Gender & Development*, Vol. 9, No. 3, March 2005.

[27] Pellert, A., "Gender Equity and Higher Education Reform in Austria." In Mary, A. D. S (ed.). *Women, Universities, and Change Gender Equality in The European and The United States*, New York: Plagrave Macmillan, 2007.

[28] Pritchard, R., "Gender inequality in British and German universities." *Compare*, Vol. 3, No. 5, May 2007.

[29] Quina, K., "Breaking the Glass ceiling in Higher Education." In Collins, L. H. & K, Quina (eds). *Career strategies for women in academe: arming Athena*, Thousand Oaks, Calif: Sage Publications, 1998.

[30] Rees, T., "Pushing the Gender Equality Agenda Forward in the European Union." In Mary, A. D. S (ed.). *Women, Universities, and Change Gender Equality in The European and The United States*, New York: Plagrave Macmillan, 2007.

[31] Rowan Leonie, *The Importance of the Act of Going: Towards Gender Inclusive Education*, Studies in Continuing Education, 1997.

[32] Ryan, S. & B. Cass, *Why so few: women academics in Australian universities*, Sydney: Sydney University Press, 1983.

[33] *Sociology of Education Abstract*, Academic women working towards equality, 1988.

[34] Spencer, D. A., "Teachers Work in Historical and Social Context." In Virginia Richardson (ed.). *Handbook of research on teaching*, 4th *edition*, American Educational Research Association, 2002.

[35] Thoits, P. A., "Gender differences in coping with emotional distress." In J. Eckenrode (ed). *The social context of coping*, New York: Plenum, 1991.

附录

访谈提纲

一 关于高校女教师发展的问题

1. 您是如何理解"高校女教师发展"的?应包括哪些主要方面?
2. 您对自身的发展状况满意度如何?
3. 有人认为,高校奉行"能力本位"原则,能力强的就发展得好。因此,大学是女性成才的特区,您的看法如何?
4. 您认为作为一个高校女教师,应具有怎样的形象?
5. 有人认为:"高校女教师尽管是高级知识分子,但作为女性,也应该先做好'贤妻良母',再谈其他方面的发展。"您如何看待此观点?
6. 有人认为:"一个家庭,丈夫读个博士就足够了。"您是如何看的?您会准备继续攻读博士学位吗?
7. 您努力工作的目的是什么?

二 关于事业和家庭的关系问题

1. 您认同"男人以社会为主,女人以家庭为主"的观点吗?为什么?

2. 您认同"丈夫、孩子的成功就是您的成功"吗？

3. 您认为"家庭角色"与"教师角色"之间存在冲突吗？您是如何处理两者的关系的？

4. 您认为影响自身发展的最大障碍是什么？

5. 面对"女强人"与"贤妻良母"，您更喜欢哪种称呼？

6. 您做家务每天大约花多长时间？您的另一半在多大程度上与您一起分担家务？

7. 有人说："社会发达了，生活水平提高了，生养一个孩子，并不构成对女性自身发展的影响。"对此，您是如何看的？

三 关于高校女教师发展环境的问题

1. 您觉得您是学校的主人吗？

2. 您对学校的教学、科研及其他的生活、工作环境满意吗？为什么？

3. 女教师为何大多集中在教学岗位？女教师在教学中存在共性的特点吗？

4. 您觉得学校的中高层领导集体中男女比例合适吗？

5. 您希望您的上级是女性吗？为什么？

6. 您认为学校的政策对男女教师的影响一样吗？为什么？

7. 学校是否存在对女性发展不利的现象？如果有，表现在哪些方面？

四 关于男女教师发展状态的问题

1. 您认为男、女教师发展层次和水平相当吗？为什么？

2. 您同意"男性适合科研、女性适合教学的观点"吗？为什么？

3. 男教师和女教师对学校发展的贡献有大小之分吗？为什么？

4. 您认为高校男、女教师目前要重点发展的内容相同吗？

5. 您认为高校男、女教师在发展中遇到的困难有区别吗？如果有，主要表现在哪些方面？

6. 您认为男、女教师发展差异产生的主要原因是什么？

五　其他相关问题

1. 教学和科研，您在哪个方面投入的时间和精力更多一些？为什么？

2. 您的人际关系广泛吗？您认为男、女教师的人际交往存在明显的差异吗？您愿意与异性交往吗？

3. 如果您的正当权益受到侵害，您会如何处理？

4. 您是如何理解"男女平等"政策的？

5. 您在乎外界对您的看法和评价吗？您的行为会受到外界的影响吗？请举例说明。

后 记

高校女教师作为女性中一个有代表性的群体，她们的发展状况和趋势以这样或那样的方式反映着时代的变迁和社会的文明与进步。因此，关注高校女教师的发展，便是关注人的发展；关注高校女教师的发展，便是关注时代的发展。在我国正值大力构建和谐社会之际，又恰逢人的"全面发展"越来越成为党和政府重大的理论与实践问题之时，中国高等教育亦拉开了整体性转型发展的序幕。这对高校女教师而言，一方面意味着迎来了一个千载难逢的发展机遇，"全面发展"成为了她们的时代主题与必然诉求；另一方面也意味着她们将面临更多的挑战和更激烈的竞争。那么，在这样一个全新的时代际遇下，高校女教师在自身的转型与发展的过程中究竟遇到了怎样的困惑，她们的发展应持一种怎样的价值追求，她们需要重点发展什么，又该如何发展等等，对这些问题的研究成为我们必须重点关注的时代课题。

呈现给读者的这本书是全国教育科学规划国家一般项目——"社会性别视角下的高校女教师发展研究"（BIA100070）的最终成果。

本书由课题主持人禹旭才具体负责写作大纲的提出、全书的修改和统稿定稿。参与本书撰写的作者及分工如下：潘慧春副教授撰写第一章；禹旭才教授撰写第二章、第五章、第六章；梁长平博士撰写第三章；禹旭才教授、朱湘虹副教授撰写第四章；尹湘鹏讲师、张本青讲师撰写第七章。王鹏飞副教授、张琳副教授、余杰副教授、胡剑波教授、王双兰老师、邱细平老师、曾圆圆老师参与了课题研究；李庆朋老师负责访谈记录整理工作；刘安老师、熊耀林老师、牛伟玮老师、陈源老师以及研究生刘怡希、付莉、程珍珍、贺叶负责校对工作。以上人员围绕该课题的研究，还做了许多座谈、访谈和资料收集工作。

本书在撰写过程中，参考了国内外同行专家、学者的有关著作、论文，吸收了许多有益的研究成果，也使用了若干数据和观点，囿于篇幅，没有一一注明；湖南师范大学孙俊三教授，湖南省教育科学研究院李三福教授、李小球研究员，湖南科技大学宋元林教授、陈安华教授、李琳教授、郭源君教授、罗渊教授、陈春萍教授、吴怀友教授、郭迎福教授、周启强教授、赵惜群教授、陈慧青博士为本课题研究给予了热情帮助；中国社会科学出版社罗莉编辑和刘艳编辑为本书的出版付出了大量的心血；本书的出版得到了湖南科技大学学术著作出版基金资助，得到了湖南科技大学教师教育大学生创新训练中心的资助；在书稿即将付梓之际，一并表示诚挚的谢意！

由于我们的研究水平有限，书中难免有疏漏和不足之处，敬请各位专家、学者和广大读者批评指正。

禹旭才
2015 年 8 月于湖南科技大学月湖桥